U0523697

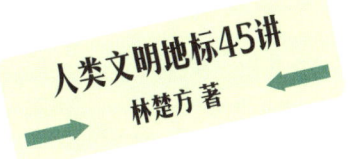

世界这么大，带你去看看

人类文明地标45讲

林楚方 著

中信出版集团 | 北京

图书在版编目（CIP）数据

世界这么大，带你去看看：人类文明地标45讲 / 林楚方著. -- 北京：中信出版社，2023.2（2024.3重印）
ISBN 978-7-5217-5060-7

Ⅰ.①世… Ⅱ.①林… Ⅲ.①世界史－文化史 Ⅳ.①K103

中国版本图书馆CIP数据核字（2022）第233356号

世界这么大，带你去看看：人类文明地标45讲

著　者：林楚方
出版发行：中信出版集团股份有限公司
　　　　　（北京市朝阳区东三环北路27号嘉铭中心　邮编　100020）
承 印 者：北京盛通印刷股份有限公司

开　本：660mm×970mm　1/16　　印　张：23.75　　字　数：342千字
版　次：2023年2月第1版　　　　　印　次：2024年3月第5次印刷
书　号：ISBN 978-7-5217-5060-7
定　价：88.00元

版权所有·侵权必究
如有印刷、装订问题，本公司负责调换。
服务热线：400-600-8099
投稿邮箱：author@citicpub.com

→ 自序
李白不懂喝咖啡

我和编辑曾经商量,要不要请几位"名人"写序言?很快,这个念头被否定了。道理很简单,基于人之常情,朋友多半只写好话,虽然满足了"面子",但对读者却没什么帮助,还欠了笔人情债。

勉为其难,自己写个短序吧。

本书得以出版,可以追溯到几年前与罗胖的一次见面。他向我提出了一个思想实验:假如外星人到地球访问,由你当导游,会带他看哪些地标?在地标面前会怎么介绍地球文明?后来就有了音频课《文明地标30讲》。2022年,我重新修订讲稿,增加3大板块和15个新地标,完成了本书的写作。

关于这本书的内容,我在此不做过多赘述。看目录就可以知道,我把"人类文明"看作浩瀚宇宙中的一个生命体,这本书要探讨的是这个生命体诞生、成长、演变、受挫、腾飞的过程。此外,我们还讨论了今天面临的困境,以及这些困境是否会"杀死"这个生命体。

我相信，当我用"生命体"来类比人类文明的时候，"人类文明"就不再是一个抽象的概念或一堆知识点，而是变得鲜活、生动、立体。你会从中看到充满希望的小婴儿，看到脾气暴躁的毛头小子，还会看到城府深厚的中年人。当然，你也会看到这个生命体生病时的孱弱，甚至步履蹒跚。

写作的日子，正值疫情管控最严格时期。我每天的活动空间都被限制在"两点一线"——楼上的家和楼下的咖啡馆。但我很幸运，在无数次的两点一线间，我丝毫不感到孤独，我看到了无比辽阔的世界。从时间上看，这个世界穿越了几万年；从空间上看，我的足迹遍布整个星球。当然，在那时，这个世界只是我大脑里的想象；而到这本书出版的时候，我们已经可以畅游真实的世界了。

我期待你在旅行的时候带着这本书，它也许会陪伴你重新认识眼前的建筑、空间、作品。它们将跳脱出自己的物理载体，自动成为你大脑里人类文明大厦的一块积木。这本书还有一种使用场景，就是家庭阅读。回到罗胖向我提出的思想实验，也许你可以给家人，尤其是小孩子讲述书中的故事。对我们这个世界和文明的认知度，从某种程度上看，小孩子跟外星人差不多——或者，他们就是一个个小外星人。我已经给自己的小孩讲了这些故事，他提问的角度经常让我想到外星小孩。

把这本书装进旅行包中，不太占空间，也不太增加能量消耗，却让旅行价值得到超额回报——不再是走马观花，而是拥有特别的意义。

最后，我要感谢得到的李倩女士，没有她的支持，我不会甚至没有能力做好这件事，这不是客气话，每次翻起对话记录，我都会这么想。感谢那几年跟我讨论、给我启迪的几位友人，徐旷之、李天、汪巧燕、张恒，还有朱起鹏、郭佳、周华蕾，我们无数次用最接地气的方法，完成天马行空的聊天，那是一次次思维冲浪。感谢出版社的编辑们，忍受我偶尔的坏脾气和令人崩溃的拖延症。

我还要感谢王淇加同学，没有他的捣乱，我就会留在书房，而不是跑到嘈杂的咖啡馆——有趣的是，对我来说，咖啡比酒精更容易带来灵感。为什么李白不懂喝咖啡呢？如果他能每天喝咖啡，又会升级到什么维度？

目录

第 1 章 符号

第一节　油画《巴别塔》/ 上帝都害怕的交际符号　2
第二节　罗塞塔石碑 / 穿越时空的语言符号　9
第三节　伊拉克巴格达古城 / 全球通用的数字符号　16
第四节　巴黎老佛爷百货 / 消费时代的超级符号　23

第 2 章 想象

第一节　埃及吉萨金字塔群 / 重生是埃及人的生活原动力　32
第二节　德国科隆大教堂 / 欢迎来到基督教天堂体验店　40
第三节　佛罗伦萨国立美术学院大卫雕像 / 审美想象的完美样本　49
第四节　特洛伊古城遗址 / 英雄史诗和他们的自我超越　57

第 3 章

组织

第一节 安徽西递胡氏宗祠 / 血缘组织如何扩大规模　66
第二节 捷克奥斯特里茨战场 / 军事组织如何提高战斗值　74
第三节 加尔各答威廉堡 / 商业组织如何创造财富　80
第四节 伦敦白厅 / 官僚组织如何运转国家　86

第 4 章

大工程

第一节 罗马西班牙广场 / 成就永恒之城的管道工程　96
第二节 扬州古运河 / 整合中华帝国的物流工程　105
第三节 巴黎凡尔赛宫 / 太阳王路易十四的权力工程　113
第四节 美国金道钉遗址公园 / 太平洋铁路的双轨　121
第五节 胡佛大坝 / 技术驱动的能源工程　128
第六节 迪拜棕榈岛 / 扭转国运的地产工程　135

第 5 章 城市

- 第一节 雅典古城广场 / 城市居民的公共交流空间　144
- 第二节 罗马卡拉卡拉浴场 / 城市享乐和消费的萌芽　150
- 第三节 巴黎圣母院 / 城市需要精神中心　157
- 第四节 佛罗伦萨乌菲齐美术馆 / 从私人收藏到城市的灵魂　164
- 第五节 巴黎下水道博物馆 / 城市如何净化自己　171
- 第六节 伦敦帕丁顿地铁站 / 超大规模城市的助推器　177
- 第七节 帝国大厦 / 把城市空间竖起来　185
- 第八节 瓦尔登湖 / 乡愁是一种城市病　193
- 第九节 巴西里约罗西尼亚贫民窟 / 城市的耻辱还是活力之源　199

第 6 章 碰撞

- 第一节 希腊温泉关 / 观念的力量让鸡蛋砸碎石头　208
- 第二节 山海关长城 / 碰撞淬炼草原帝国　216
- 第三节 荷兰代尔夫特 / 第一款全球时尚爆品　224
- 第四节 墨西哥奇琴伊察古城 / 大自然的小白鼠　231

第 7 章 重大发明

第一节　浙江泽雅古村落 / 造纸术是最早的信息革命　242
第二节　景德镇瑶里古镇 / 神奇物质扩张到现在　249
第三节　意大利威尼斯玻璃岛 / 透明玻璃打开人的视野　263
第四节　意大利博洛尼亚 / 大学奠定现代社会的基石　270

第 8 章 现代世界

第一节　德国维滕堡大教堂 / 宗教改革拉开现代世界帷幕　280
第二节　英国皇家学会驻地 / 人类掌握科学新魔法　289
第三节　阿姆斯特丹水坝广场 / 现代金融体系从股票交易开始　298
第四节　格林尼治天文台 / 时间观念是现代协作的必需　306

第 9 章

挑战未来

第一节 日本广岛和平纪念公园 / 笼罩地球上空的末日恐惧　316

第二节 纽伦堡审判纪念法庭 / 现代人类法律理性能否杜绝反人类　326

第三节 麦当劳博物馆 / 工业化口味占领全球　333

第四节 日本丰岛美术馆 / 在艺术之岛感受垃圾挑战　341

第五节 北极 / 预示越来越热的星球　349

第六节 火星乌托邦平原 / 从闪闪红星上看地球　359

第 1 章

符号

→ 在这本书的开始，我要带你去四个地方：维也纳艺术史博物馆、大英博物馆、巴格达古城遗址，还有巴黎著名的购物中心老佛爷百货。这几个地方看似毫不相干，为什么要把它们放到一起？因为我想带着你透视一组搭建人类文明的基础设施——符号系统，包括语言、文字、阿拉伯数字和品牌标识（logo）。

在我看来，人类文明的基础设施，不是罗马恢宏的引水渠、中国绵长的大运河，甚至不是科学和政治制度，而是看起来"虚头巴脑"的符号。没有这些符号，我们就无法进入文明时代；而自从有了符号，人就不只生活在物理世界中，也生活在符号搭建的精神世界里。借助符号体系，人类的经验和智慧得以方便地交流和传播，我们的文明继而得到构建与传承。

第一节

油画《巴别塔》
上帝都害怕的交际符号

跟我一起出发，探访本次旅行的第一个地标，奥地利维也纳艺术史博物馆。在这里，我们从一幅油画开始，看看"语言"这种符号系统如何开启了生命进程的2.0阶段。要知道，人类第一个符号系统就是"语言"，而语言跟这幅画之间则有一条隐秘的关系链。

上帝都恐惧的力量

这幅画的名字叫《巴别塔》，作者是老彼得·勃鲁盖尔（Pieter Bruegel the Elder），创作于16世纪，距今将近500年，画作就藏于维也纳艺术史博物馆的二楼。

这幅画宽1.55米，高1.14米，站在它的面前，伸开双臂就可以将其覆盖。这在油画中算是中等身材，但真正站到它面前的时候，我依然能感受到一种开阔和雄伟。大约500年前，欧洲艺术家已经懂得通过透视法和对比，让人通过纸面去感受一个宏大的世界。

画中的高塔像不像七层蛋糕？底座最大，一圈一圈向高处伸展，宽度则依次变窄。而能让观众感到雄伟还来自它的构图：高塔几乎占据了3/4的画面，被云彩拦腰截去的塔顶隐约可见。它在告诉我们：这座塔已经建到天上。在古人眼里，"天上"是非常可怕的高度。

被高塔的气势冲击之后，再往下看，会感到一种紧张的气氛，正中那一处巨大的塌方冲垮了高塔的外墙，露出了内部清晰的结构：每一层都有着精细的空间布局。勃鲁盖尔就这样，用宏大的塔身、严重的塌方、严谨的内部结构，营造出巨大与繁乱的整体效果，也显

《巴别塔》，1563年，[荷] 老彼得·勃鲁盖尔 绘

示出工程的浩大和艰巨。

再把目光从高塔转移到画面左下方,那几个人在做什么?他们跪着向长官汇报,但从双方的反应看,似乎彼此都听不懂对方在说什么,空气中流动的是巨大的焦虑和不安。到底发生了什么?他们显然遇到大事了。

这就是艺术的力量,画家把传说中的一个悲剧性时刻用油墨定格,这个悲剧性时刻就是巴别塔的崩塌。如果了解基督教文化,大概会知道勃鲁盖尔画的是《圣经》里的故事:大洪水过去后,只有很少的人活下来,这时天上出现了一道彩虹,上帝对人类说,彩虹是我的誓言,以后不会再用大洪水来毁灭大地了。

幸存下来的人类不断繁衍,最终选择在巴比伦,也就是今天的伊拉克定居下来,但人们对大洪水的记忆久久不能散去。有一天,人们展开了一次对话:"哪天再有大洪水,我们会不会像祖先那样被淹死?""我们应该做点什么,以免洪水再次来袭。"

商量的结果是建一座城和一座塔,塔顶通天,既能传扬人类的名声,也能让大家住在一起,避免再次分散到各处。于是大家开始建城、建塔,这自然也惊动了上帝。上帝说:"我们下去,变乱他们的口音,使他们的言语彼此不通。"于是,塔无法建成,最后崩塌了。这里要注意一个重要的细节——在此之前,能建通天塔的人类是说同一种语言的。

读到这里,不知你是否好奇,上帝有很多方法可以阻止人类,比如瘟疫、闪电、狂风、海浪,但都没有动用,而是轻轻巧巧地干了件莫名其妙的事:把人类的语言搞乱了。

所以，这幅画带给我的震撼是，它巧妙地诠释了"语言"的力量，这是看《圣经》、看故事文本无法体会到的。而巴别塔的故事也是我见过的对语言和文明之间的关系最绝妙的隐喻：语言，这种能把人类变成一个整体的能力，是连上帝都恐惧的力量。

厉害的武器

结构主义语言学把人类语言定义为一个完整的符号系统。既然是符号，就有所谓的"能指"和"所指"。语音是能指，意义是所指。举个例子，猫，声音"māo"是能指，它所代表的那个"永远像人类婴儿的动物"是所指。而且语言是个"离散组合系统"，意思是说，只需要有限的素材，就能通过素材的组合，表达无限多的意思。拥有这样的系统，人类才变得如此强大。

看看我们有多强大：能边干活边说话，这就把人的双手解放出来，而且说话和听话的耗能都很小。说话，也就是发出信息，使用声带和口腔，听话，也就是接收信息，使用耳朵，这就把人的眼睛解放出来，信息交流也不再受白天黑夜限制。更重要的是，一个人可以把大脑里的想法轻松讲述给另一个人，个体经验可以共享，沟通效率大大提高，人群的整体能力得到了大大提升。

不光如此，人类还能用语言做更厉害的事。《人类简史》的作者尤瓦尔·赫拉利提出了八卦假说，所谓"八卦"就是指闲聊、嚼舌头。千万别小看我们的八卦能力，在科技水平还处于只有火和简单工具的原始社会，"八卦"极大增强了人类的社交本领和深度协作能力，因为八着八着，人类就有了一个创造奇迹的能力——编故事。神仙、妖怪、天堂、地狱、先贤、英雄，只要故事能让人相信，哪怕是虚构的故事，也能形成群体的共同想象。而有了共同想象就可以搭建强大的组织，并最终让人类生活在自己的想象中，现代社会的国家、公司、法律都是共同想象的结果。没有语言，这种"想象"简直无法想象。

> 人类的语言能力很神奇，两三岁的婴儿，不需要专门教授就能掌握语言，尽管周围充斥着杂乱无章的对话。科学家解释说，人的大脑预装了语言学习"软件"，在婴儿期完全打开，随着年龄增长，大脑要存储更多信息，这时就需要写在语言软件上。所以，不要错过语言窗口，一旦关闭，再学语言会非常困难。

如果说生命1.0工程是指那些硬件、软件只能靠演化，也就是通过遗传和自然选择才能迭代的生物（比如候鸟的迁徙能力，就是典型的生命1.0工程），那么对人类来说，语言的诞生相当于启动了生命的2.0工程，人类变成一种硬件靠自然选择、软件可自我设计的生物。在这个星球上，只有人类可以这样，也因此，人类的能力才不断增强。

我们不需要长出翅膀，就可以借助科技的力量遨游星空；而我们的近亲，处于生命1.0阶段的黑猩猩，只能借助星空的微光，观察狮子或鬣狗是否在靠近。

故事构建民族历史

我们再回忆巴别塔崩塌的仓皇时刻，既能看到上帝的残忍，也能看到上帝的仁慈。所谓残忍，他变乱人类的语言，竟然比直接毁掉巴别塔的威力更大。塔毁了可以重建，而口音乱了，人心散了，工程很难东山再起。所谓仁慈，虽然上帝无所不能，但他没有完全剥夺人类的语言能力，否则我们就万劫不复了。

当然，我们也可以理性地把巴别塔的故事看作对原始文化的隐喻。语言的起源到现在都是学术难题，我们还不知道究竟是否存在过统一的语言。巴别塔的故事试图解释世界上为什么有这么多种语言。不过，知乎网友"乌鸦乌鸦"对巴别塔有另一层解读，即巴别塔让《圣经》的叙事主线从神话转到历史。

《圣经》是谁写的？希伯来人，也就是现代犹太人的祖先。他们为什么要写《圣经》？从文明的角度看，是要建立希伯来人生存的合法性。但编写过程中一定遇到了很现实的困难，比如，既然上帝和亚当都说希伯来语，该怎么解释后来的人都不说希伯来语；又怎么解释希伯来人只占了很少的土地，周边强大的罗马帝国、波斯帝国、埃及都是由外族统治的。

这就需要把上古神话和近古历史融合到一起，不解决这个问题，就很难建构集体认同。各个古代文明面临类似难题时的处理方式都不同，中国神话的处理方法是，让上古君主的母亲和神生孩子；日本神话的处理方法是，让天照大神来生，生着生着就生到了第一代天皇。《旧约》的编写者则借用巴别塔的故事，来衔接神话历史和真实历史——《圣经》里，巴别塔前面的故事是挪亚方舟，后面的故事是亚伯拉罕生育子嗣，而亚伯拉罕是犹太人的祖先，巴别塔在中间，就能解释语言和人群的分离。这个转变非常关键，情节的重心就从天上转到地下，从神转到人。更重要的是，有了语言后人类就开始编故事，从而解释自己是谁，回答自己从哪里来，指引自己到哪里去。这是多么伟大的能力。

语言很厉害，但语言有几个致命缺陷。第一，语言留不住，声波一出口，就消失在风中，没有任何现代技术可以还原史前社会的语言；第二，语言传不远，我们扯开嗓子拼命喊，能传播的距离也相当有限；第三，语言记不住，人对语音的记忆很短暂；第四，语言不准确，语言在流传过程中，不同的人会"添油加醋"，从起点到终点往往谬以千里。所以10多万年前口头语言诞生，但人类的文明演进一直很缓慢，直到五六千年前另一件神奇的事情发生了，局面才得到彻底改变。我要带你去下一个地标旅行，一起揭开答案。

→ 回到中国

常州的语言巷子

  常州"青果巷"被誉为"江南名士第一巷",通常认为这里名人聚集。青果巷走出至少三位语言学大师。赵元任,国语罗马字拼音法的主持和制定者,主导了1928年的语言改革方案,由当年大学院院长蔡元培公布,这是以中央政府名义颁布的第一个拉丁字母汉语拼音方案。瞿秋白,一语双文的尝试者,用拉丁字母拼写汉字的推动者就是他。周有光,为普通话读音确定了标准,被称为汉语拼音之父。他研究汉语拼音时,85%的国人不会读写;现在的我们,只需知道发音就可以在手机上打字交流。他们三人再加上吴稚晖(常州人,国语推广运动的重要人物,参与制定汉字笔画式注音),共同完成了中国"巴别塔"建设的接力赛。有趣的是,多数中国人听不懂常州话,但这不妨碍常州人"统一"了我们的语言。

第二节

罗塞塔石碑
穿越时空的语言符号

人们通常不太区分语言和文字，觉得说话是"语言"，写下来就变成"文字"了，其实它们是不同的符号系统。文字是语言的次生符号，有文字的民族一定有语言，但有语言的民族不一定有文字，有些民族至今都没有文字。虽然文字只是语言的次生符号，但在文明演进过程中，文字同样非常重要。这一次，我要带你去大英博物馆，那里有件藏品叫"罗塞塔石碑"，透过这块石碑，我们一起探索文字符号的魔力。

对罗塞塔石碑的破解

　　罗塞塔石碑制作于公元前196年，同一时期，中国的秦朝也在努力统一文字。这两件事都和文字有关，距离今天有2200多年。

　　我们直奔大英博物馆的埃及馆，一个巨大的玻璃罩子里有一块黑色花岗岩，那就是罗塞塔石碑。石碑高约112厘米，宽约76厘米，厚约28厘米，加上底座后比普通成年男人高一些，观众的目光刚好可以落在石碑上文字最密集的地方。石碑刚造好的时候大概是长方体，但明显被破坏过，现在已经不完整了，我们能看到的顶部接近三角形。

　　石碑显然不如博物馆的木乃伊吸引人，看上去黑黢黢又枯燥乏味，毫无神秘感，但它竟然是大英博物馆三大"镇馆之宝"之一，甚至是大英博物馆的象征。拥有这样的地位并非偶然。通过这块石碑，欧洲

罗塞塔石碑

人在1822年不仅破译了已经失传的古埃及文字，更关键的是，通过罗塞塔石碑的破译，有文字记录的人类文明史往前推进到公元前3000年，这个数据甚至超过了我们的甲骨文。甲骨文在1898年首次被发现，最远能回溯到约公元前1600年。

再端详一下石碑，隔着玻璃罩，我们会发现上面密密麻麻刻着三种文字。最上面的文字总共14行，有的像蛇，有的像鸟，有的像眼睛。这是古埃及的象形文字，也叫"圣书体",当年只有古埃及的祭司、贵族们才能看懂。注意中间的32行,歪歪扭扭,像不像小孩子的涂鸦?这些叫草书文字,是古埃及象形文字的变体,当年是给老百姓看的。再看最下面,字数最多,足足有54行,这是古希腊文字。

罗塞塔石碑被发现之前,已经出土了大量的古埃及文物,上面有各种图形符号,但是没有人读得懂,因为古埃及象形文字早就失传了。初看的时候我们可能会觉得,应该不难看懂吧,可以根据图形猜啊?作为中国人,我们很容易这么想,但它们与汉字不同——我们根据偏旁部首,经常能推测不认识的汉字表达的内容,而看上去是象形的古埃及文字却是用来表示读音的,原初的象形意义早已不存在,因而完全无法根据图形猜测文字的意思。比如一个猫头鹰符号,它其实代表的是"M"这个读音,而不是指一种鸟。那又该怎么找出这些象形符号和语意之间的对应关系呢?这难住了当时欧洲的历史学家和语言学家。

所以,罗塞塔石碑出现时,专家们看到石碑上同时出现三种文字,认为机会来了。合理的推测是,三种文字很可能记录了同一件事,如果能读懂其中一种文字,自然可以破译另外两种文字。这对当时欧洲的学者来说并不难,因为他们理解古希腊文字,这意味着可以找到一条破译古埃及文字的辅助线。

但破译的难度远远超过想象。英国学者托马斯·杨(Thomas Young)是当时公认的一流专家,他发现石碑上的世俗体文字是字母符

> 当年,擅长商业的腓尼基人跟埃及人做贸易时发现,对方的象形文字是个好东西,他们自己没有文字,于是以这些象形符号为基础,发明了22个腓尼基文字,并将这些字母传给希腊人。希腊人又加了几个字母后传给罗马人,然后罗马人创造了拉丁字母。今天我们在电子设备上书写汉字,会使用拉丁字母输入。从某种程度上说,古埃及文字和甲骨文文字就这样被联结到了一起。罗塞塔石碑也是联结的见证。

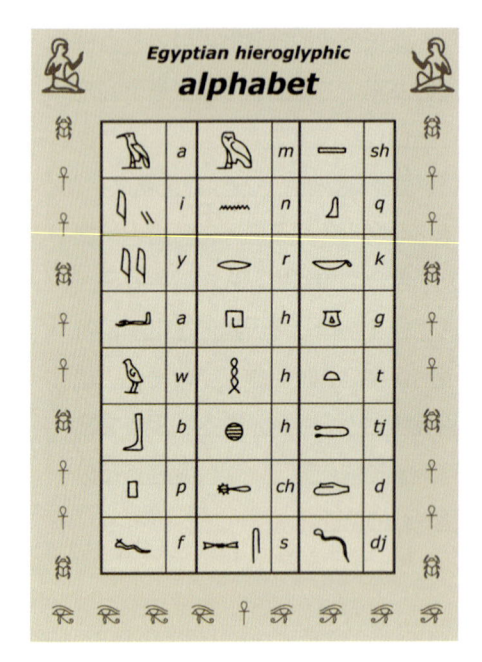

古埃及文字与拉丁文字母对照表

号和象形文字混合的文字，本以为找到了突破口，成功地破译了"托勒密"这个单词，但到"托勒密"就结束了，其他文字全部无法破译。最终，完成这个工作的是法国学者商博良。有一种说法认为，完成这一伟大的工作，商博良是受到汉字的启发，发现一部分文字的偏旁部首不是用来表意而是用来表音，于是他也从"托勒密"入手破译了罗塞塔石碑，进而在1822年破译了古埃及文字。

无论过程怎样，商博良破译古埃及象形文字，是人类文明史上具有标志性的事件。从这个时候开始，古埃及出土的木乃伊、壁画、塑像，河岸边的神庙、金字塔、方尖碑，以及古埃及30个王朝留下的带文字的记录，瞬间开始"讲话"。

历史学家进入古埃及文明的大门，就是靠罗塞塔石碑提供的钥匙，这也让罗塞塔石碑成为大英博物馆名副其实的镇馆之宝。宝，除了拥有文物价值，更重要的在于它的意义和文化价值。所以，尽管石碑在英国，但埃及人感谢的却是法国人。巴黎协和广场有一座方尖碑，就是埃及人送给法国人的礼物。

相较于语言，文字有强大优势

罗塞塔石碑到底写了什么？答案是对埃及法老托勒密五世的歌颂。根据历史记载，公元前2世纪初，古埃及人开了一次大会，可以类比为"全国宗教大会"。罗塞塔石碑就是这次会议的成果之一，上面篆刻的文字可以看作祭司阶层写给法老的"感谢信"。当年的法老托勒密五世一上台就颁布法令，赐给神庙免税权，祭司们投桃报李，把这件事刻在石碑上，同时记录了法老的其他善行，比如修建水坝抵御洪水，给神庙赏赐银器和粮食等等，还把法老的生日和加冕日作为法定节假日，每年都要隆重庆祝。这相当于以神的名义给法老做"合法性背书"。那为什么同时使用古希腊文字？这是因为早在公元前4世纪末期，即石碑制作的100多年前，埃及被希腊人亚历山大征服，法老托勒密五世就是亚历山大的一位希腊将领的后代。在希腊人统治初期，希腊文字和埃及文字同时被使用，无论是异族统治者向当地精英阶层示好，还是精英阶层对异族统治者表示感谢，都要写成文字，并刻录在石碑上昭告天下，目的是让统治秩序得以稳固。

我们今天讨论文明，总能听到一句耳熟能详的话，叫作"有文字记载的历史"。"有文字记载"这件事为什么如此重要？因为和语言符号相比，文字符号有无法比拟的优势：首先，在空间上，附着在文字上的信息能够影响到远方的人，而在广播诞生之前，口头说出来的话最多只能传到几十米远的地方；其次，在时间上，一旦语言可以被记录、保存，知识和智慧就能穿越时间交到后代的手中，文明和文化就可以穿越时间得以传承。

如果说语言的出现让人与其他动物分道扬镳，那文明的高速跃迁和迭代就要依赖文字的发明。如今，虽然仍存在没有文字的社会，但它们无一例外文明程度都不高，而且社会组织规模不大。这是因为，随着文明的发展，人们能够支配的财富、管理的土地、控制的人口越来越多，于是迫切需

> 19世纪中期，因纽特族群有几位老人去世，他们的狩猎工具被拿去陪葬。这一行为直接导致了因纽特族群的人口锐减，因为他们没有文字来记录传统，老人去世、工具陪葬意味着谋生方法跟着埋葬了。这个故事告诉我们，如果没有文字记录，文明可能会原地打转，甚至螺旋下降。

要一种能够记载信息并使其远程传播的工具。对庞大的组织来说，文字是比语言更有效的管理工具，它与国家、政府权力又是紧密相连的。

所以我们就能理解，在各个古代文明的传说中，文字的发明者不是神就是王。在古埃及文明中，造字的是一个神，而且掌握文字的人往往是祭司阶层；韩国文字的发明者，是他们的世宗大王；在中国的古老传说中，发明文字的仓颉是一个部落首领；殷墟出土的甲骨文，当年也由祭司阶层掌握，刻在龟甲兽骨上，用于和神对话，完成占卜的过程。

文字本身也是神圣的，甚至被看作"神"的声音，散发着"神"的力量。如果古埃及人穿越到大英博物馆看到石碑，他们正确的阅读方法会是，立正身体、表情虔诚、大声朗诵，否则不能表达对神的膜拜。此外，如此对待文字，可以为全社会提供权威资源。中国也有一种传统，凡是写着字的纸，即便是废纸也不能随便扔掉，四川有些地方至今还有"惜字塔"，就是专门拿来烧带字的纸的，穷人家过年没钱买春联，甚至拿这样的纸代替春联——上面写了什么不重要，重要的是他们认为，上面的文字有魔力、能驱邪。这些带有神秘色彩的描述都是某种隐喻，背后是文字在文明塑造上的强大力量。

超越时空限制的符号魅力

文字有先天优势，也有天生弱点，那就是不容易学习和掌握。正常的环境下，一个健全的婴儿3岁就能学会一门语言，而掌握一种文字则必须通过专业学习和长期训练，教育便应运而生。早期的教育，培养了一批识字的人，这个人群就是知识阶层，是官僚和祭司阶层的主体。自此，劳心者和劳力者分化为两个阶层。

文字的出现又推动了记录文字的载体的发展。最初的文字刻写在石碑、龟甲兽骨、莎草纸、泥板、竹简上，记录效率很低，频繁的文字记录需求推动着更轻便的文字载体和更方便的复制方式，造纸术和印刷术应运而生，智慧开始以图书形式加速积累，图书馆成为文明的象征之一。相当长的时间里，我们的文明成果是靠文字来记录、保存和传承的。

这个过程中，大规模组织（即国家）也得以建立。可以想象，当精英们使用同一种文字的时候，法律和政令被送到遥远的外省和边疆，当地官员能看懂并执行，精英和精英之间还可以通过文字交流，文字成为统治精英间的黏合剂。这样就能理解秦始皇统一文字的动力——他要让全国的精英学会使用同一种文字，都能看懂咸阳发出的指令。

> 苏格拉底、佛陀、孔夫子都选择"不立文字"，后世认为是担心文字传播的过程中意思走偏，真实原因很可能是没有记录载体。老师们去世后，大家担心时间长会忘记，于是共同回忆当年的教义，就有了后世的经典著作。这个解释更符合生活常识，可谓是"思想家的难言之隐"。

在这些指令中，最重要的工作之一大概是人口和税收统计，这又涉及一个更神奇的符号系统，它会是什么呢？

第三节

伊拉克巴格达古城
全球通用的数字符号

无论是语言还是文字，它们都有区域和民族的特性，即使是号称全世界使用最广泛的英语，也远远没有达到全球通用的地步。曾经有人发明了世界语，希望成为全人类的通用语言，也没有成功。但有一套符号系统，突破了语言文字乃至文明的差异，在全球通行，这就是阿拉伯数字。世界上所有的语言里都有数字，世界各地不同的古老文明也各自发展出了数学和数字符号，但为什么阿拉伯数字这套符号系统能够"统治"全球？你也许有所耳闻，阿拉伯数字是印度人发明的，可听名字就知道，荣耀给了阿拉伯人，这是怎么回事？是一次偶然却无法纠正的误会吗？跟我去伊拉克首都巴格达市中心的一座古城遗址，我们将在那里了解这套重要的全球通用符号系统：阿拉伯数字。

为什么是阿拉伯

　　新闻中出现的巴格达，往往和动荡有关。在可预见的时间里，对多数人来说，巴格达很难被纳入通常的旅行目的地。但我们很早就从历史课本上了解到，巴格达曾经是千年古城，阿拉伯文明的巅峰就在这里创造出来。如果有一天忍不住好奇，还是想走进这座城市，在保证安全的前提下，我们可以考虑一下去缅怀市中心的古城遗址。

　　762年，巴格达被定为阿拉伯帝国阿拔斯王朝的新首都，是当时阿

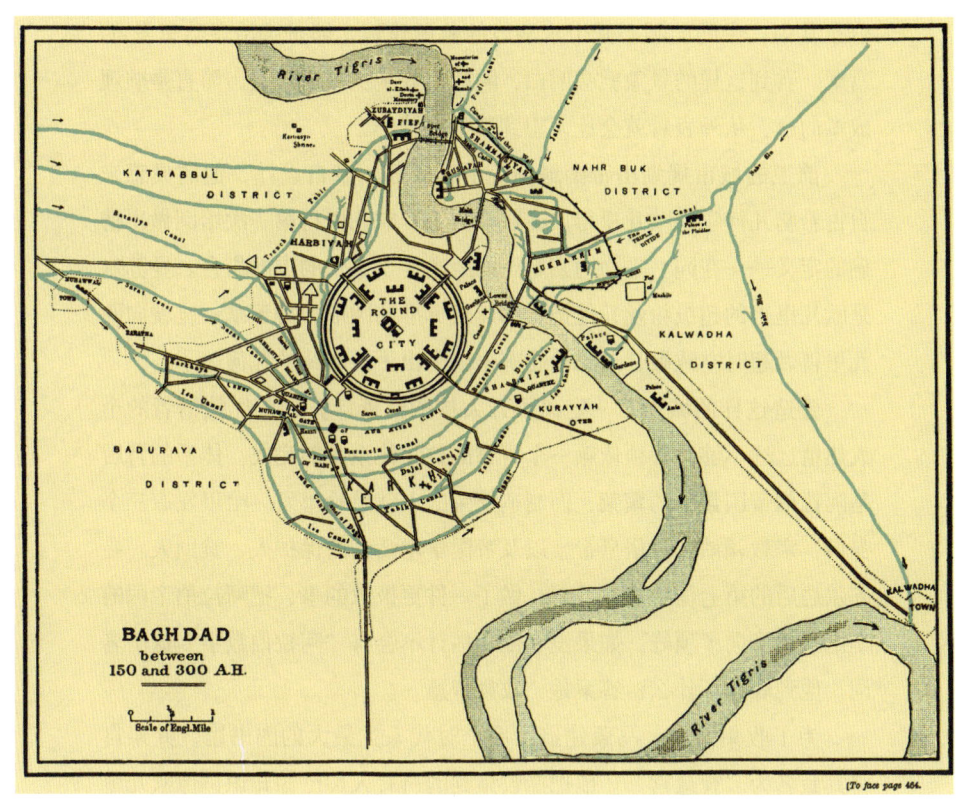

巴格达古城地形图

拉伯世界的中心。现在，古城只剩下一座圆形城楼，大约四层楼高，有个八角圆顶。沿着残破的城墙往上走，站在城楼上，请暂时忘记战争，忘记动荡，闭上眼睛想象这座城市最美好的年代。

1000多年前，圆形城楼里是一座人口至少50万的超大城市。如果从空中俯瞰一定会觉得奇怪：这哪里是一座城市，分明是一个外星基地！这座城由4个圆组成，中间是三堵圆形墙壁，一个圆环套一个圆环，分为外墙、主墙和内墙，被四个大门贯穿。注意，这不是现代城市的那种环线，而是标准的正圆形，如同圆规画出来的一样圆。圆环和圆环之间是密密麻麻的建筑，贵族的宅邸、清真寺、学术机构、军营等等分布其中，中间的圆心是个水滴般的蓝色建筑，那是统治者哈里发[1]的宫殿。看到这样的景象就会明白，阿拉伯数字从这里崛起，简直是顺理成章的事，从外表看就会让人想到数学之城。

前卫的城市规划由帝国最高统治者曼苏尔亲自设计，他的灵感来自古希腊几何学家欧几里得。在数学史上，欧几里得第一次给圆做出精确的定义——在同一平面内到定点的距离等于定长的点的集合。曼苏尔是欧几里得的超级粉丝，他把首都建成标准的圆形，等于拿一座城向欧几里得做超时空致敬，这恐怕是有史以来出手最阔绰的几何迷了。

建造这样的城市，一定离不开大量的精密计算，单凭统治者的个人热情远远不够，必须依赖一个可靠的数学体系才能完成。体系的背后是阿拉伯帝国数学的繁荣，而制造繁荣的人就是哈里发。哈里发有三个身份：宗教领袖、世俗皇帝，以及帝国学术活动的保护人、赞助人。曼苏尔之后的第七任哈里发马蒙，做了一件更极致的事，把阿拉伯帝国的学术活动推向了顶峰。如果没有他，估计不会有"阿拉伯数字"这个名词。他到底做了什么？答案是"收集智慧"。

为了收集智慧，马蒙建造了那个时代人类最大的图书馆，并亲自将其命名为"智慧宫"。他把能收集到的所有人类已知知识，像欧几里得的几何学，毕达哥拉斯的勾股定理，苏格拉底、亚里士多德、柏拉图、希波克拉底、托勒密的著述，只要是知识，不管来自希腊人，还是波斯人、犹太人、埃及人、印度人、中国人，通通收入智慧宫，又重金聘请顶尖的学者把知识翻译成阿拉伯文。大翻译运动持续了整整150年，潮水般的知识和智慧汇入巴格达，让这里成为当时的全球学术中心。

这些知识就包括"阿拉伯数字"，只是收入过程不那么温和。700年前后，阿拉伯帝国持续扩张，一路进攻到印度北部。在这里，他们吃惊地发现，印度人虽然作战能力不高，却拥有一套神奇的数字符号，于是

---

[1] 在早期伊斯兰国家中，担任国家政治、军事、司法、宗教首脑的人物被称为哈里发。

把这套符号和计算方法带到巴格达。阿拉伯帝国的学者和商人率先被这套数字符号的魅力征服，放弃了原本的符号，改用印度人的数学语言。

> 据考证，当年智慧宫就在巴格达市中心的"信徒宫"。1000年前，学者们在这里用印度数字解三角函数方程，还热衷于学术研究，迷恋化学和物理实验。海湾战争期间，也是在这个空间，萨达姆为躲避轰炸，躲在"信徒宫"下面的地堡里。

不知你是否会感到好奇，不就是从0到9的几个符号，还有好与不好之分吗？其实没那么简单，阿拉伯人引进的不只是几个符号，还包括符号的使用方法，比如现在通用的定位计数的十进制。

作为名词，你可能对"定位计数"感到陌生，但作为一套应用系统，你一定非常熟悉。比如388，三个数字写出来我们就明白它的意义，排在最前面的3表示300，中间的8表示80，末尾的8是个位的8。就是说，同一个数字符号，只因为变化了位置，就能表示完全不同的数值。印度人还发明了0，如果一个位置没有数字，就记作0。

这样做很高明吗？没有对比可能意识不到这套数字的神奇。我们拿汉字做比较，同样的数字，你得写成"三百八十八"，需要五个汉字，比阿拉伯数字多两个字。而如果换成罗马数字简直就是灾难，你得写成"CCCLXXXVIII"，三个C，一个L，三个X，一个V，再加三个I，需要11个字母才能表示出三位数。我们可以想象，当年欧洲数学家多么值得同情，既是高强度的脑力劳动者，也是体力劳动者。一些资料说，中世纪大多数欧洲人一辈子都没有接触过1000以上的数字。

印度数字则不同，不仅表达自然数的时候一目了然，列算式做计算也特别简洁，只要书写时对好位，该借位时借位，该进位时进位，加减乘除毫无压力。这种压倒性优势让阿拉伯人改换门庭也就理所应当了。

从智慧宫走向全世界

但明明是印度人的发明，为什么把冠名权给了阿拉伯人？这个故事很多人都知道，阿拉伯人是优秀的二传手，是他们把这套符号系统推广到全世界。当年谁最喜欢使用这套系统？不光是数学家，还有每天要算钱记账的阿拉伯商人。他们跟数字打交道很多，而且会到处跑来跑去做生意，走到哪里就把这套符号系统传播到哪里。跟随贸易的脚步，印度数字来到欧洲。"不明觉厉"的欧洲人不知道前面那段印度的剧情，硬是把它们叫作"阿拉伯数字"。

> 在阿拉伯国家很难看到"阿拉伯数字"，因为欧洲人形成了自己的写法并推广到世界，相反阿拉伯国家还保留着当年的样子。

当然，最初很多欧洲人并不接受，觉得是异端的符号，13世纪时，佛罗伦萨官方甚至明令禁止使用阿拉伯数字，但学术界无法抵抗这种诱惑。到15世纪，阿拉伯数字已经征服欧洲，又随着大航海跑到世界各地。100多年前，阿拉伯数字开始在中国普及，现在已经成为全球通用的数字符号。

语言、文字对文明的发展起到了决定性的作用，阿拉伯数字也是如此，不仅改革了商业贸易的计算方式，还对现代科学的发展起到了关键作用。单就0这一个数字对现代数学的影响就难以估量，没有它就不会有后来的负数概念。它还是解析几何坐标轴的原点，没有0也就没有原点，更无法建立坐标轴，解析几何的大厦更无从谈起。

更重要的是，阿拉伯数字为全世界科学家提供了一套通用语言，让人类最理性的大脑基于同一套符号系统进行思考和交流，从而建立起了现代数学体系，而现代科学的大厦又以数学为地基。今天，人类拥有6000多种语言，如果不经过专门训练，完全无法进行交流；但《圣经》里操同一种语言建造巴别塔这件事，在数字符号领域实现了。

人类正在建造新的巴别塔

古希腊数学家毕达哥拉斯说：数，是万物的本质。今天，人类不仅使用十进制的阿拉伯数字，而且在数字基础上，发展出了由0和1组成的二进制计算机编码语言。随着计算机科学的发展，人类进入一个新的时代——数字时代。手机和电脑里的文字、图像、视频，通通可以还原成一段二进制编码，我们的爱好、兴趣、口味、习惯、出行方式、个人经历，都能以数字形态上传到云端。通过海量的计算，人工智能将比人更了解人的需求，还能替人完成大量工作。在可以预见的未来，医生、律师、老师、保险等工作，尤其是这些行业里最基础的工作，可能会交给机器人。全人类用同一套二进制语言工作，仿佛正在建造一座新的巴别塔。

从语言、文字到阿拉伯数字，我们走过了三个地标，了解了三种符号系统。还有什么符号系统对文明产生了"根本性""决定性"的影响？请跟我继续旅行。

→ 回到中国

中国人的数字优势

《异类：不一样的成功启示录》的作者格拉德威尔认为，中国人的数学天赋和数字发音有关。比如，4、8、5、3、9、7、6，中国人用20秒就可以完全记住；而如果母语是英语，准确率只有50%。英语中，14、16、17分别写作fourteen、sixteen、seventeen，合理推测11、12应该写作oneteen、twoteen，而事实上是eleven、twelve；英语数字发音也极不规则，而汉语则遵循逻辑系统，11是10加上1，24是20加上4。所以中国孩子学习数数要更快，4岁的中国儿童平均能数到40，美国儿童只能数到15。5岁时，美国儿童在数数技能上已经落后中国儿童一年了。

这种差异还体现在运算上。如果心算37加22的结果，英语是母语的7岁孩子，首先得把thirty-seven和twenty-two转换成阿拉伯数字37和22，而对中国孩子来说，计算公式预先就嵌在语句中，不用转换就能得出59。所以，中国孩子天然就觉得数学计算合情合理，学习数学会充满信心，形成良性循环，而西方数字结构过于笨拙和随意，小孩子难以把握，必须靠死记硬背。

第四节

巴黎老佛爷百货
消费时代的超级符号

如果你认为符号、语言和阿拉伯数字过于抽象，那我带你去一个高度"物质"的地方，巴黎的老佛爷百货（Galeries Lafayette）。我对那里的香水、口红、时装和名牌包包不感兴趣，我好奇的是那里的 logo，即视觉符号。这次我们一起探索这些符号是如何指引现代人的消费行为的，看看它们抓住人们消费心理的机制。

老佛爷究竟在卖什么

因为读音的关系，Lafayette 被翻译成老佛爷。我第一次听到"老佛爷"时，想到了紫禁城里的慈禧太后，甚至脑补这家百货商场是否有东方文化的介入。其实它的音译应该是"拉斐特"，是个法国姓氏，和清朝没有任何关系。在巴黎，它还是一条街的名字。老佛爷是欧洲最著名的百货商场之一，紧邻巴黎歌剧院与和平咖啡馆，是奥斯曼大道上三座大商场的建筑群。通常，其中一栋建筑上会有一张三层楼高的巨型海报。

老佛爷百货汇聚了全球最著名的奢侈品和高档品牌，但这一次我们要按下购物的冲动，换个视角，站在符号的角度打量老佛爷，这个超级符号的万神殿。

走进主楼大厅，阳光从金碧辉煌的拜占庭风格玻璃穹顶倾泻而

巴黎著名商场"老佛爷百货"

下，打在五个楼层琳琅满目的商品上，制造出了一种豪华宫殿的感觉。每次去那里，我都能强烈感知到这种倾泻感。和现代购物中心的简洁风不同，这座拥有超过100年历史的商场，其内部的装饰繁复而华丽。光滑的大理石地面，精心设计的橱窗，舞台感的装饰，不断把我们从日常生活中抽离出来。

我印象最深的一幕是多年前，时尚大牌迪奥为了庆祝70岁生日，在老佛爷百货搞了一个大型展览。主楼穹顶的正下方飘起了一个几层楼高的蓝色热气球，气球下面的巨大吊篮也是蓝色的。只要进入大厅，就无法忽视吊篮上D、I、O、R四个字母组成的硕大金色logo。

反对奢侈品的人一直批评，一个包、一双鞋，只因为上面多了几个代表品牌的字母，或者有一个鳄鱼标识，凭什么要卖那么贵？有人开玩笑说，养一头鳄鱼也不用那么多钱吧！甚至有人计算手工和材料费，结论是标价远远超过成本，而且是几百几千倍地超过。既然如此，迷恋它们的人是不是脑子有问题？钱真的多到花不出去？问题还真没那么简单。

人们在这类商品上花大量的金钱，并不是寻求其实际功用。买包包不是为了装东西，否则拿个塑料袋就可以了。买时装不是为了遮羞或者保暖，很多时装既不遮羞也不保暖。甚至不是为了让自己显得更好看，所谓的"经典款"并不一定好看。那为什么要买？人们在这里一掷千金，买的是对知名品牌的强烈认同。曾有知名营销专家把这些超级品牌的logo叫作"超级符号"，人们会通过符号实现某种认同。

有魔力的超级符号

超级符号"超级"在哪儿？凭什么能让人心甘情愿多掏钱？我们不妨以老佛爷里的超级大牌为例做具体分析。

这些超级大牌，往往具有很高的形象识别度。先看logo的外观，有些是完整的单词，比如BVLGARI（宝格丽）；有些是字母的缩写，比如路易·威登的LV，香奈儿的双C，古驰的双G；有些则借用了动物和植物的形象，比如阿玛尼的雄鹰，兰蔻的玫瑰。这些logo看似简单，但识别度很高，这就意味着记忆成本低，能让人一眼认出来。"一眼认出来"很重要，不但使要买的人容易辨认，更重要的是能够迅速被他人辨认出来。

当然，仅仅识别度高还不能叫超级符号，想成为超级符号的logo还要有强大的信息压缩功能——你买的不是某个品牌，而是它背后一整套的故事。品牌的历史、产品的理念、创始人和历代设计师的传奇故事，全都压缩在这个图形里。

比如，香奈儿的双C图标会让人想起一系列跟品牌创始人香奈儿女士相关的传奇故事，有法国南部修女院学校的孤星血泪，有巴黎帽子店的名流客人，有20世纪初女性的解放和独立，有五号香水与梦露的香艳传奇。所有这些故事放到一起可能是几本厚厚的传记，而庞大的信息都

> 每次去卢浮宫,都能看到人群向《蒙娜丽莎》涌动。这幅画前永远汇集了最多人,是最有观众缘的藏品,因为它符合超级符号的三大特征。高辨识度不用说,我们总会在日常生活中看到它;大多数去卢浮宫的游客主要目的是看它,这是强指令性。信息压缩呢?正是压缩的大量信息决定了这幅画的高辨识度和强指令性。如果有机会见到这幅画,建议你从信息压缩的角度完成"解压缩"。以下几条线索供你参考:达·芬奇的拖延症,达·芬奇死在法王的怀里,这幅画被放进拿破仑的卧室,曾经失窃,毕加索被怀疑是窃贼,《达·芬奇密码》,电影《2012》。更多信息还在不断被压缩进这幅画中。

被压缩进双C图形中。双C图形如同思绪的开关,看到这个图案,大量信息会从记忆深处喷涌而出。

有了这两个特性,品牌logo似乎变成了魔咒,这就是营销专家所说的"超级符号的指令性"——看到心仪的品牌,立马就想掏腰包。潜意识里则是:一旦这件东西被我拥有,就能将"我"和"你"做出区分,"我"属于某一人群,"你"不属于某一人群,总之"我"和"你"不一样。

有一年,LV和滑板运动品牌Supreme在全球八个城市联合开辟首批快闪店,东京店开店当天排起了1.5公里、7500人的长队,政府专门出动100多个警察维持秩序。人们用实际行动呼应着超级符号发出的明确指令。

由此,我们感受到超级符号的三大基本特征:高辨识度、强信息压缩和强指令性。

从远古图腾到现代符号

很多研究奢侈品营销的人,会批评现代社会的消费主义浪潮。其实,人们对符号的崇拜能追溯到远古时代。在原始社会,人类的氏族和部落,都会选用一种动物作为群体的特殊标识,这个标识就是图腾。比如，有历史学家通过史书和文物考证，认为女娲部落的图腾是蛇，黄帝部落的图腾是熊。图腾是一种能激起群体身份认同，跟他人形成区隔，从而获得安全感和鼓舞的符号。如果部落间发生战争，战旗上会画上部落的图腾来鼓舞士气，有的部落还会戴上图腾制作的面具，或者围着图腾跳舞，人们相信这些符号会保护自己和部落，还能带来更大的丰收和更多的猎物。

> 超级符号无处不在，成功地规范和指引着我们的生活。洗手间的男女标识，过马路的红绿灯，都能让人条件反射做出选择。再比如，看到一个三角符号我们就知道是播放键，连着两个三角就是快放键，看到手机电量少了一格会感到生理性的焦虑。

从原始的图腾崇拜到现代人追捧的超级符号，不变的追求是群体认同和心理满足。法国当代营销专家吕卡·斯卡伊尼（Luca Scaini）提出了"部落营销"的概念，大意是，图腾是部落的品牌，奢侈品大牌的logo则是"现代图腾"，某个组织共同体的徽章同样是"现代图腾"。进一步的解释是，人天然是群体动物，摆脱了原始部落的束缚后，又用现代超级符号重新给自己划分群组。从这个角度上看，人们还延续着部落时代的心理机制，创造和使用新的超级符号就是在应用这一机制，它能降低认知成本、决策成本和传播成本，有巨大的商业价值。几乎每个有野心的商家和组织都渴望制造属于自己的超级符号，一旦达成就意味着低成本和高回报。

警惕和反省

有知识分子试图穿透符号光环，用审慎的眼光审视被符号所操控的观念。比如后现代理论大师鲍德里亚，他在《消费社会》里讲到一个有意思的案例。

太平洋西南部群岛美拉尼西亚的原住民，觉得天上的飞机很神奇，而且他们发现白人在地面某处布置了一些东西，飞机就会成功地降落到那里。于是，原住民用藤条和树枝建造了一架模拟的飞机，还划出一块地面，并且在夜间照亮，耐心地等待着飞机前来着陆。鲍德里亚把这个故事解释为消费社会的寓言。他认为，在现代社会，人们消费物品只是为了"幸福的符号的积累"，就像美拉尼西亚人做一个飞机的模拟物，期待奇迹的发生。

遗憾的是，鲍德里亚没有活到移动互联网时代。这是一个人人有机会展现创造力的时代，超级符号诞生的频率快速增加，寿命也在缩短，而超级符号的三大基本特征却没有改变。追求身份辨识和群体认同，依然是人类不变的需求，甚至群体和群体之间的观念更加对立，冲突的感受更为强烈。但我相信，一旦了解了超级符号的心理机制，人们就有机会从"指令"中解放自己，把被屏蔽的东西找回来。

不知不觉中，我们一起完成了维也纳—伦敦—巴格达—巴黎的旅行。这是一次符号之旅，通过四个地标、四个符号系统，我们找到了搭建文明大厦的元件。接下来的旅行，让我们插上"想象"的翅膀，飞到更远的地方。

→ 冷知识

智人走出非洲时穿衣服了吗

看着奢侈品品牌充满设计感的服饰，我脑海里常常莫名蹦出一个问题：人是从什么时候开始穿衣服的？考古学家认为，讨论的展开必须基于实物，比如衣服残片或骨针。但问题是，它们只能证明当年的人类穿了衣服，却无法辨识"最早"。1999 年，德国的跨界科学家马克·斯托金（Mark Stoneking）找到了答案。

有一天，他接到儿子学校的通知，有学生发现了头虱，提示家长要注意孩子卫生。这给了斯托金以灵感。人体的虱子有三种：头虱、阴虱和体虱。它们有共同的特点，即都不能穿过"无毛区"，离开宿主就会死亡，祖先相同却生殖隔离。如果人类浑身都是毛发，意味着虱子能自由移动，生殖隔离也就无从谈起。所以，只要找到头虱和阴虱分离的时间，就可以找到人类体毛脱落的时间。研究虱子们的基因发现，头虱和阴虱的基因变异时间点是 120 万年前，这意味着人类体毛脱落就在这个时间点。

同时，基因研究表明，体虱由头虱进化而来，但体虱不能寄生在肤表，因为没有毛发可抓，只能靠抓住衣服纤维生活。所以，体虱的出现意味着当时的人类穿着衣服。马克·斯托金 2003 年得出结论：体虱和头虱在 10.7 万年前分离，人类从这个时间点开始穿衣服。

于是我们发现，首先，人类脱毛是在 120 万年前，大约 10.7 万年前穿上了衣服，这意味着祖先在非洲草原上裸奔了 100 多万年；其次，智人走出非洲是在大约 7 万年前，那么此时的他们应该是穿着衣服出发的。

第 2 章

想象

→ 我们接下来要去四个地方，埃及金字塔、科隆大教堂、佛罗伦萨国立美术学院和特洛伊古城遗址。在这些地方，我们将探索智人大脑进化出来的一种独特能力：想象。按心理学的解释，"想象"是形成意象、知觉和概念的能力，"想象"的对象往往并不存在，而这种"不存在"却能制造内生动力——将"不存在"变成"存在"。也就是说，人不光"想"，还会把"想"的内容落实到现实世界。如果很多人同时想象将会怎样？人类学家公认的结论是：更大规模的协作将会发生。协作的结果是文明变得丰富多彩。

第一节

埃及吉萨金字塔群
重生是埃及人的生活原动力

我要带你去的第一个地标是埃及胡夫金字塔，它可能是我们最熟悉的古代建筑之一。提到金字塔，人们想到的第一个维度是"神秘"，直到现在，还有很多人认为金字塔是外星人的作品。我儿时看过一本书，书中说金字塔有特殊的符咒，让一个考察团全部死于非命；还有人说在墓道里发现过一台外星彩电。第二个维度是"大"，在长达 3000 年的时间里，胡夫金字塔把持着人类最高建筑的地位。这一次我要打开第三个维度——这座伟大建筑，完全来自人们的想象。

重生想象在大地上的投射

作为旅行者，我们可以选择在早晨出发，乘坐开罗地铁2号线到达吉萨景区，古埃及法老胡夫祖孙三代的金字塔都坐落在这里。我们沿途可以看到沙漠和戈壁，天气晴好时会看到金字塔静静矗立在地平线上，空气里弥漫着淡淡的骆驼粪的味道。

埃及现存一百多座金字塔，全部建在尼罗河西岸。埃及人认为，西方是太阳落下的方向，代表着死亡，作为坟墓的金字塔，自然要建在尼罗河西岸。

想了解古埃及的历史，尼罗河是重要的线索。大约一万年前，沿岸的埃及人还处在原始部落形态，尼罗河水的定期泛滥带来肥沃的淤泥。

埃及金字塔

搞农业的古埃及人应该很幸福,种子播下去就能得到足够的粮食。他们不愁吃喝,甚至不担心安全问题,因为周围有天然的屏障,北边是地中海,河谷两侧是沙漠。在很长时间里,生命中最主要的敌人是死亡。

如何看待死亡是人类面临的最大课题。受科学影响的无神论者认为,死亡是生命体的彻底终结。中国还有一句古话叫"人死如灯灭",死亡意味着一切都结束了。古埃及人不这么看,他们很早就注意到几个事实:每年的固定月份,尼罗河的洪水都会让干涸的土地恢复生机,如此往复;每天,太阳东升西落,周而复始。他们就此认为,生命也会经历同样的模式:出生、成长、死亡以及重生,周而复始。显然,"重生"是一种想象,但用想象突破死亡的限制,是文明发展的重要阶段,恢宏的金字塔群就是明证。

古埃及早期文明里,灵魂重生从而不朽,是国王的特权。埃及人还相信,丧葬地是灵魂之家,于是陵墓就成为墓地主人死后重生的基础，不仅可以保存遗体，还给墓地主人自由游历的灵魂提供食物。这样我们就能理解，作为陵墓的金字塔对于埃及法老有多重要。

埃及人，眼光最长远的投资人

真正站在胡夫金字塔的脚下，人会显得渺小，几乎看不到塔尖，能感受到的是方形底座的庞大。要知道，底座每个边长大约230米。整个金字塔的高度大概有40层楼高。胡夫金字塔建造于埃及古王国时期的第四王朝，约在公元前2600年，距今4600多年。研究专家曾给出一组数据，胡夫金字塔由大约230万块巨石修筑，每块重约两吨半，十几万名工匠耗费约20年时间完成。

在胡夫法老之后的古埃及中古王国，重生是法老的特权，但也能让其他人沾光——法老的亲属和贵族都能凭借法老的宠爱而获得墓地和丧葬物品；准备陵墓的工匠通过参加葬礼，认为也可以跟着不朽；就连为金字塔工作的农民，也认为可以分享法老的永生。

这样一来，参与修建金字塔不再是持续而艰难的苦差事，反而是都能获得好处的事情，因为人们都渴望获得重生。而除了作为皇陵的金字塔，给富人和贵族用的石墓和泥砖墓也发展起来。在历史演进中，埃及人关于重生的想象，细节不断增加，适用范围也在不断扩大。重生的机会后来光照到每个人——人人都有希望重生。

当然，重生需要资格。首先得是一个好人。怎么确定一个人的好坏呢？古埃及人想了一套办法：在他们的想象中，人死后会接受冥界之神奥西里斯的审判，要经受"秤心仪式"的考验，这是重生的核心环节。考古学家在埃及发现了大量用天平称量心脏的绘画，天平的一边是死者的心脏，另一边是代表真理的羽毛。如果这个人生前清白，没有任何罪孽，心脏就会跟羽毛平衡，死者就能获得重生和不朽。如果心脏重于羽毛，这个人的心脏会丢给怪兽吃掉，意味着彻底地死去。

在古埃及的绘画里，天平旁边往往有一个狼头人身的形象。这是埃及人想象出来的阿努比斯神，他是天平守护神，负责读取天平称量的结果，报告死者的命运。

重生的第二个条件是尸体得到妥善保存，那里是重生灵魂的居所。为此，埃及人把尸体制成木乃伊。整个过程大约需要70天，程序极其复杂，是一门技术活。也许你会觉得奇怪，按照埃及的地理和气候，干尸是很容易形成的，为什么要人为增加尸体处理的难度？实际上，陵墓观念发展起来后，金字塔内部环境反而不利于防腐，硬逼着古埃及人世代攻关、研发技术，发展出能在阴暗环境中让尸体不朽的工艺，客观上造就了一个拥有最多干尸的古代文明。

我们今天去大英博物馆，还能看到几十具木乃伊，你会发现木乃伊外边还有一个人形棺，上面画着人的五官和身体。人形棺也有作为死者替身的作用，相当于上了双保险。

在古埃及人的想象中，人重生后还要继续以前的生活，陪葬品自然必不可少。著名的法老图坦卡蒙，埃及国家博物馆里有他的陪葬物品，食物、器皿、家具、战车一应俱全；金银珠宝和服饰更不用说，光是亚麻做的内裤就有145条，鞋子差不多有100双。

豪华陪葬、制造干尸、修建陵墓、秤心仪式，听起来像一个环环相扣的剧本，并在流传中不断丰富、演变。尼罗河就像古埃及人重生想象大戏的舞台，金字塔就是舞台上造价最高昂的道具。

重生想象带来的文明成果

为了制造宏大复杂的"道具"，古埃及人消耗了大量资源。美国历史学家汤普森在《埃及史》中形容，纪念物的建筑和装备是古王国最大的工业。"丧葬"不仅意味着消耗，也让文明水准实现跃迁。

为了保障丧葬工程的物资供应，古埃及人组织了庞大的官僚系统，发展出最早的税收计算方法，出现了处理复利和记账的方式。专家研究木乃伊后还发现，其背后是一个跨越地中海的贸易网络。大英博物

古埃及绘画中守护天平的阿努比斯神

馆的一具人形棺，表面的黑色沥青竟然来自死海。考虑到古埃及的经济体量，尼罗河两岸的重生想象大戏很可能支撑着地中海的贸易，以及贸易既而拉动的文明演进。

从古至今，死亡是世界各地的人都要面对和回答的问题。苏美尔

人、玛雅人、中国人、印度人、欧洲人都相信,死亡不是彻底结束,而是另一次出发,只是各有各的剧本。中国人相信死亡只是换个地方继续活,于是秦始皇建造了兵马俑,生前征战四方,死后统领百万大军。信仰印度教的人认为死后会转世,生前德行决定来世做人还是做畜生。

> 蜣螂，俗称屎壳郎，古埃及人称其为"圣甲虫"。他们认为，太阳能划过天际一定有"人"推着他，而屎壳郎每天的工作都是推着圆球滚动，因此太阳后面也应该跟着一只屎壳郎。既然太阳是神，屎壳郎也得是神。把屎壳郎封神，这在古代文明中绝无仅有。

进入现代社会，即使很多人已经相信死亡是生命的终点，但人们还在努力突破死亡的束缚。现在脑机接口概念很"热"，俄罗斯有个超级富豪伊茨柯夫，笃信未来的科技一定能解决意识上传的问题，还投资了相关研究项目，并聘请脑神经科学家帮助，希望自己的肉体衰老之后，意识能换一个方式继续存在。现代分子生物学的核心使命，是让人类战胜更多疾病，尽可能拉长生命线，这已经成为最庞大的产业之一。像不像高科技版本的重生想象？

想象，造就了金字塔，而法老们尘世生活的居所，湮没在历史烟尘中。古埃及文明后来被希腊人征服，希腊化的埃及又被罗马征服，罗马后是阿拉伯人，几经辗转，这个古老文明早已不见踪影。如果罗塞塔石碑未被破译，他们所有的重生想象都无法想象。

→ **回到中国**

中国的地上古建筑多给活人用

有个导游这样形容埃及和中国："埃及的古迹都是给死人用的,而中国的主要给活人用。"这是个有趣的角度。悉数下我们的古迹,多有明确的现实功用:长城,用来抵御游牧民族入侵;故宫,用来给皇帝居住;清漪园,乾隆用来孝敬母亲崇庆皇太后,后改为颐和园,为慈禧养老;古城墙,为了防御敌人进攻;古水利设施,用于抗击洪涝灾害用。地下的建筑才是给死去的人用的,帝王的陵墓同样浩大恢宏。

只不过,我们把"生"与"死"两个世界分得很开,彼此间有明确严格的界限,而在古埃及和欧洲,生死界限往往模糊。生死观的差别是文明的"元"差别,今天我们感受到的文明差异,往往可以追溯到这里。

第二节

德国科隆大教堂
欢迎来到基督教天堂体验店

德国的科隆大教堂是另一种想象——"天堂想象"的产物。我把它看作中世纪基督教天堂的人间体验店。天堂想象的核心,推而广之,是对极致美好生活的向往。

走进教堂就是体验天堂

在欧洲很多城市,高耸的哥特式教堂都是当地的象征,科隆也不例外。从城市的任何角度,只要没有特别的遮挡,都能看到科隆大教堂。如果让我推荐欣赏路线,建议坐火车抵达,体验一下一出车站迎面撞到一个大块头的感觉。高耸的尖塔,庞大的身躯,黑色的立面,立刻让你体会到一种震撼。大教堂刚建成的时候是白色的,就像意大利的米兰大教堂,但工业污染把曾经神圣的银白色建筑变成今天沉重的黑褐色。

科隆大教堂是个有故事的地方。中文世界里有个流传很广的故事:二战期间,盟军把科隆炸成废墟,却放过了科隆大教堂。之所以没有轰炸,是因为飞行员看到高塔外侧有一群流浪汉,靠一根绳子,把自己悬在空中拆卸壁画,这一幕震撼了飞行员,象征性地开了几枪就走了,其他飞机依次照做。故事还补充了一段飞行员的回忆:"当你看到一群衣衫褴褛的人悬在高高的塔尖外冒死抢救壁画时,你会跟我做出同

拔地而起的科隆大教堂

样的决定。"

故事是不是真实存在？恰恰相反，科隆大教堂遭到了大约70次轰炸，中殿和耳堂的22个拱顶中有9个被摧毁，6个被严重损坏，北耳堂的山墙倒塌，西侧大窗户被毁。教堂之所以没有坍塌不是因为上帝保佑，而要归功于建筑结构。教堂的顶部是斜坡，多数炮弹被弹到远处，教堂的玻璃花窗在战前已被转移，这意味着内外空气可以充分对流，即便有炸弹穿过顶部进入教堂，冲击波也能从大窗户逃逸。此外，教堂地基也帮了忙，地基有16米深，整座建筑被一根根柱子支撑，柱子周围是沙土，部分冲击波又被地基吸收。对教堂最大的危害其实是火，幸运的是，一群维修和照顾教堂的志愿者充当了临时消防员，及时将火扑灭。

所以，科隆大教堂幸免于难，靠的不是信仰，而是建筑技术和一定的运气。

科隆大教堂1248年开建，1880年完工，相当于从南宋淳祐八年建到清朝光绪六年，历经632年，如此绵长的时间需要恒久的耐心。对比一下，胡夫金字塔只用了20年，因为必须在法老的有生之年建成陵墓，否则就用不上了。再看教堂的高度，157米高，大约40层楼，当地政府规定，城内其他建筑都不能高过它，所以大教堂仍然是科隆的最高建筑。

在基督教信仰里，"天堂"有特殊的含义。按照《圣经》的描述，天堂里有珍珠门、碧玉墙、黄金街、生命果和生命水。人一旦进入天堂，意味着和上帝以及死去的家人同在。但这里有一个问题，没有人见过天堂，更没人从天堂回来告诉世人天堂长什么样。那怎么能让人相信真的有天堂呢？中世纪欧洲教会的办法就是建教堂。也就是说，科隆大教堂就是人们把大脑里的天堂想象落实到科隆的地平线上的产物。

这座始建于13世纪的教堂堪称哥特式教堂最完美的典范。如果有机会从空中俯瞰，整座科隆大教堂的轮廓是一个巨大的十字架。大教堂的入口在两座尖塔之间，这扇门是尘世和天堂的分界线，迈过这道线就算进入天堂。在这里，我们能看到中世纪天堂想象的基本模板。

首先，是长而且高的中殿。想象自己站在百米跑道的起点，长长的通道在你脚下延伸；一排排高大的立柱立在两边，引领跑步者向前；有个神圣的终点在等你，那里就是圣坛；抬头看，则是一个个连续的尖拱，空旷、高耸。这种空间能让人感觉自己渺小得像尘埃，这粒尘埃又时时产生一种飞升感。

其次，要有光，神圣的光。环顾四周，最醒目的是几十米高的玻璃花窗，上面画着《圣经》故事，上帝、天使、圣母、圣徒都悬在半空中。即便你不熟悉那些故事，红、黄、蓝和金色渲染的光彩也能带给你不寻常的感受。

再次，科隆大教堂之所以出名，还因为存有圣物。在《圣经》故事里，耶稣出生的时候，东方有三个圣人，冥冥之中居然感应到了，带着礼物跑过来向圣母一家表达祝贺。"三圣"是耶稣诞生的见证人，在基督教里的地位很高。科隆大教堂保存着的圣物据说就是"三圣"的遗骨。

长且高的科隆大教堂中殿

> 中世纪的欧洲人多数不识字，教会就用雕塑和图案来演示《圣经》里的故事和人物。所以，精致典雅的花窗图案，美轮美奂的圣徒雕塑，在当年的作用类似于连环画。

直到今天，走进科隆大教堂，有的人还会激动得说不出话，觉得自己的灵魂得到了净化，坚硬变成柔软，骄傲转为谦卑，躁动变为宁静。甚至有人只因为到了这儿，就做出了皈依基督的决定。从建筑心理学角度来看，科隆大教堂是非常成功的设计。

如何把天堂想象落实到建筑空间

其实,所有宗教场所都担负着唤起受众宗教情绪的功能,这一点上,科隆大教堂做到了极致,把当时能调动的所有材料和使用的所有技术发挥到极致。

关于欧洲的教堂,罗马式、哥特式、文艺复兴式等名词,分别对应着不同的建筑风格,在不同历史时期各领风骚。10—12世纪流行罗马式建筑,万神殿就是其中的典型,一般有巨大的穹顶;为了支撑这个圆顶,墙壁要有足够的厚度;窗户也不能开得太大,否则会压缩墙壁的面积,降低墙壁的承重力。

此外,也不能修建得太高,墙体的承重力会不够。这种建筑造型看起来厚重、敦实、威严,但内部光线昏暗。用于强化上帝的威严和神秘没有问题,而想让人感受上帝的荣光和天堂的美好就困难了。更何况,随着西罗马帝国的覆灭,罗马式建筑的很多技巧和艺术失传了,连当年的水准都无法复刻。因此,12世纪发源于法国北部的哥特式建筑,一经问世就成为欧洲教堂的主流。不仅科隆大教堂,巴黎圣母院、米兰大教堂等很多著名教堂都沿用了哥特式建筑风格。

在很多欧洲人看来,"哥特"

玻璃花窗上的《圣经》故事

曾经是个贬义词，意味着"野蛮"，因为哥特人摧毁过罗马帝国。但实践是验证判断的基础，相比罗马式建筑，哥特式教堂的尖塔可以建得很高，墙壁还能开出巨大的玻璃窗，让建筑内部光线明亮。和昏暗的罗马式教堂相比，哥特式教堂体验感完全不同，流行起来是必然的。这种优质的体验，背后是建筑技术的突破。

外观上看，最明显的突破是刺猬一样的尖塔，但核心改动发生在内部结构上。教堂的拱顶是由拱底石承重，重力不会全部放在墙体上，这是个关键的改动。哥特式教堂将墙壁加圆顶框架的罗马式建筑改为柱子加肋式拱顶的框架结构，再用轻材料填充墙体，墙壁上就可以开出巨大的窗户，为更多光照进入提供了可能。同时，哥特式教堂广泛应用了飞扶壁，这种支撑墙进一步确保了建筑的整体稳定。

有了技术保障，拱顶高度和跨度就能突破原有限制。一方面，教堂可以盖得又高又大，尖尖的拱顶还能给人向上的感觉。另一方面，墙体开出巨大的窗户，就能在玻璃窗上大做文章。

我们在科隆大教堂看到的玻璃花窗，上面装饰的绘画都是基督教的人物和故事，彩色花窗在阳光的映衬下显得色彩绚丽、神秘华贵，像用宝石雕刻一般。望向高大的玻璃窗，会有种昏暗中看幻灯片的感觉。现代人自然会被它的美打动，但我敢肯定，今天人们的心理震撼程度，跟中世纪的人根本没法相比。

在中世纪的欧洲，教堂外的世俗社会，生活条件实在过于糟糕。大部分农民住的是小茅屋，用稻草做褥子，到处是跳蚤。城市居民也好不到哪里去，很多家庭几个人挤在一个小黑屋里，时不时瘟疫突然降临，人的平均寿命不超过40岁。在这种恶劣环境里生活的人，一旦走进教堂，扑面而来的是庄严、神圣、柔和、明亮、纯净、希望，闭上眼睛，耳畔回荡着悠扬的管风琴声、祷告声、圣歌声，似乎时间都停止了。灵魂仿佛真的能够攀缘至高高的尖顶，无限接近上帝。而且这种感觉是要走进教堂才能全方位体验的，站在教堂外边，感觉反而没有那么强烈。

中世纪很多教堂的门上会刻着这样一句话：通过此门，天堂向每个信徒敞开。相比之前的教堂，以科隆大教堂为代表的哥特式教堂通过全方位的沉浸式天堂体验，不断坚定着人们的信仰。人们不光在礼拜天进教堂，平时也很频繁光顾，甚至一天去好几趟，现实的苦难、内心的挣扎都可以向他们信仰的神诉说。人们还可以在这里和朋友聊天，教堂又成了公共社交的地方。

天堂与人间、想象与现实的交织

也正是因为哥特式建筑技术上的突破，教堂成为中世纪欧洲的大型城市工程，它给欧洲城市带来的改变甚至超越宗教。

首先的改变是城市来了新客人。修建大教堂需要大量技术人才，工匠、瓦匠、木匠、雕刻师傅、玻璃工、铁匠等，他们被吸引到当地生活，不同职业逐渐纳入行会，这为现代城市的精细分工提供了助推作用。还有一群人同样重要，他们是神职人员、神学家，也是当时仅有的识字人，这些人组建神学院，神学院基座上又发展出现代大学。所以，教堂不仅改变了城市的人群结构，也改变了城市的精神结构。此外，既然信仰在人们心理上居于中心地位，教堂又必然是城市的物理中心。教堂前往往会形成一个广场，不光进行宗教活动，也是市民聚会、节庆、狂欢、交易的场所，为城市生活、市民精神的发育提供了可贵的公共空间，同时为文艺复兴、宗教改革等质变的来临，缓慢积累着量变。

所以，天堂想象不是单纯的"想象"，而是把想象落实到现实世界。一旦想象变成可以触摸的存在，反过来又会与周遭发生"化学反应"，让世界进一步发生改变。

→ 换个角度

马王堆汉墓里的"天堂想象"

天堂想象也不仅仅是基督教文化的现象。人类学家列维-斯特劳斯通过考察原始部落发现,天堂和地狱这种二元对立模式是人类很普遍的心理结构。地狱,代表的是恐惧和焦虑;天堂,代表的是美好和满足。古希腊人柏拉图的理想国、16世纪英国人提出的乌托邦,都是某种形式的天堂想象。

在研究不同文化的"天堂想象"时,我注意到马王堆汉墓的这幅帛画,它体现的是汉代人的宇宙观。

从功能上看,它是一面引导灵魂走向天界的旗帜,意思是,没有它,灵魂就会迷路。今天北方一些农村出殡时,孝子手里举着的旗帜称为"幡儿","打幡儿"的风俗就可以追溯到汉代这幅帛画。

人死之后去哪儿呢?汉代的人们认为,世界分为天界、地界(或冥界)、人界。画最上方是天界,中间的人身蛇足被认为是女娲娘娘,左边是月亮,有一只蟾蜍,旁边是兔子,月下托着弯月的女子应该是嫦娥。右边是太阳,里面有只乌鸦,下面有八只小太阳,大概是对后羿射日的隐喻。天界,就

马王堆汉墓帛画

是汉代先民的天堂想象。华夏远古神话人物在这幅画上也已各自归位,共同纳入中国人的生命观。

再往下看像一口倒扣的钟,钟下两人守着的是"南天门"。华盖下雍容华贵的老妇人就是墓的主人辛追,也就是著名的不朽女尸。肉身死后,辛追的灵魂正从人界赶往天界。辛追脚下是一个平台,平台下就是人界,明显有了烟火气,有锅和鼎。人界底座被巨人托起,还有龟和大鱼。底座就是大地,地下面是水。

汉代人的"天堂想象"已经成型,后来所谓玉皇大帝、太上老君、嫦娥、天蓬元帅间的传说和纠葛,大概率是在这个基础上编织而成的。至于地下世界,当时还不算恐怖,但演变来演变去就成了"地狱",牛头马面、阎王爷又被编织出来。一幅画,展示出汉代人的观念地层。

欧洲人修建科隆大教堂的时候,中国宋朝还流行一句民间谚语:"天上天堂,地下苏杭。"人类的"天堂想象"演变到今天,已经发展成各式各样的服务设施,城市中心的购物中心,提供的是购物"天堂";对小孩来说,迪士尼和长隆是他们的游乐"天堂";英语世界的人看到美丽的景色,会说"It is truly a heaven!"。

天堂想象的本质,是一种对美好生活的想象,也是人的永恒想象。

第三节

佛罗伦萨国立美术学院大卫雕像
审美想象的完美样本

徐志摩曾经把 Firenze 翻译成"翡冷翠",从名字我们就可以想象,这座城市给他留下了多少美妙和美好。最终人们采用了"佛罗伦萨"这个译名,很多人认为是美丽的错过。爱美之心人和动物都有,但只有人类,把审美贯穿整个生命周期。这一行为的底层心理机制是什么?怎样的机制逼我们热衷"臭美"?这次,我要带你去佛罗伦萨国立美术学院,围观米开朗琪罗的大卫雕像,感受审美想象的集中体现。

穿越时代的符号

在佛罗伦萨可以看到三座"大卫"雕像,老城中心旧宫广场有一座,城边山顶有一座,但它们都是复制品,雕像本尊坐落于市中心的国立美术学院。逛完圣母百花大教堂,从广场北侧一条窄街往北走大约500米,姜黄色的建筑就是佛罗伦萨国立美术学院。这是世界上第一家美术学院,有约500年的历史,至今还在招生。

从半圆形拱门进入,有一条100米的长廊,长廊最深处,美少年大卫站在半球形穹顶下,阳光透过穹顶的玻璃泻下,刚好落在大卫的身上。通常导游会告诉你:这是最美的男体。你也许会强烈认同,但具体美在哪儿又不知从何说起。

让我们打量一下大卫,从大理石基座起,顺着他的脚趾向上移动

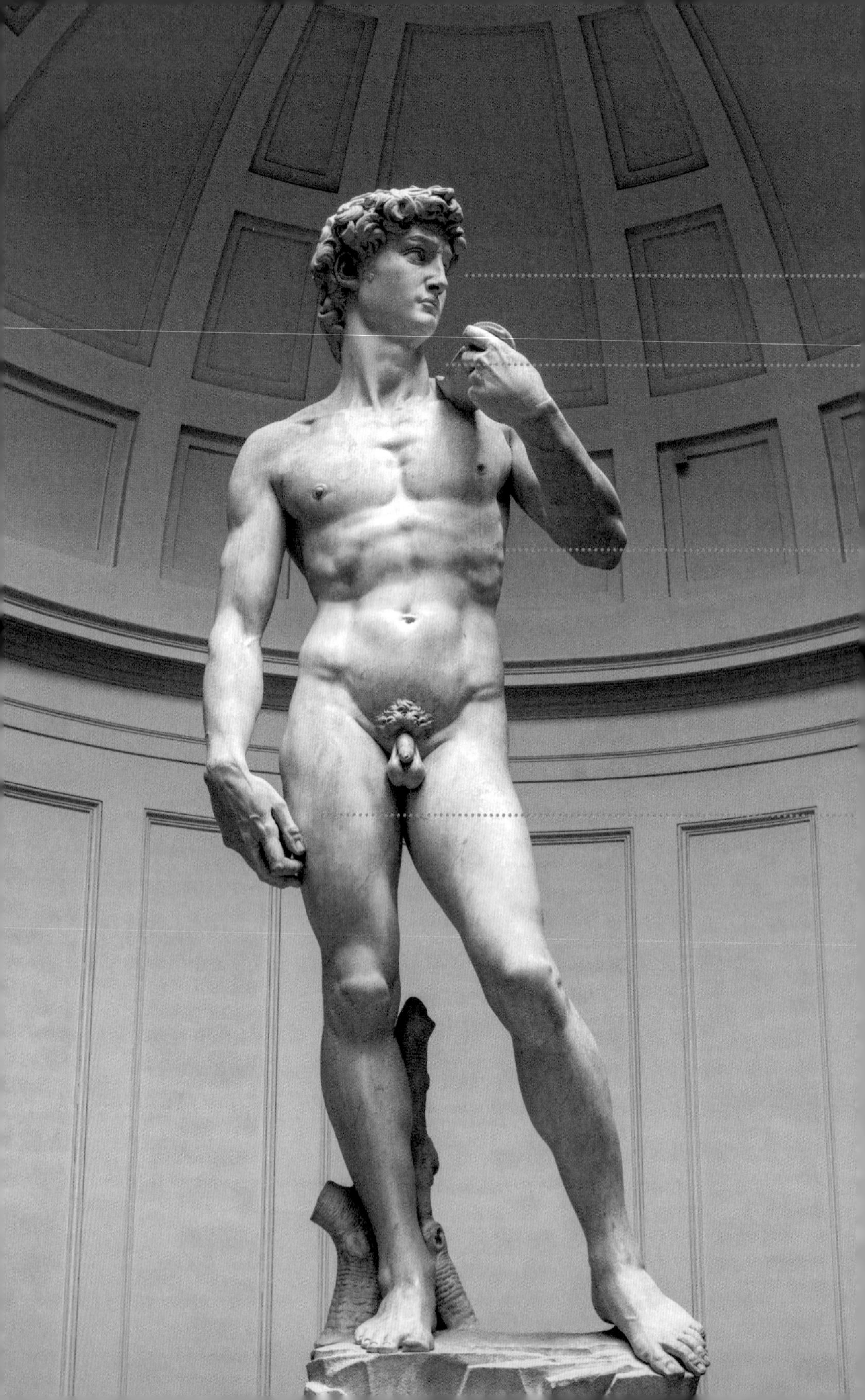

视线：直立的右腿，健美的躯体，绷紧的颈部，尖尖的下巴，微张的鼻孔；再跟美少年四目相遇，大卫眉头皱起凝视前方，左手靠近肩膀，抓着投石器的带子，石头藏在右手掌中，弹弓搭在肩上，右手自然下垂，明显感到手指在悄悄用力，手背的血管清晰可见，仿佛正在跳动。

按《圣经》的说法，大卫此时此刻的敌人是巨人歌利亚。在他出战前，部落里几位勇猛的战士都被巨人杀死。己方阵营鸦雀无声之际，17岁的少年毛遂自荐。面对歌利亚，大卫没有用蛮力进攻，而是将投石器砸向巨人的脑袋。歌利亚应声倒地，大卫跟进砍下敌人的头颅。大卫杀死歌利亚，是《圣经·旧约》里的经典故事。

500多年前，佛罗伦萨市政厅委托米开朗琪罗创作大卫雕像，当局的目的是借助少年大卫的勇敢，表达城邦对自由和坚韧的拥抱，既有宣传作用又有励志功能。这是一篇命题作文，也是艺术家们的"同题作文"，多纳泰罗、卡拉瓦乔等大师，前后都给出过答案，但普遍将重点放在大卫拎起歌利亚的头，或者将头踩在脚下的那一刻。米开朗琪罗没有这样，他选择大卫甩出投石器前，力量即将达到峰值的瞬间。这个创

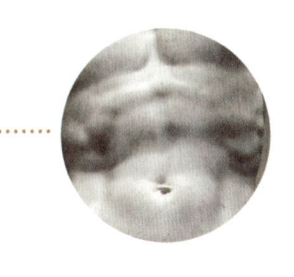

大卫雕像

作角度还是第一次。

米开朗琪罗要突出大卫的智慧、理性——他不是用蛮力,而是用意志和技巧战胜了敌人。智慧、理性、意志,符合文艺复兴时期人文主义精神的本质,米开朗琪罗抓住大卫最全神贯注的时刻,那是一个深思熟虑的男人,不是玩世不恭的男孩。这个角度的巧妙还在于,他让《圣经》故事和过往大师的作品都成了背景说明。

大卫雕像当年落成时受到了明星般的待遇,用"万人空巷"描述也不为过。雕像不仅被认为是城市的骄傲,还被看作文艺复兴的时代符号,当它穿越时空走到今天,依然被认为是最美的男体。

如何呈现年轻、健康、有活力

什么是人体美?中国人说环肥燕瘦各花入各眼,从古至今不同地区、不同年代的人,美的标准都不统一,为什么到大卫这儿就统一了?我想是因为大卫击中了人们对人体美的普遍想象。这种想象是什么?进化生物学告诉我们,人类对美有着比较一致的底层心理机制,即,别人认为是美的。回到生物的本能——审美以繁衍为导向,那么这里的"别人"自然主要是异性。如果一个人在异性眼里,有强大的生育能力,那他就是美的;反之就不美,甚至是丑的。

但在没有婚检条件的远古年代,怎么判断人的生育能力?凑过去用鼻子闻?或者用手触摸?这样做太危险了,可能付出代价。最安全有效的是靠肉眼观察就可以得出结论的方法。总结下来,判断标准非常清晰:如果一个人"年轻、健康、有活力",就意味着生育能力强,大脑给出的信号就是"美"。不过对艺术家来说,用艺术方法呈现"年轻、健康、有活力"是最大的难题。

《圣经》里的大卫青春年少,杀死歌利亚时只有17岁,怎么表现这个年纪?在脖子上挂个牌子说"看啊,他只有17岁"?不可以。艺术家的方法是打磨皮肤,大卫的皮肤找不到一处皱纹,不论紧锁的额头、扭动的脖子、弯曲的手指,还是富有弹性的肌肉和圆润的臀部,光滑而紧实,无须解释就知道是少年男子的身体。

那怎么表现健康?进化生物学告诉我们,人类大脑的普遍认知是,健康人一定是"对称"的,如果生过严重的疾病,可能会留下痕迹,比如斑块、疤痕,严重的还会让身体残障。进化过程中,"对称"便内化为潜意识中的"美"。直到今天,人们依然觉得对称是美的,其实是进化留下的潜在偏好已经内化为本能。研究者做过一次面孔叠加实验,把同一肤色、种族的人面孔叠加出来,发现结果都是对称的,看起来都是美的。再看大卫的脸部形状,眼睛、鼻子和嘴巴,是不是高度对称?

怎么表现有活力?米开朗琪罗没有学过进化生物学理论,只遵循头脑里的观念完成创作。"文艺复兴"的通俗解释是要回归古希腊、古罗马,大卫雕像被认为是文艺复兴的象征,艺术家的观念根植于古希腊艺术,但又有所不同。古希腊雕塑呈现的是偶像的神,大卫雕像展现的是有活力的人。

回忆下古希腊作品,比如断臂维纳斯,S形经典设计,黄金分割的身体比例,和大卫雕像对比,是否觉得有些不同?尽管大卫也符合S形设计,但其弯曲幅度远远低于维纳斯,且后者显得更安静呆板。大卫则是动感的,甚至能感受到他的呼吸。有个略带伤感的故事是,米开朗琪罗一直认为自己是丑的,因此他极度厌恶自己,或许这是他创造优美男体的动力。

艺术家的创作过程充满了挑战。第一个挑战来自石材,石头开采出来后几十年少人敢用,因为它给艺术家的创作空间太小,一位雕塑家在双腿处凿了个洞就放弃了,导致"容错率"进一步降低。米开朗琪罗没有被困难吓倒,他巧妙地和大理石博弈周旋,大卫的双腿以现在的姿势分开,为的就是绕开那个洞,大卫扭头看着侧方而非直面观众,也是妥协的结果——大卫只能用这个姿势。

米开朗琪罗有一句很诗意的表达:雕像就在石头里,自己只是把它从石头中救出来。米开朗琪罗先是"解救"了大卫的脸,然后逐个雕琢身体其他部位,他会用大型工具去掉多余的石料,露出身体的轮廓,再用小型工具完成造型。随着工程的推进,他的工具越来越小,直至人体全部成型。最后环节是用锉刀、磨石、皮革刨光,让大卫变得温润细腻。

假设当年有延时摄影,我们会看到坚硬的巨石变成生动血肉的过程,而被他"解救"出来的也不是雕像,而是大脑中对美丽男体的想象。

想象不是来自"想当然",米开朗琪罗解剖过大量尸体。通过解剖,他能准确判断骨骼的排列规则和肌肉的运动规律,这些经验帮助他雕塑出真实而有动感的人体。大卫的每条青筋、每块肌肉、每个姿态、每个表情都充满动感和力量,尤其是对血管的处理,高度符合人紧张兴奋时的样子,也和真实状态中的血液循环规律相吻合,可相关医学结论要100多年后才被总结出来。

不过,还有一些视觉效果大概永远无法呈现。按最初的设计,雕像要放到几十米高的教堂顶部,但难度过高,只能放在旧宫的领主广场,后来又转移到了美术学院现在的位置。高度的不断降低让米开朗琪罗始料未及,因为他在创作之前,就充分考虑到了从地面看向高空的视角,这和在地面平视雕像的观感是不同的。地面上的大卫,手和头被不成比例地放大,这不是米开朗琪罗的设计有误。2010年,一个同比例的复制品放在教堂顶部,人们仰望才发现,那个大卫更臻完美。

> 1857年,托斯卡纳大公将一件大卫复制品送给英国女王,友好的举动却让英国人很为难,毕竟公开展现裸体是个禁忌。因此,人们用石膏做了个无花果叶将大卫的私处盖住。雕像复制品和叶子目前就收藏在维多利亚和阿尔伯特博物馆。

挡住大卫私处的无花果叶

审美改变的方方面面

随着文明进步，保证繁殖生育条件的不光是身体，还有财富、社会地位等，人们对美的想象也变得多样，但只要回到审美想象的底层逻辑，不光大卫的美可以解释，其他类型的美也能找到解释。比如，饥荒年代以胖为美。胖，意味着家有余粮，能养得起更多人。今天，人们又不觉得胖是美，因为能做好形象管理的人，大概率占有更多资源。追根溯源，都能找到审美想象的自洽的解释。

美的观念从诞生之日起就不断生长，早已超越生育和繁殖的范畴。古希腊人认为几何是美的，中国人能制作精美的瓷器和园林，都是落实自己的审美想象。进入现代社会，审美想象进入文学、艺术、建筑、产品设计等领域，审美甚至决定商业回报值。苹果公司的成功就被认为是乔布斯审美想象的成功，开发苹果二代电脑时，乔布斯否决了最初的电路板设计，只是因为里面的线路不够直。他的传记里还有个细节，有一天，乔布斯从昏迷中醒来，医生要给他戴上面罩，但他嫌丑坚决不戴，要医生拿来五种面罩让他选择。对美的挑剔和执着持续到乔布斯的生命终点。

→ 回到中国

中国人的审美想象

中国文明在审美方面相对"早熟"。我们也经历过远古的"生殖崇拜",但后世的文人士大夫审美远远超出审美底层,在明清发展出极致的审美,或叫"唯美"。典型例子如曹雪芹视野里的苏州,他说苏州:"有城曰阊门者,最是红尘中一二等富贵风流之地。"

曹雪芹是位美学大师,红学家董梅总结说,曹雪芹最钟情的城市是苏州,最喜欢的女孩黛玉、妙玉是苏州人,最美好高贵的物品(如元春省亲用的焰火灯烛)在苏州采买,提供"视听服务"的唱昆曲女孩也来自苏州。

至于大观园本身,作为美学建筑群,它的设计灵感就来自苏州园林,是作者将无限的审美想象落实到有限空间的尝试。潇湘馆是"馆",蘅芜苑是"苑",蓼风轩是"轩",秋爽斋是"斋",秋爽斋外面是晓翠堂,"水榭"又要邻水,馆、苑、轩、斋、堂、榭,位置高低、幽闭程度都有客观要求——如此细致的颗粒,意味着极致的精美,看不懂这些就读不懂园林之美。但你能找到苏州园林的美和大卫的美之间的共通之处吗?

《姑苏繁华图》局部,1759年,[清]徐扬 绘

第四节

特洛伊古城遗址
英雄史诗和他们的自我超越

提起古希腊，很多人会想到奥林匹斯山的众神，而我感兴趣的是希腊人创造的一种特殊凡人，叫作"英雄"。希腊的"英雄"多是半人半神，他们拥有神力，为人的荣誉和尊严而战，但也有凡人的弱点，比如会死。英文 hero（英雄）一词最早就出自《荷马史诗》，特指参加特洛伊战争的男人。这一次，跟我去特洛伊古城，探访《荷马史诗》的故事现场，来一场关于"英雄"的溯源之旅。

盲诗人荷马编织的英雄世界

特洛伊古城遗址不在希腊半岛，而在与爱琴海隔海相望的土耳其。当年希腊人在小亚细亚半岛西侧建立殖民地和定居点，留下的古城遗址面积大约有三个天安门广场大。考古学家发现，遗址上有九层文明堆积，每一层都代表着一种曾经占有这里的文明，层次如此众多，意味着特洛伊的重要地位。比较主流的观点认为，《荷马史诗》里的特洛伊古城是其中的第七层。

如今这里只剩下灰色的砖墙，断成一截截的大理石柱，以及丛生的杂草。昔日的繁华、英雄的身姿早已不见踪影。但古迹入口那个按照传说中的描述复制的巨大木马，会一下子把我们拉入盲诗人荷马编织的英雄想象中。

《特洛伊木马被拖进城市》
约 1760 年，[意] 乔瓦尼·多梅尼科·蒂耶波洛（Giovanni Domenico Tiepolo） 绘

《荷马史诗》记录的特洛伊战争大约发生在公元前 12 世纪，相当于中国的商朝。故事的剧情看上去有点狗血，可以概括为"一位美女引发的英雄混战"。大意是，一个叫海伦的女子，号称希腊第一美女，本来是斯巴达王墨涅拉奥斯的老婆，却被特洛伊的王子拐跑。希腊人愤怒至极，组成联军进攻特洛伊。诸神也分成两派，有的支持希腊联军，有的支持特洛伊人。战争进行了十年，希腊人最终凭借木马计战胜了特洛伊人。

一旦进入故事就可以闭上眼睛展开想象：残垣断壁似乎重新站立起来，变成高大的门拱和坚固的城墙。走在废墟中的小路上，好像身边就是身披盔甲的英雄，他们围坐在一起，摩拳擦掌，充满斗志，等待号角。还可以近距离感受阿喀琉斯、赫克托尔这些盖世英雄，还有美丽的女子海伦，感受他们之间的爱恨情仇。但如果想要理解古希腊文明中"英雄"的意义，聚光灯自然要打在阿喀琉斯身上。

英雄能超越自我，但不是完美人格化身

阿喀琉斯是希腊联军中的大英雄。有一部电影叫《特洛伊》，当时年轻的布拉德·皮特把阿喀琉斯的勇敢、英俊和力量表现得淋漓尽致，简直是"移动的荷尔蒙"，但最让人感叹的还是他和命运抗争的短暂人生。

按史诗中的说法，阿喀琉斯的母亲是女神，父亲是凡人。阿喀琉斯刚出生时有神曾预言，他会成为名垂千古的英雄，而代价是战死疆场。于是女神妈妈捏着他的小脚丫，把他放进冥河里洗澡，被冥河水沾过的皮肤可以刀枪不入。但百密一疏，用手捏着的脚后跟没有沾到水。这成了阿喀琉斯的死穴，也就有了所谓的"阿喀琉斯之踵"，用来指代强者最弱的地方，也指命运的不可抗拒。

战争中，阿喀琉斯的好友被特洛伊人最伟大的英雄赫克托尔杀死，阿喀琉斯决定为好友报仇。出发前，他的母亲含泪阻止他，哀求他不要参战：如果杀死赫克托尔，你的末日也到了。阿喀琉斯最终没有被母亲的眼泪软化。电影《特洛伊》的开头有段悲情独白："人类一直在追求永恒的生命，于是我们问自己，我们的所作所为会流芳百世吗？在我们死去很久之后，陌生人听到我们的名字，会知道我们是谁吗？孩子知道我们的勇敢，或者知道我们的爱情有多伟大吗？"电影独白与《荷马史诗》中对英雄的描摹有内在一致的情绪。

对比前面提到的金字塔我们会发现，和古埃及人相比，古希腊人对生命的态度截然不同。古埃及人认为人死后会重生，整个生命过程都围绕重生展开。在他们的意识里，生命是永恒的。古希腊的英雄也追求

永恒，但知道生命是有限的，必须在有限时间内完成常人不能完成的任务，能做到的就是英雄。

特洛伊故事的高潮是，阿喀琉斯在特洛伊城下杀死赫克托尔，神的预言随之应验，阿喀琉斯脆弱的脚后跟被特洛伊人的弓箭射穿，英雄就此陨落。

通过《荷马史诗》的描述会发现，作为英雄的典范，阿喀琉斯有这样几个特点：人与神的混合体，有超越凡人的神奇力量；不向命运低头，不怕死亡，用超乎常人的勇气和行动实现自我超越；有凡人的弱点，比如脚后跟，而且会死。

古希腊神话中的其他英雄——永无休止推着大石头上山的西西弗斯，杀父娶母让自己双眼失明的俄狄浦斯王，杀死美杜莎的珀耳修斯——大多具备同样的特点。

从特洛伊战争到荷马生活的时代，中间相隔几百年，阿喀琉斯的故事只通过口耳相传，不使用文字记录，就能沿时间轴自动传送。

阿喀琉斯之踵

每个传颂者都在其中增加调料，最终汇集成将近28000行的《荷马史诗》。这部文学作品是古希腊人英雄想象的结晶。

不仅是古希腊，其他古代文明的早期文学，都通过想象塑造自己的英雄。像两河流域的吉尔伽美什，印度史诗《罗摩衍那》中的罗摩，中国藏族的格萨尔王，

> 阿喀琉斯"英雄"想象有个副产品：希腊学者芝诺提出了"芝诺悖论"，佐证其理论的就是"阿喀琉斯追龟"的故事。他说："由于运动的物体在到达目的地前，必须先到达半路上的点，那么如果空间无限可分，有限的距离就包括无穷多的点，所以，运动的物体需在有限时间内经过无限多点。"也就是说，阿喀琉斯永远也追不上乌龟！

都有类似古希腊英雄的三种特质。人类不同族群留下的英雄史诗，可以形成一个很长的列表。

英雄想象的共鸣和代入感

英雄和神有什么异同？神的故事往往能变成共同想象，英雄传说也可以达到同样效果。古罗马人就认为自己是特洛伊破城后，逃出的英雄埃涅阿斯的后代；中国春秋时期，边缘地带的国家（比如吴国、越国），会把血缘追溯到黄帝、炎帝，他们都是华夏民族的大英雄。英雄和神不同的地方是，前者能产生超越自我的内驱力，后者则不具备这个特点。

稍加留意，我们会发现一个心理现象：神仙，是要被仰望的，理论上不可超越。很少有人把成为神当作理想，即使有也不会倾注感情。而想成为英雄的人则代代相传，而且会投入浓郁的情感。所以，英雄想象常常通过塑造人的心灵来改变历史。

欧洲历史中有三个关键片段都和英雄想象有关。第一个发生在亚历山大征服波斯时。亚历山大从小就是阿喀琉斯的粉丝，征服波斯时特

意把特洛伊古城作为登陆点，上岸后第一件事就是凭吊阿喀琉斯。第二个，恺撒出差偶遇亚历山大神庙，他感叹亚历山大33岁就已征服世界，而自己年过四十却默默无闻，这次感悟奠定了之后的恺撒大帝。第三个，1798年，拿破仑征服埃及，站在狮身人面像前说："亚历山大曾站在你面前，恺撒也曾与你对话。当时，你已经在这里存在了2000年。他们之后2000年，我也来到你面前。"

从亚历山大到拿破仑，榜样的力量是无穷的，这在心理学上被称为"成就动机"，可以激发人的斗志，让人自动产生代入感。这种心理需求不仅存在于古代，也一直延续到今天。漫威之父斯坦·李认为，人们喜欢超级英雄，就是因为每个人都想超越自己，都希望拥有强大的能力、更高的天赋，做更重要和伟大的事情。

神话学家约瑟夫·坎贝尔有一本书叫《千面英雄》，收集了几千年来世界各地的英雄故事。仔细阅读会发现，这些故事都是围绕"自我超越"来讲述的。坎贝尔提炼出一个成长模型：英雄早期都是淹没在人群中的普通人，一个不期而遇的召唤打破了平静，然后开始了他们的英雄之旅。他会遇到很多困难，还会练就一身本领。最后和大反派交手时，一般情况下，会先被对方打得满地找牙，但不要担心，故事的高潮一定是，英雄得到超级能力，最终完成绝地反击。这时候，普通人不见了，一个有勇气、有智慧、有担当，随时准备迎接更大挑战的英雄诞生了。

这个英雄成长模型与《荷马史诗》记载的英雄故事有很大差别，但"成为超越自我的人"这一核心叙事没有改变。

当代文化娱乐产业中，无论小说、电影还是游戏动漫，英雄传说都可以说是热门题材。J.K.罗琳的《哈利·波特》，漫威故事里的钢铁侠、绿巨人、奇异博士、美国队长，《独立日》《星球大战》中的主角，《黑客帝国》里吃下红色药丸的尼奥，甚至游戏《塞尔达传说》里的林克，人们阅读故事、走进影院、感动落泪，其实是在为英雄想象买单，同时又产生代入感，一次次燃起信心和勇气，不断超越自我。

> **换个角度**

英雄可以人为制造吗

20世纪80年代，加拿大心理学家罗杰·巴恩斯利（Roger Barnsley）研究了该国顶级冰球队员的生日，结果发现，绝大多数人生于1月到3月。如果把队员名字换成生日，电视直播会呈现这样的解说：

"3月11日"来到老虎队外围，突然将球传给"1月4日"，"1月4日"传给"1月22日"，"1月22日"回传"3月12日"。"3月12日"射门！老虎队守门员"4月27日"将球挡出，弹到对手"3月6日"身上，两名防守球员"1月9日"和"2月14日"回防，但大势已去，"3月6日"射门，得分！

这不是巧合，因为1月1日之前和之后出生的人会被分在不同年龄组，意味着竞争从一开始就不公平。对快速生长期的孩子来说，年长几个月都会在心理、体力上有明显优势，也更容易获得晋级，晋级后将拥有更出色的队友、教练，乃至更多的比赛机会，于是马太效应发生了。

通过案例可以看出，球场上的英雄似乎可以人为"制造"，至少有人为因素的空间。这是否意味着，其他领域也能找到提高产生"英雄"概率的方法？

第 3 章

组织

→ 人类是群居动物,"孤独的人是可耻的"。进入文明时代,借助想象尤其是共同想象的理论,"群居"向更高维度升级。在历史长河中,人类演化成一种组织动物。接下来的旅行,我们一起探索四个地标,观察四种"组织"。

第一节

安徽西递胡氏宗祠
血缘组织如何扩大规模

第一个要探访的"组织"地标是安徽西递的胡氏宗祠。在这里,我们一起探索中国人在几千年的历史中,如何把"血缘"这种人类最天然的联系高度组织化。

在宗祠里看什么

我们最熟悉的组织是家庭,也就是血缘组织,父母子女、兄弟姐妹拥有最强的血缘关系,彼此有高度的信任基础。只是家庭组织规模太小,相比来说,宗族是一种以弱血缘为纽带建立的大型组织。所谓弱血缘,就是组织内的人们有血缘关系,但彼此间的血缘关系又不是那么强。

这种组织形式是中国人的发明。基因检测技术出现之前,即使亲生父子也没有可靠的办法确认血缘关系。戏文里有"滴血认亲"的说法,但真的按这个方法确定血缘,会导致伦理悲剧,这个方法极不科学。没有先进的检测手段,时间上隔了几辈、十几辈,空间上隔了若干州县的人怎么认亲?宗族组织做到了。它竟然打破时空的限制,把相隔千里万里,彼此间只有几十甚至几百分之一血缘关系的人组织在一起。

我带你去乡村祠堂,一窥组织的密码。这个祠堂位于安徽黄山附近的西递村,周边是古徽州的核心区域,当地祠堂文化保存得非常完整。

西递村依山傍水，白墙青瓦，有"桃花源里人家"之称，主要居民都姓胡，现在的人口只有1000人左右。这一带连同周边，古称徽州，中国三大商帮中的徽商就出自这里，清代著名的红顶商人胡雪岩就是徽商代表之一。

过去几百年中，这样一个小小的乡村前后共建了26座祠堂。这些祠堂是祭祀祖先、举办婚丧嫁娶等仪式的地方。西递胡氏的总祠堂已经没有了，我要带你去的是一座支脉祠堂，也是村里现存规模最大、最精美的一座，它叫"敬爱堂"。

西递胡氏的支脉祠堂敬爱堂

敬爱堂始建于明代，现在看到的是乾隆年间重修的，是一座典型的三进式徽派建筑，门匾上写着四个大字"胡氏宗祠"。暂时不去关注精美的石雕、木雕、砖雕，也不看建筑细节，我带你直奔最里面的大厅，那里藏着宗族组织的密码。

进入大厅，抬头就能看到上方挂着一个大匾，写着"百代蒸尝"四个大字。在古代，冬天的祭祀叫"蒸"，秋天的祭祀叫"尝"。百代蒸尝，意思是说，世世代代都要祭祀祖先。"百代蒸尝"牌匾下挂着两幅胡氏先祖的画像。画像对面，是一个大大的"孝"字，据说是宋代大儒朱熹亲笔写就。孝，再加上"忠"，是中国儒家社会的核心价值观。

顺着画像往下看，供桌上面摆放着三个牌位。以牌位为线索，我们可以追溯胡氏家族的血缘故事：西递胡氏可以追溯到904年，彼时唐

> 胡昌翼一系被称为"明经胡",出过多位知名后人,名气最大的要算胡雪岩和胡适,他们都是李世民的子孙。

朝倒数第二个皇帝唐昭宗预感自己即将被废,于是把刚出生的儿子托付给一个叫胡三的部下。胡三带着龙种逃难到江西婺源,为躲避追杀,小孩改姓胡,取名"昌翼",胡氏宗祠中间的牌位就是胡昌翼。

胡昌翼没有忘记胡三的恩情,临死前留下遗训"义祖大于始祖",并要求"儿孙后代不得复宗",就是不能改回李唐的姓氏。三个牌位中,右边的牌位就是胡三,作为胡昌翼的养父,拥有极高的地位。左边的牌位是一个叫胡士良的人,他是家族第五代,当年一次外出路过西递,被当地风景吸引,于是和家人搬到这里。他是西递胡氏宗族的先祖。

通过这两张画像、三个牌位,我们就可以看到西递胡氏的血缘脉

胡氏宗祠大厅

络,这条血缘脉络甚至连接到大唐皇脉,之后又绵延上千年。如此漫长的时间旅行,怎么保证脉络不断?有办法。在小小西递村,不是只有这一座祠堂,当地人前前后后建了26座祠堂。祠堂建筑高大精美,是宗族成员拿真金白银堆出来的,有钱出钱,有力出力,千年不绝,决心和韧性丝毫不输给建设大教堂的欧洲人。他们为什么要这么做?动力是什么?

围绕血缘的三个制度安排

祠堂不是一栋普通的建筑,还是宗族组织的公共活动空间和精神象征物。祭祀,用仪式活动来凝聚人心,是宗祠作为公共建筑空间的第一个功用。西递胡氏在这里聚居上千年,每到固定节日,成员就会在这里祭祀祖先。祭祀有严格的仪式,这套仪式可以追溯到3000年前的西周。周人的社会有个关键词叫"礼",孔子的理想就是恢复周礼。严格说,周礼是一个庞大的体系,祭祀是非常重要的部分。也是在那个时候,中国发展出宗族这种大规模组织的雏形,背后是周人系统性的政治安排:

首先,确立了"天下"的概念。"天下"的统治者是"天",但"天"不会亲自统治,而是派自己的嫡长子——天子,代为治理天下。当年"天子"就是周王,周王的继承人也得是他的嫡长子,即周王和正妻生的大儿子,即使周王更喜欢小儿子,也无权把王位传给他,这个规则很清晰。其他的儿子呢?被周王分封到各地建立诸侯国,诸侯国也遵循嫡长子继承制,然后依次再行分封。

这相当于给权力交接立了法,能避免过程中产生动荡。但随着时间拉长,血缘关系注定越来越远,就有了另一个制度安排:每逢重大节日,诸侯王和子孙都要回到都城,按辈分等级、尊卑秩序,举行祭祀祖先的仪式。这个制度安排的核心诉求是唤醒大家对共同血缘的记忆。这就是宗族组织的雏形。经过时间的洗礼,这套组织方式走出庙堂进入民间,最终成为古代中国最重要的组织模式。

宗族组织的现实作用

除了仪式性的祭祖，祠堂或者说以祠堂为象征物的宗族组织，还担负着更重要的现实功能，即为成员提供各种帮助和庇护，以此维护组织的向心力。为什么"皇权不下县"，而千百年来基层依然能有序运转？这很大程度上跟宗族自治有关。基层的公共产品主要由宗族提供，有困难的家庭会得到宗族的救济。如果有族人没钱参加科举，宗族会资助他旅费。此外，道路、水利、桥梁的修缮等公共事务，也由宗族负责。当然，违背宗族利益、违反乡规民约，情节严重的会被宗族组织"除名"，被除名的人将成为"孤魂野鬼"，死后不得进宗祠。这种惩罚具有强大威慑力，能让人恐惧难眠。

具体到西递村，当地"八山一水一分田"，靠种地的话连肚子都填不饱，为了生存，族人就得想办法。摆在面前的是两条路，要么走出去到外面经商，要么考出去到外面做官。熟悉中国历史就会知道，宋元以后，无论经商还是做官，徽州人都很成功。中国三大商帮，徽商、晋商、潮商，都来自宗族组织高度发达的地区，这不是巧合。宗族身份可以为成员提供信用背书，有了信用，经商成本会极大地降低。这个优势延续到近现代，出现一个让欧美商人无法理解的现象：华商不签合同，仅凭信件、电报甚至口头约定就能做生意。

古代宗族成员还能给同族提供保护。明清江南的盐业、茶业、酒业、典当，但凡需要政府特批的行业，几乎都被有宗族背景的徽商垄断。这样一来，宗族势力越来越强，影响范围也越来越广。

但很多人离家太远，无法参加祭祀，该怎么维持宗族凝聚力？有办法，那就是起名字和修族谱。今天父母给孩子起名字，想怎么起就怎么起，但往前推

> 在有些地方，字辈制度非常严格，不足10岁的小男孩很可能"辈分"很大，甚至和你的爷爷同辈，拜年时你得管他叫爷爷，甚至要下跪磕头。

100年，甚至在今天的某些地区，父母能自由发挥的空间很小。因为孩子的姓要跟随祖先，中间的字也被宗族规定好了，叫"字辈"，只剩第三个字可以自由发挥。字辈制度的优点可以想象，茫茫人海中，两个互不相识的宗族成员，靠名字就能知道彼此的辈分。在名字里打记号也还是不够的，古代徽州除了"族必有祠"，还有一条叫"家必有谱"。家谱体量小又便于分发携带，可以看作流动的祠堂。所以，"修家谱"也是宗族进行组织管理的大事。

我们会发现，建祠堂、排字辈、修家谱是一整套管理手段，有了这些手段，宗族组织就有了强大的凝聚力和执行力，这是中国特有的组织发明。直到今天，我们还能依稀看到它们的影子，宗族"组织"的痕迹并没有随着时间长河的流动而流走。

"孤独的人是可耻的"是张楚的旋律，"孤独"是对人严重的惩罚，会导致"精神死亡"。而有一种组织，它的工作就和死亡相伴，我们继续向前走。

拥有 26 座祠堂的小小西递村

→ **换个角度**

血缘意识已融入血液

《三国演义》第一回是"宴桃园豪杰三结义",《水浒传》《隋唐演义》《西游记》等多数古典小说中都有一条兄弟线。没有血缘关系的人,一个头磕在地上成为兄弟,信任关系会随之建立。

即使进入现代社会,兄弟——准确地说是"血缘意识"依然融入日常,我们总会不自觉地将人际关系调整为血缘关系:对陌生人有所求时会说一声"哥们儿",快递、保险、房产中介会称你为"哥""姐",电梯遇到老人会让孩子喊"爷爷奶奶",大学宿舍见面第一晚会自动按年纪论兄弟。

不仅人和人,组织和组织间也有"血缘"关系,兄弟学校、兄弟单位、兄弟省市、兄弟国家……以血缘定义敌我,"数典忘祖"在今天依然有道德杀伤力。不了解我们的文化,就无法体会叫声"兄弟"意味着什么。

第二节

捷克奥斯特里茨战场
军事组织如何提高战斗值

"组织"之旅的第二个地标,我要带你去的是捷克的奥斯特里茨。通过考察一个古战场,可以体会暴力组织——军队,是如何高效运转的。发生在这里的战役,史称"三皇会战"。

拿破仑的封神之战

近现代大多数军队组织和我们的宗族组织不同,没有血缘关系带来的天然信任感和亲密感,它是短时间内靠强制力聚集起来的一群人。面对生死挑战,要看武器装备、纪律性等等,但我要说,这些都重要,却不是核心。重要的也不是单兵战斗力,而是整体协作效率。"三皇会战"集中反映了双方的协作效率。

当时的战局是这样的,你可以把自己想象成法国皇帝拿破仑,敌人是俄国沙皇亚历山大一世、奥地利皇帝弗朗茨二世;你的手下只有53000人,对手俄奥联军有86000人,还有10万名普鲁士士兵正在赶来的路上。这种境况下你有胜算吗?但你必须胜利,因为法国海军刚刚在特拉法加战役中被英国人歼灭,海战失败的消息如果传到前方,会造成军心溃败,你必须在海军失败的消息传到前线之前拿下这场战争。这是一个"To be, or not to be"的局面。

你可能会觉得奇怪,53000对86000,看起来并不悬殊啊?我们听说过更悬殊的以弱胜强的战例。这里要多做一点解释，欧洲传统作战习惯讲究硬碰硬地拼杀，想象一下第一次世界大战或美国内战那种"排队枪毙"的场景，在这种作战思维里，数量是决定胜败的砝码。所以，33000人是很大的差距。也因此，三皇会战战前，考虑到有人数的优势，敌人更担心拿破仑会撤离战场。而战争的结果我们知道，奥斯特里茨战场上，拿破仑创造了奇迹，击败了强大的对手，并一战封神。这是后话。

奥斯特里茨是捷克东南部的一个乡村小镇，开阔的平原上点缀着农舍，如果在欧洲自驾游，这样的景色会一路伴随。但因为这样一场战役，小镇成为军迷们钟爱的旅行目的地，当地会定期举行纪念仪式，穿上19世纪的军服，再现当年的战争场景。

来到这里，一定要登上小镇东边那座不到300米高的小山，从山上俯瞰整个战场。山上有一块纪念碑，碑上刻着战场地图，还可以从地图上看到战场中间的高地与高地南面的湖。注意，这个湖非常关键，有"套路"。

对拿破仑来说，局面非常险恶，联军从数量上远超法军，10万普鲁士援军正在路上，如果三国合兵一处，等待拿破仑的就是全军覆没。拿破仑不但要取胜，还要在法国海军被歼灭的消息传来之前取胜。

他还有机会吗？有，那就是在普鲁士军队赶来之前，再寻找一支生力军，降低双方兵力差距。但从常理看，机会似乎很渺茫。维也纳附近确实有2万多名法军，但维也纳距离奥斯特里茨超过120公里。按当时普遍的行军速度，超过1万人的军队，每天行军大约25公里，如果带着辎重，走一个星期也很正常。也就是说，如果2万法军以通常速度行进，等他们赶到战场，拿破仑要么撤退了，要么已经被击败了。

但奇迹就这样发生了，这支法军只用了50个小时就到达前线，相当于一天跑1.5个马拉松，而且是2万多人一起跑，更不可思议的是，连跑两天还能马上投入战斗。神不知鬼不觉，法军从53000人变成75000人，双方军力几乎拉平。

战争结果是联军大溃败,逃跑时经过了小山上看到的那个湖。战争爆发时正值严冬,湖面结冰,法军向湖面开炮,湖冰被炸开,几千联军掉到冰冷的湖水里。

这场战役,法军伤亡不到9000人,俄奥联军伤亡和被俘加起来近3万人。奥斯特里茨战役之后,拿破仑有了"战神"称号,法国也成为欧洲霸主。

《奥斯特里茨战役》,1805年,[法]弗朗索瓦·热拉尔(François Gérard)绘

后世总结这场战役时,往往对拿破仑的计谋津津乐道,比如战争中拿破仑利用对方有人数优势,担心自己会逃跑的心理,假装要逃跑,进而引诱敌人,没等普鲁士援军到达就发起进攻;再比如他提前测量了湖面结冰的厚度,以确保大炮能炸开冰面,相当于给敌人提前设计了坟墓。

但在我看来，真正决定战争胜负的不是精巧的设计，而是2万法军高强度奔袭120公里还能立马投入战斗的能力，这样的速度在当时绝无仅有。德奥联军之所以敢于主动进攻，就是因为在兵力对比上有胜算，却怎么也不会想到，还有从天而降的2万法军。

参谋部打造出完美的战争机器

法国人为什么有这么快的行军速度？没有人拿枪逼着士兵行进。成功的秘诀是拿破仑对传统军队进行了组织改造。简单来说，他给法军组建了参谋部。

提到参谋部，通常印象中只是一帮出主意的谋士，但拿破仑的参谋部不只出主意，本质上是个信息处理中枢。首先是收集信息，汇总和分析数据。法军拥有当时欧洲最专业的侦察人员，他们能搜集到翔实准确的情报信息。这些信息汇总到参谋部，参谋部会根据数据形成咨询意见，提供给战略决策者，也就是拿破仑本人。拿破仑负责制定大战略，参谋部再把大战略分解成一个个具体的小计划。不管拿破仑的决策有多么粗糙，参谋部都能把它转化成一条条清晰准确、一看就懂的指令。

在拿破仑之前，欧洲军队里并没有专门机构，站在统御全军的高度做这些事。军队上了战场，只能各想各的办法。而面对不准确、不充分、不系统的信息，再有能力的统帅也只能凭直觉、靠运气打仗。拿破仑把上述功能专门化、专业化，带来了组织效能的升维。2万法军能在第一时间抵达战场，就是组织升维的结果。战前，参谋部预先进行了路线勘测，他们非常清楚哪条路好走，哪条路不好走；对行军速度也有精确的要求，精确到每小时跑多少公里，什么时候到什么位置；

> 西方军队边行军边敲鼓，军人习惯跟着鼓点迈步，敲鼓频率决定迈步频率。也就是说，如果将军想加快行军速度，可以让负责敲鼓的人快点敲。

> 拿破仑说过"不想当将军的士兵不是好士兵"吗？大概率是没有的。但他说过"Every French soldier carries a marshal's baton in his knapsack"，即每个法国士兵的背包里都带着元帅的指挥棒，传来传去改变了原句的意思。

连行军多长时间要休息5分钟也做出规定。为什么是5分钟？这是留给将军们抽烟的时间。

此外，在拿破仑的军队里，每个士兵配备的牛肉、葡萄酒、蔬菜的数量也非常清晰，既不能多——会拖累行军速度，也不能少——士兵会缺乏足够能量，这些都要经过参谋部的严密计算。所以，站在奥斯特里茨古战场，我们看到的不是拿破仑军事天才的胜利，而是军队这种暴力组织现代化的开端。说到军队现代化，我没有阐述武器的作用——拿破仑非常善于使用大炮，也没有讲战术和战略，而是选择参谋部，是因为它让军队组织的效率得到了全面升级。

后来参谋部模式被普鲁士人吸收，更进一步演化为独立的总参谋部，它比拿破仑的参谋系统更专业、更系统、更庞大、更独立，甚至军队的战略都要由参谋部制定，而不是由统帅一个人负责。正是有了总参谋部的建制，普鲁士军队才能变成一部强大的战争机器。当然，这也意味着杀戮能力的迭代。在普法战争中，这一次被击溃的是拿破仑的侄子路易·波拿巴。德国人胜利后建立了德意志帝国，这部机器再次"耀武扬威"就是一战和二战了。

从军队到现代企业管理

从拿破仑开始，通过参谋部的运作，军事组织更强化了固有的特点，即"高效率"。军队组织杀戮能力的增加是不是好事，不在我们的讨论范围，我们只是从组织角度探索军队，而且这种变化还从军队延伸到其他组织。比如，中国一些互联网企业，阿里巴巴、小米公司也曾设置过参谋部。就算不设置参谋部，大公司也会有相应的部门行使类似的决策功能。"杀戮能力"一转身，就演变为市场拼杀的能力。

有本书叫《蓝血十杰》，所谓"十杰"就是二战期间美军陆军航空队"统计管理处"的十个年轻军官。他们把数字上升为信仰，用来改革军队管理，提高后勤效率，在战场上挽救了很多士兵，还节省了十几亿美元军费，战功卓著。

战后他们加盟福特汽车公司，把军队组织中的经验移植到企业管理中。他们打造了专门的数据分析部门，这一部门在组织中享有极大的权力，所有决策都以数据为依据，坚决抵制经验和直觉。这个转型把福特汽车带出了低谷，重现昔日辉煌。

这十个人里出了两名福特公司总裁，四名副总裁，他们中的麦克纳马拉还当上了美国国防部长。对效率和控制的崇拜，让他们不仅获得"蓝血十杰"的称号，也成为美国现代企业管理的奠基者。从这点上我们可以看出，军队组织的进化成果，嫁接到其他组织也常常有效。人们常说"军营是最好的商学院"，我看过一组数据，二战后的世界500强企业里，西点军校培养出的董事长有1000多名，副董事长有2000多名，总经理、董事级别的高级管理人才超过5000名。

当然，如果这种能力用到极致，也可能导致新的问题，比如降低组织内的容错空间，遏制创新，甚至导致系统僵化。"蓝血十杰"故事的后半部分，就有对这种极致化的反思。蓝血十杰和我们下一个要探索的组织，就发生了尖锐冲突，这个组织你可能更熟悉，那里有你的生活和喜怒哀乐。

第三节

加尔各答威廉堡
商业组织如何创造财富

离开美丽的东欧平原,这一次我要带你去印度,一个叫威廉堡的地方,了解人类历史上第一家有限责任公司——英国东印度公司。它的成立,甚至被称为现代历史的开端,这是因为现代社会的主要财富都是由公司这种组织模式创造的,而"有限责任"制度,可以说是公司历史上最伟大的制度创新。我们日常生活中的"有限公司",就是从这里起的头。但考察一个英国公司,为什么要去印度?那是因为我们能在印度看见它,还能在那里研究它。

统治古老帝国的公司

威廉堡位于加尔各答的郊区,加尔各答位于恒河三角洲,这里沿河又沿海,地理上有点像上海或纽约。加尔各答还是近代印度教育、科学、文化和政治的中心,城市的辉煌就得益于东印度公司,这个来自英国、曾经臭名昭著的"怪物"。

威廉堡原本是英国东印度公司的印度总部,现在是印度东部驻军司令部。"威廉"是英国国王的名字。300年前,东印度公司不仅是全世界最强大的公司,还是一股强大的武装力量。

威廉堡是沿河建立的,这是为了方便大型商船的停靠。堡垒被大片绿地包围,绿地之外是高墙,锈迹斑斑的大炮点缀其中,可见它当年

位于恒河三角洲的威廉堡

还有防御功能。

从空中俯瞰，威廉堡像个八角形的勋章，不过现在勋章的边界已经不明显，但可以看出它的位置和格局。从地面看，威廉堡是白色的维多利亚式建筑，建筑内部有华丽的欧式家具，散发着浓浓的英伦味道。回到300年前，同样站在这里，眼前是另一番景象：堡垒外面长而深的护城河一排排大炮环绕在河边，商船停靠在码头上，一群群印度劳工在英国人的监督下，把一箱箱货物运到威廉堡的仓库。这些英国人就是东印度公司的员工。

东印度公司最辉煌的时候坐拥26万军队，远远超过英国军队，真正的"富可敌国"。英国政府遭遇财务危机的时候，东印度公司总能及时地向财政部伸出援手。当时印度最重要的几个地区，像孟加拉、金奈和孟买，都被他们控制。可以说，统治印度的不是英国国王，也不是印度的皇帝，而是一家公司，一家有限责任公司。

公司这种组织，古罗马时代就出现了，但从来没有哪家公司能做到如此大的规模，为什么东印度可以？我们一起穿越到1599年，这家公司诞生的前夜，看看它到底被施加了什么魔法。

"有限责任"概念的诞生

那一年的秋天，伦敦市场上的胡椒价格突然从每磅3先令涨到8先令，幕后推手是葡萄牙人，香料贸易是他们垄断的。"垄断"的好处是，可以人为控制利润，想涨价就涨价。而伦敦商人也想赚这笔钱，方法只有一个：打破垄断，自建公司、船队、贸易航路，不让中间商垄断赚差价。但当时的公司制度把伦敦商人挡住了。

大航海时代的香料贸易虽然有高额回报，但也面临着高风险。当时组织一支远洋船队，到印度、东南亚、美洲，约等于今天去一次月球的难度。首先是资金投入巨大，路上还可能遭遇风暴、海盗、竞争对手的袭击，还有随时夺走船员生命的败血症。当时的法律还规定，开公司的人必须承担一切损失，如果借债做生意最终还不起就得进监狱。有个专业的说法叫"无限责任"，所有开公司的人都要承担无限责任。

这么大的风险还有人铤而走险吗？英国人有一项特长，就是用制度解决问题。于是一群商人为了胡椒创造了"有限责任"制度，意思是你投入10英镑，不管公司亏多少钱，最多损失的就是这10英镑，它是针对无限责任提出来的。

今天听上去并不新奇，但在当年是重大制度创新。不到一年时间，就有218个英国上流人物，包括伯爵、骑士、议员、商人，拿出了72000英镑的巨款投入公司。有人推算，这笔钱相当于今天的3500万美元，如果在无限责任的旧制度下，不可能有这么多人敢把钱拿出来。在无限责任制度下，发生严重亏损就不只失去72000英镑，还可能倾家荡产甚至坐牢。有限责任制度下，人们则没有后顾之忧，可以放手投资，损失的上限只是72000英镑。

更有创意的是，有限责任公司可以独立承担责任，被当成"人"来看待，但它又不是人，它是由人构成的组织。组织里的人进进出出，遵照人的寿命生活，而有限公司——不是人的"人"却可以活得很长。

1600年的最后一天，12月31日，英国女王同意成立东印度公司，同时给了公司两项特权：允许拥有军队，允许拥有航道和贸易的独家经营权。于是，人类历史上第一家有限责任公司诞生了。

东印度公司成立的时候，赶上了全球殖民扩张，于是它成为风口上飞得最高的那头猪，而且一飞就是将近300年。

公司缔造现代社会

为什么这家公司的成立，会被这么多人认为是现代经济史的开端？绝不是因为它赚了很多钱，而是这种组织制度创新，带来了公司组织的基因突变。从这家公司开始，投资人和企业家敢于进入有风险的产业，他们组建的公司还能快速聚集资本，缺乏资金的发明家也借助这个制度获得投资，比如，蒸汽机的改进者瓦特直接受益于这一制度，开启了工业革命浪潮。

有限责任制度就像点石成金的魔法棒，没有它，东印度公司就凑不出让他们奔向大海的原始资本；而瓦特有本事改良蒸汽机，却可能筹不到开工厂的钱，英国工业革命甚至都可能推迟。

尝够甜头的英国政府，再次迭代有限责任制度，1862年颁布了世界上第一部《公司法》，确立了有限责任、公司法人等制度，从法律源头上规定，任何人都有成立公司的权利。成立股份有限公司开始变得容易，7个人签一份公司章程，登记好营业地点，就可以合法融资。

英国的《公司法》后来成为各国公司法的蓝本，世界变成一个人人都可以成为投资者，人人都可以

> 鸦片战争后，英国人意识到：茶碗必须端在自己手里，不能受制于中国。1848年，英国派人潜入中国收集技术，英属印度成为茶叶帝国，英国人留下喝下午茶的习惯。追根溯源，东印度公司是这一间谍行动的主导者。

开公司的世界。美国经济学家德隆（Bradford Delong）的研究表明，人类97%的财富是在过去250年里创造的，这期间，改变人类生活的160种主要创新，80%以上是由公司完成的。公司成为现代社会的创富主体和创新主体，今天国家之间的竞争，最激烈的战场就出现在公司之间。

所以，如果有机会去加尔各答，我建议你去逛逛威廉堡。沿河边向东北走大约3公里，你会看到一座红色的三层建筑，叫"作家大厦"，这是当年东印度公司的办公楼，员工就是在这里看文件、批文件、记录交易信息、草拟各种商业条款。因为每天跟文字打交道，英国人就用writer（作家）来命名这座大楼。这是世界上第一个有限责任公司的办公楼，这里的writer就是世界上第一批现代公司人。

公司制度发展到今天，已经成为我们的身份坐标。在和别人做自我介绍的时候，我们会告诉对方，自己来自哪家公司；制作个人简历的时候，我们会罗列供职过的公司。有一本书叫《公司的历史》，里面说：许多人说过，政党、国家、宗教这三种组织，是现代社会的缔造者，但离普通人最近的缔造者应该是公司，以"有限"的责任，塑造了"无限"的世界。

东印度公司的办公楼"作家大厦"

→ 换个角度

东印度公司为什么必须结束

英国东印度公司开启了伟大的制度创新,但他的口碑却"臭名昭著"。《国富论》的作者亚当·斯密曾坚定地认为,东印度公司必须解散。亚当·斯密的理由是,它垄断贸易,是自由贸易的敌人。更不用说它对殖民地人民曾经血腥镇压。

但多行不义不一定自毙,公司史专家认为,它的最终解散是因为超出"公司"范畴,走得太远。回到当年的印度,帝国的统治集中在内陆,沿海权力真空由东印度公司填补,于是公司业务超出了贸易,还为城市制定和执行法律。

过程中,公司领导人发现,开公司不如办政府,于是调整商业模式,从专注贸易变为聚焦收税。以盈利为目的的东印度公司本来就有垄断权,再掌握收税权,必然成为怪兽。100多年后的1874年,东印度公司终被解散。

第四节

伦敦白厅
官僚组织如何运转国家

进入近现代社会，国家权力越来越不属于某个人或某个家族，那么这些人究竟从哪里选才合情合理，这个问题变得更加尖锐。现代英国文官制度是一个案例。这个制度的确立，花了将近 200 年的时间，而如果考察其理论来源——中国科举制度，时间又要向前推 1000 多年。这次，我们一起去探索伦敦的白厅，来到英国文官制度诞生现场，同时寻找它和中国科举制度的内在连接。

白厅不是白色宫殿，是英国的行政中心

提到"官僚"，我们的脑海里可能会出现一张张高高在上、脑满肠肥、操弄权力的脸，但"官僚"这个词本身是中性不带褒贬的。有国家就有官僚，无论是古埃及法老，还是中国的秦始皇，都要组建自己的官僚组织，简言之，就是找合适的人到政府里当官、做事、管理国家。

官僚手里掌握着国家的各种权力，所以他们的能力至关重要。对任何统治者来说，如何能找到合适的人都是大难题，就算找到一群能力强、有才华的人，怎么保证他们能好好合作，共同管理好政府同样是难题。这就引出了我们今天要探索的政府地标：白厅。

说到白厅，它原本是伦敦一条不到1公里的南北向街道。但如果我们和英国人说"白厅"这个词，他们的第一反应可能不是地名，而是指

英国政府。因为白厅是英国政府中枢的所在地，英国国防部、皇家骑兵卫队阅兵场和英国内阁办公室等诸多部门均坐落于此，因此"白厅"这个词也就成了英国中央政府的代名词。

这条街的两边，是一栋挨着一栋的灰白色古典建筑，除了墙上偶尔出现的巴洛克式装饰浮雕，整体看起来甚至有些沉闷。

伦敦白厅

沿这条街一路步行，一个有黑色铁栅栏的小胡同口（行人不得进入）就是唐宁街10号，英国首相官邸。想象一下，70多年前，一个个子不高、身材肥胖、有些蹒跚的老头，就是从这里出来，走到英国议会大厦发表演讲："我没有什么可以奉献的，只有热血、辛劳、眼泪和汗水……"

这个老头儿就是丘吉尔。如今白厅街也有他的雕像，老头儿紧裹风衣，歪着身子拄着拐杖，表情格外严肃。我们知道，丘吉尔当过英国的首相，同时还是英国文官群体的首领。

那文官是什么呢？如果想找到他们，可以选一个工作日的早上八点左右，站在白厅，你能看到一群西装革履的人，一手提着公文包，一手拿着咖啡，还有人一路小跑赶着打卡。这些人大概率就是英国的文官，翻译成我们中国人习惯的语言就是公务员。

以白厅为中心，英国国防部、海军部、外交部等政府机关都集中在这里，从外观看，白厅就像是部委办公楼群。作为英国政府的行政中心，几百年来，这里上演过一幕幕历史大剧。其中最著名的就发生在1688年，英国人不通过流血，就把权力从国王转到议会，建立了君主立宪制政体，历史上叫"光荣革命"。这段历史几乎被写进各国的世界历史课本，但光荣革命并没有真正完成英国政治的现代化，要等到将近200年后，另一次革命的爆发才催生了真正的现代英国政府，这是一个艰难的过程。

一场战争催生的改革

人们关注光荣革命时，往往忽略一个问题，虽然权力核心改变了，政治制度也变了，但选官的方法却没有变。过去国王选拔官员靠恩赐，被恩赐的官员再把下一级职位恩赐给他的亲信，就这样一层一层产生官员。光荣革命之后，权力游戏规则改变了，议员靠选举兼任政府高官，但他下面的官员到哪里寻找呢？还是老办法，亲信找亲信，附庸找

丘吉尔紧裹风衣，表情严肃

附庸。这个问题可以总结为：即使有了光荣革命，依然找不到好官。而更严重的问题是，政党会不断轮替，换一个执政党，白厅里的官僚就得大换血。这个问题又可以总结为，有了好官也待不长。

这不是可以忽略的问题。国王垄断权力的时候，国家"所有权"是清晰的，腐败和滥权肯定有，但可能会收敛一些。光荣革命之后则不同，政

> 克里米亚战争是人类第一场现代化战争，蒸汽铁甲舰、挖战壕、电报等现代元素都被投入战场。火车首次被用于后勤保障，天气预报首次加入战场管理，33岁的南丁格尔对伤员救护进行了改革，决定性地降低了死亡率，南丁格尔历史性地成为护士职业的代名词。

党轮替下的官僚随时准备打包走人，腐败和滥权反而更严重。这点为什么不随着光荣革命一起改了呢？任何组织都是有惰性的，不是说变就能变。英国政府就这样维持了将近200年，终于有一天，再也无法继续，他们遇到了强刺激——1853年，克里米亚战争爆发，《泰晤士报》记者一篇《轻骑兵的冲锋》引起轩然大波。

战场上，英军统帅下达了一条模糊的命令——既没说清楚向谁进攻，也没说清楚什么时候进攻，传令官也没有做核实，靠猜测就随便指着山头上的俄国军队，跟英国士兵说：就打他们。英军士兵在没有任何火力支援的情况下，一字排开向山上冲锋。而俄国人不仅有步枪，还有野战炮支援，短短20分钟，一支轻骑兵旅，近300名士兵，连人带马全部变成炮灰。

需要说明的是，当年英国人在武器装备上碾压俄国人，竟然还吃这么大的亏，可以想象消息传回国内后英国人的反应。大批市民跑到白厅示威，要求全面改革官僚体制，当然，也包括军队。英国政府被迫启动文官制度改革，第一步就是想办法吸引优秀人才进政府。而问题还是老问题，大街上到处都是人，怎么判断谁优秀谁不优秀呢？英国人的办法是：公开考试。第一次考试就招来一批牛津和剑桥的高才生。

现代官僚组织的诞生

我们可能会觉得，英国人怎么才想到考试？站在中国文化的角度，有这样的疑问很正常，毕竟从隋朝开始，中国就用考试选拔人才，已经进行了1000多年。而回顾这一过程，走到这步并不容易。

隋朝之前选拔人才，关键时刻还得靠领导的"眼光"，这就导致选官范围小，聪明智慧如汉武帝，也必须在亲属中选

> 美国应用物理学家麦克·哈特根据一个人对文明进程的影响程度和范围，写作了《影响人类历史进程的100名人排行榜》一书。中国的皇帝中，秦始皇和杨坚上榜，杨坚的上榜理由之一就是建立科举制度。哈特把"考试"的发明权给了杨坚。

人，卫青、霍去病都是外戚。到了三国时期，曹操推行"唯才是举"，甚至打广告延揽人才，但他死后，旧的选人方式卷土重来。直到隋朝开始推行科举制度，历史翻开新的一页。

这一页的掀开并不容易，是从零到一的改变。任何时候，"从零到一"都是关键性改变。从隋朝到清朝，中国人都通过科举考试延揽人才。

和中国做贸易的英国人，很早就注意到了中国科举制度，并介绍到英国国内，却一直没有引起重视，直到克里米亚战争，英国人决定吸收中国智慧。那为什么考试制度到了英国会成为重大创新？这是因为英国人做出了决定性的迭代。

英国文官制度里，考试只是手段，核心创新在于顶层设计。具体来说，他们把文官群体分为两类：政务官和事务官。政务官，包括首相和内阁大臣，即各个部长，他们属于同一个党派，经过选举产生，负责决策；事务官，通过考试产生，负责决策的落实和执行。通过这个设计，英国人在决策和执行之间画了一条分界线。政务官随内阁进退，事务官独立于政党，只对工作本身负责。这就叫铁打的文官，流水的内阁。

有了现代文官制度的保障，白厅脱胎换骨，向着廉洁、高效的现代政府演变。继光荣革命之后，英国人完成了政府现代化的闭环。这套制度设计还解决了一个自古以来的大难题：权力转移不再导致政局动荡，即使首相和部长同时被换掉，社会依然平稳有序地运行，因为有文

官制度在为秩序"托底"。

所以，英国文官制度一出炉就被很多国家复制，成为欧美现代政府的标配。

巧合的是，英国文官制度培养的人，后来又和坚持科举制度的清朝发生关系，这个人就是赫德（Robert Hart）。他接受过英国文官制度的训练，对中国比较熟悉，因此被清朝统治者接受，聘为海关总税务司，这是清政府海关系统最大的官。客观地说，在他主政之前，清朝海关腐败、低效，他来之后，海关居然变成清政府最清廉、最高效的部门，海关税收成为清政府最重要又稳定的税收来源。

赫德和清朝官员的差异不在智力，而是被不同的制度所塑造。《新教伦理与资本主义精神》的作者马克斯·韦伯长期研究官僚组织，他说，相比君主立宪这样的制度革命，现代文官制度也是一场"革命"，它是一次组织技术革命，革命之后的官僚组织具有专业化、等级化、规范化和非人格化四个特点。

专业化，就是以专业能力匹配相应职位，认能力不认人，不搞任人唯亲；等级化，行政系统中的职位，按权力大小和"命令—服从"的关系，形成金字塔式的等级序列；规范化，每个成员的权力和责任都由法律明确规定，连一份简单的文书，也要遵循统一格式，克里米亚战争期间那种口头传令的方式一去不复返；非人格化，现代政府官僚组织中，只有职务和岗位，个人和个人不存在人身依附关系。

专业化、等级化、规范化，传统科举制度好像都有，最关键的是非人格化的创新。现代文官制度里的官员不管面对谁，哪怕是亲戚、上司、国王，他的专业判断和职业操守都不会被其左右。所以，专业化、等级化、规范化，再加上非人格化，合在一起才是组织技术革命。

这场革命发轫于中国科举考试，迭代于英国白厅，今天，它的影响已经超越了政府，不知不觉渗透进现代社会的各种组织里。从企业到各种社会组织，本质上都有官僚化组织的一面，甚至里面的人也被官僚化了，也就是专业化、等级化、规范化，甚至是非人格化。比如我们从事某一职业，在职场上最应该展现的是职业人格，而不仅仅是自己。夸奖一个职场中人，我们经常说这个人很职业，通常语境下的"职业"是个褒义词。

  行文至此，我们结束了人类文明的"组织"之旅。"组织"最重要的功能，是把单个人的力量整合到一起，从而形成巨大的力量。我们不禁思考，被整合起来的力量将会带来什么？是幸福还是灾难？

第 4 章

大工程

→ 说到大工程，我会想起一本书——《第五次开始》。作者罗伯特·L. 凯利是个考古学家，书中有一章叫"面包与锁链"，其中"面包"指的是农业，"锁链"指的是国家。从"农业"到"国家"，跃迁过程中发生的正是一个个大工程的故事。

第一节

罗马西班牙广场
成就永恒之城的管道工程

在古代社会，人类如果想要提高农业产量（或称"提高面包供给"），特别需要干一件事，那就是打造灌溉工程。这件事一个人是干不了的，需要个体把部分权利和财产交付给某些人，让他们组织大家一起工作，于是开始出现权力集中和阶层分化，税收和国家就都跟着来了（或称"锁链来了"），挡都挡不住。在罗伯特·L.凯利看来，面包和锁链之间的枢纽，就是当时的大工程。按这个逻辑，在人类文明历史上，大工程就像一个能量转化器，把组织的力量转化为一次又一次突破自然限制的行为，大工程就是这种力量最集中的表达。我要带你去探索的罗马引水渠，就是这种力量的升维。

破船喷泉下的秘密

说到"罗马"，是否会冒出梦一般的感觉？沿着周遭都是奢侈品名店的格兰维亚大道走到尽头，我们会看到一排通往教堂的台阶，台阶所在的位置就是西班牙广场。老电影《罗马假日》里，奥黛丽·赫本饰演的公主剪掉一头长发，坐在台阶上吃冰激凌。因为镜头足够经典，坐在广场台阶上学着赫本吃冰激凌，就成了罗马旅行打卡的标配，是每个人的"罗马假日"。

多数人结束浪漫之旅后，不会留意台阶下的小喷泉，而它就是我们要找的大工程。这么小怎么会是大工程？

这个喷泉是罗马艺术大师贝尼尼父子的作品，名叫"破船喷泉"。乔凡尼·洛伦佐·贝尼尼（Giovanni Lorenzo Bernini）是艺术史上的名人，被认为设计了罗马城，不过他在这里的工作，只是给伟大工程设计了一个"水龙头"。要想看到"大工程"的全貌，要顺着这个线头，深入地面以下，那里埋着规模宏大的古罗马饮水管道工程。

罗马"破船喷泉"

这个工程地面上看得见的部分是遍布罗马城的喷泉和饮水口，深埋地下的则是看不见的管道，后者才能体现真正的"大"。早在2000年前，这样的管道，古罗马人修了11条，总长将近400公里。罗马城里的水，就沿着这些管道从城外引入。我们可以顺着地下管道，追踪到罗马城外的地上引水渠。

在城市的东南郊，有座叫阿庇亚的古道公园，今天那里还有一些古罗马高架引水渠的遗迹。这是管道的地上部分，用连续不断的拱洞和柱子，把引水道架在空中。这样的高架桥在今天西班牙的塞戈维亚和法国南部还有宏伟的遗存，反倒是它的源头罗马城，当年的引水渠已经成了断壁残垣。2000年前，水就是从拱顶的渡槽流过，然后进入城市地下管道，再送到千家万户。也就是说，这些高架引水渠已经矗立了2000年。

古罗马高架引水渠遗迹

2000多年前，有几条水道在这里聚集，它们从几十公里外的水源地，穿山、越岭、入地、走高架，为罗马城源源不断地输送清洁的水。

封闭管道的伟大意义

在古代的生活条件下，靠近水源，不但是人类生存，更是人群聚集的必要条件。全世界的古老城市大都坐落在大河大湖边，为的是就近取水。而古罗马是个另类，虽然在台伯河边建城，但日常饮用水不来自台伯河，而是来自规模宏大的地上地下引水管道连接的远方。为什么罗马人要舍近求远去调水呢？

通常认为基于两个原因：一是取水难，罗马又叫"七丘之城"，城市建在七座小山上，台伯河在山下，运水确实困难；二是河水脏，台伯河承担了排污功能，水质非常差。但这些原因并不能解释修建引水渠的必要性。如果取水难，从远处调水是不是更难？再说，人们可以从山上搬到山下住，因为水源而迁徙，中外历史上并不罕见，何况只是山上山下搬个家，那里的"山"又不是高山峡谷。至于说河水脏似乎也说不通，19世纪中期，欧洲最大的城市巴黎和伦敦还处在饮用水和污水不分家的局面，他们就不嫌脏吗？2000多年前的罗马人为什么不能将就？

他们绝不将就，不光追求洁净的水源，而且早在2000多年前就大肆洗澡，"节约用水"的意识似乎从未出现过。罗马人从公元前312年修建第一条引水渠开始，500多年里，总共修了11条引水道。不仅罗马，法国的尼姆，德国的科隆，北非的突尼斯、阿尔及利亚，亚洲的小亚细亚……罗马帝国境内的几十座城市，都可以在山谷、原野甚至沙漠上看到引水渠。但凡留下来的，比如位于西班牙的塞戈维亚引水渠，都成了当地文明地标。有些工程今天还在使用。

在2000多年前，能做到如此讲究太不容易了。让我们看看，罗马人在现代物理、化学诞生之前，要克服什么难题。

现在请你暂时变成一个罗马人，执政官给你下达的任务是，在规定时间找到可靠的水源。你该怎么办？你手里没有测量仪器，也不懂基本的生物化学常识，大概率你会一筹莫展。罗马人想到了最朴素的办法，即使站在今天的角度来评价，他们的方法也很科学。

古罗马高架引水渠遗迹

    他们认为，干净的水肯定在高处，最好是山泉，如果能找到山泉，就等于找到了水源。找到水源地后，他们采集水样，放在不同的容器里观测和对比，或者把水煮沸观察有没有留下杂质。此外，他们还要对水源地周边生态环境做综合考察。考察的方法并不复杂，如果水源地周围寸草不生，当地人脸色不够红润，或者眼睛不够明亮、寿命不算长，这里的水就不合格，不合格的水不能用。

    假设你和罗马人一样聪明，找到了可靠的水源，第二个问题又接踵而至。水源地离罗马城有几十甚至上百公里，该怎么把水运过来？既不能用人挑，也不能用车拉。罗马人的方法我们已经看到了，就是平地建引水渠，把水生生引进城市。但只要代入罗马人的处境，就知道工程有多难。

    比如，怎么让水流沿途一路保持下坡状态，不遇到山峦峡谷？没有水平仪，也没有测量海拔的工具，怎么判断A点高于B点？搞错了就可能前功尽弃。这还不算最难的，在几十公里的水道上要综合考虑坡道设置，既不能让水流太缓——流动力不够，也不能让坡度太陡，导致坑道被激流冲毁。就算这些问题都能解决，那股清水真的能越过千山万水流到罗马城吗？枯水期来临时没有水，又该怎么办？

可以想象，罗马工程师使用了若干物理学原理。我们在中学物理课本里学到的动能和势能互相转化、虹吸原理等等，罗马人都用上了。不需要原理的地方，就用最普通的智慧：遇到峡谷，建起高架引水渠；遇到山峰，要么挖隧道从中间穿过去，要么沿着山脊修水渠。水流到罗马城边也不能直接进城，要先注入一个个小型水库，这样就可以根据丰水期和枯水期来调剂，他们都考虑到了。

但这样依然不能保证有水喝，我要重点说的是这一点：既然是长距离运输，怎么解决不泄漏、不污染、不被人破坏的问题？这时封闭管道的好处就凸显出来了。当时虽然没有PVC（聚氯乙烯）管，但罗马人的陶管、铅管、混凝土管道都能防蒸发、防泄漏。所以综合来看，罗马饮水渠是人类早期的大型封闭管道工程，我们看得到的高架引水渠，仅仅是工程规模的冰山一角，90%以上的饮水管道其实埋在地下，人们是看不见的，能看到的只是破船喷泉和无处不在的方便。

> 引水工程花的钱，往往由罗马皇帝掏腰包，相当于利用引水来"请客"。请罗马人洗澡，还得掏钱建浴场，图拉真浴场、戴克里先浴场、卡拉卡拉浴场就是这么来的。皇帝要讨好人民，实属古代文明中的一朵奇葩。

水给罗马带来了什么

引水渠仅仅解决了饮水问题吗？这当然是它的首要功用，工程使得罗马城人均拥有的水资源远远超过后世发达的现代城市。公元前1世纪的罗马城，每天流进100万吨清水，普通市民出门几十米，就可以找到类似"破船喷泉"的地方，全天都能打到干净的水，还不用缴纳水费。直到今天，罗马还有2800个被当地人称为"大鼻子"的喷泉，

> 罗马皇帝喜欢修喷泉，因为引水渠通常埋在地下，喷泉则能让所有人看到。于是，罗马成为第一批拥有公共景观的城市。

> 罗马有专门的排污沟，上面有圆形窟窿，人可以用来方便，排泄物顺着水流排出城市。同时，水沟上还会加盖儿，不让人觉得臭气熏天。暴殄天物的是，冲走大小便的可能是清泉水。

大部分受益于2000年前的大工程。但饮水渠的功用远不止此，水，成功地塑造了罗马。

充足的净水资源使罗马成为超级大都市。日本学者盐野七生认为，考虑到罗马帝国的人口和疆域，包括罗马城在内，历史上暴发传染病的次数非常少，原因就是饮水工程。充足的供水和高水平的公共健康水准使罗马成为人类史上第一个人口过百万的超级都市。比较而言，同样作为欧洲的大都市，2000年后的巴黎和伦敦，动不动就暴发大瘟疫，因为直到19世纪，他们还没有把饮水和排污分开。罗马人在2000多年前就做到了。

罗马城的服务业也被水流推向繁荣，巅峰的时候，城里有几百个公共浴室。水还刺激了餐饮业的繁荣，罗马是比较早出现大批餐馆的城市，"聚餐"对罗马人来说，是生活重要的组成部分。水，还使罗马成为"永恒之城"。2000年来，罗马城的中心点基本没有移动过。今天我们漫步在罗马高低起伏的街道上，会有一种今夕何夕、此身何处的感觉，历史和现实在同一个空间里共生，甚至重叠在一起。而成就"永恒"的不是石头和混凝土，也不是用石头和混凝土搭建的万神殿、斗兽场，而是涌向城市的那一股股柔软的清泉。

此外，封闭管道思路还是一个脑洞，它为人类远距离调配资源提供了安全、快速、高效的解决方案。今天世界各国的城市都有管道工程，自来水、排污、地铁都是某种形式的管道工程，包括天然气、原油的远距离输送，也是通过管道，和罗马引水渠非常类似。我还看到过一个更极端的例子，快时尚品牌ZARA，早期为做到快速反应，在总部周围方圆200多英里（约合300多公里）范围内挖地下管道，用于运输服装原料和半成品。管道把400多家外包工厂连接起来，这种物流速度比汽车可快多了。

遗憾的是，虽然引水渠造福了罗马帝国，但随着内部矛盾堆积以及蛮族入侵，帝国轰然解体，欧洲进入漫长的中世纪，大量工程随之废弃，城市人口也从百万跌到几万。进入现代社会，城市管理者重新梳理这些工程，并将之纳入现代供水体系，2000年前的引水渠如今依然服务着现代罗马人。

罗马进入中世纪时，东方的中国完成了另一个水利工程，它的存在，让中国再也无法被拆散。我们继续走。

→ 回到中国

如果李冰请罗马工程师修都江堰

　　罗马人修建引水渠之前，公元前 256 年，都江堰工程开工。都江堰你可能很熟悉，通过鱼嘴分水堤，将岷江分为内江和外江，内江流入成都平原，再在飞沙堰和宝瓶口利用水流自身力量实现水沙分离，汛期能分洪，旱季保灌溉。

　　开个脑洞，假如罗马工程师来施工会发生什么？他们的思维模式是：确定大目标——为城市供应洁净水；分解为小目标——找到水、引水进城、解决运输难题。要么把大象变小，要么把冰箱搞大，总之，大象必须装进冰箱。我能确定的是，如果罗马人来都江堰，工程量要大很多，大概率不会启动"顺势而为"的思维。

　　两种思维都已嵌入各自文明底层，无优劣之分，都是人类的资产，也将恒久存在。

第二节

扬州古运河
整合中华帝国的物流工程

今天，人类的物流可以走水路、陆路，还能走航空，但在古代，尤其是农业文明时期，交通物流极度落后，怎么解决大规模运输难题？这一次我想带你去咱们中国的扬州，一起探索古代世界人类最发达的物流工程——隋唐大运河。

瓜洲古渡今何在

7世纪初，当时欧洲正处在"黑暗的中世纪"，罗马几乎是半座废都，而中国新王朝则充满活力，隋朝第二个皇帝杨广主持贯通大运河，中国大运河工程正式动工。提起杨广，名声可能不怎么好，人们通常叫他"隋炀帝"，"炀"是残暴的意思，属于恶谥，盖棺论定的杀伤力极大。但也有人说，"炀"字用在他身上不公平，相反，他是难得的千古一帝。

这么说不是没有道理。隋炀帝任内，废除连坐、推行科举，尤其是这条贯通南北的2700公里长的运河，划时代地提升了古代中国的物流能力，一次性地把钱塘江、长江、淮河、海河、黄河五大彼此独立的天然水系，打通成为统一的网络。而更深层的意义不光是极大提高了物流效率，更是客观上促进南北人民的心灵统一。心灵统一才能有版图统一。

一条运河怎么会有如此大的威力?

中国有两条知名的大运河,隋唐大运河和元代的京杭大运河。在扬州,它们重合的部分有125公里长。如果买一张游船票,就可以学着杨广下江南了,快到长江的时候会看到一个不起眼的沙洲,上面有座白墙黄瓦的牌楼,看上去很普通。但是,牌楼后面立着一块石碑,写着四个红色大字"瓜洲古渡"。如果你对中国文学有点了解,一下子就有感觉了。

隋唐大运河

这个瓜洲就是白居易"汴水流,泗水流,流到瓜洲古渡头"的瓜洲,也是王安石的"京口瓜洲一水间,钟山只隔数重山"的瓜洲,还是陆游的"楼船夜雪瓜洲渡,铁马秋风大散关"的瓜洲。一块小沙洲,居然嵌入这些人的大脑,这里一定发生过什么。

回到1000多年前的隋朝,扬州可以说是当年的大上海,瓜洲古渡可以类比为上海港。南北往来的货物要经由大运河运输，瓜洲就是当时最繁忙的物流中转站之一。古人评价瓜洲古渡，说这里"每岁漕船数百万，浮江而至，百州贸易迁涉之人，往还络绎"。意思是，每年有数百万的漕船都在这里经过，全国各地的商人都往这里来，络绎不绝。

隋朝大运河首先是个物流工程。在蒸汽机出现之前，世界上最高效的运输系统就是水运。我们现代人可能很难理解，水运怎么可能最高效呢？这得回到那个年代，陆路运输主要靠马车，成本很高，运输距离1000公里，光粮食就要占到总消耗的60%。

水运则不同。李白有两句写四川的诗，一句是"蜀道之难，难于上青天"，另一句是"朝辞白帝彩云间，千里江陵一日还"。不谈其中的心情和意境，倒是可以看到水陆和陆路有巨大不同，运输效率上的差距是指数级的。

如今的瓜洲船闸和抽水站

我看到过一组有关唐朝的数据。当时唐代政府运粮，一支船队有大约30艘大船，只用1000多人就可以运送360万斤大米。而如果变成陆路运输，按一辆马车运500斤粮食计算，需要7200辆马车。一辆马车配备两个轮班的马夫，马夫就需要一万多人，差别体现在枯燥的数字里。

所以，修完大运河之后，杨广才有了三次出兵辽东，攻打高句丽的底气。当年动用的人力几百万，大量兵源和物资来自江南。想象一下，站在瓜洲古渡，大船浩浩荡荡向北开拔绵延几百里，是一幅怎样的画面？如此高强度的动员能力，靠的就是大运河的高效率。

杨广的统一大业

成就瓜洲古渡地位的，当然是杨广，但针对杨广的负面评价太多了，杨广可堪所有皇帝中最坏的那个。有人说，他在历史学家那里办了一个套餐，所有描述一个坏人，尤其是坏皇帝的词，全能安在他身上，弑父、淫母、杀兄、幽弟、荒淫、残暴。

具体到大运河，古代文人说，杨广修建大运河，其实是为了去江南看琼花找美女。但这个说法明显无法自圆其说，隋唐大运河以洛阳为中心，向东南到杭州，去江南找美女，符合吃瓜群众的想象，但向东北到北京，当时北京是边塞，把运河延伸到那里干什么？

现代历史学家则越来越愿意拿开脸谱化的结论，回到隋朝政治本身，他们把大运河工程看成杨广政治抱负的具象化。杨广登基之后，给自己起的年号叫"大业"，"千秋大业"的大业。什么是千秋大业？就是一统江山。你可能觉得有问题，杨广继位的时候，隋朝就是一统江山呀？而真实的历史是，隋朝的统一很不牢固，甚至是一个表象。

其实不难理解，隋朝统一之前，中国已经分裂了300多年。从汉献帝禅让政权给曹魏，东汉统治正式结束，再到三国两晋南北朝，北方有五胡乱华，南方有宋齐梁陈，南方和北方的分裂、敌对是常态，统一的滋味人们早就忘记。隋朝虽然实现版图统一，但主要依靠武力，离精神的统一非常遥远。杨广参与过平定江南叛乱，担任太子之前在扬州工作十年，非常清楚帝国的现实。江南的繁荣已经接近甚至将超过中原，而政治中心却放在西北，长期下去国家会因失去平衡而解体。

杨广一上台后就着手解决这个问题。总结他的行动，我打个比方，就像一个蜘蛛侠，先是一个弹跳，把首都从长安迁到洛阳，意味着政治中心移动到地理版图的中心。然后从洛阳向东南和东北射出两条蛛丝，一条抓住杭州，一条抓住北京，把帝国版图牢牢抓住，两条蛛丝合起来就是2700公里长的大运河。

> 鉴真东渡日本，当地学者考证说，他有三次在扬州的文峰寺附近下水；韩国人崔致远把他在扬州学到的中国文化带回韩国。扬州是公认的东亚文化之都，扬州能成"都"得感谢杨广。

一条运河能解决国家的分裂问题，还能完成精神上的统一？这要看大工程的特点。大工程首先要有"大投入"，杨广的父亲隋文帝很会攒钱，他死的时候国库里堆满了钱和粮食，这些钱粮足够杨广启动大运河工程。大工程还要有"强动员"。说干就干，从中央到地方各级，再到士绅百姓，几百万人都被动员起来。这两条既展示了大隋王朝的国家实力，又被认为彰显了杨广的领袖魅力。

大运河完工之后，杨广三下扬州。那些批评他穷奢极欲的人往往找错了标靶，杨广下江南其实是一场国家级的公关秀：浩浩荡荡的船队既是威慑力，也是文化感召力，历史记载，下江南的随行超过十万人。以前南方人觉得北方人粗鄙，中原文化的正统在江南，而杨广在礼仪上完全比照正统的儒家天子，为了设计服装还组织学术公关，研究皇帝该穿什么衣服才符合最纯正的儒家礼节。

杨广展现的礼仪正统到无可指摘，从文化和心理上实现了对江南世家大族的征服。到了江南，杨广恩威并施，专门和世家大族联络感情，同时还做出两个政治安排：除了给之前被打入底层的陈朝贵族恢复名誉，重新启用做官，还与陈朝皇室联姻，相当于给失败者上了一道政治保险。联络感情、打成一片、政治联姻都有历史记载，在古代王朝这么做很能征服人心。

重要的是，隋朝之前，中国的水路运输是割裂的，资源和人口只能在独立的小网络里交换，而杨广第一次把钱塘江、长江、淮河、黄河、海河五大水系，从南到北串联成一个整体，相当于把局域网变成互联网，由此启动的贸易和文化交流，必然成为促进帝国统一的强大力量。但有人可能会提出疑义：他连隋朝的统一都没法继续，这个说法怎么立得住？

这要回到当时的杨广。他同时开启几项"大业"，几项"大业"叠加起来终于把王朝搞死了，但大运河带来的整合力量，并没有随杨广之死而曲终人散，反而被之后的唐宋反复强化。安史之乱后，大唐又存在了100多年，就是因为大运河能源源不断地从江南运送钱粮；而黄巢起义导致大运河断航，帝国迅速倒塌。再举一个和人心有关的例子。南宋诗人陆游写过很多诗，其中有两句颇耐人寻味，一句是"僵卧孤村不自哀，尚思为国戍轮台"，另一句是"心在天山，身老沧州"。轮台、天山都在

> 杨广即位之后几乎同时干了几件大事：营造东都、修建运河、三征高句丽、巡视塞北等等。分开看，都有做的道理，但合在一起做就超出了隋朝的承受力。加上杨广禁止朝臣提出反对意见，最终导致隋朝崩溃。

新疆，沧州在北方，而陆游两岁时北宋就灭亡了，这些地方根本都没去过。举这个例子想说明什么呢？从隋唐到两宋，大一统的帝国已经成为文人群体的共识。这个共识，跟隋朝修建大运河贯通南北不无关系。

运河与二元帝国

所以，大工程的力量不能只看一时一地，要放到更广阔的时空去观察。杨广确实找到了一个通过工程力量，建立大一统帝国的方案。蒙

古人入主中原后，忽必烈迅速意识到杨广方案的价值，在隋朝大运河的基础上截弯取直，才有了京杭大运河。

外交学院世界政治研究中心主任施展在他的《枢纽》一书中提出了一个观点，他说从元朝开始，中国就从中原王朝演化为中原、草原合一的二元帝国。清朝最为典型，疆域上有六大板块，包括传统的中原、富庶的江南、雪域高原、蒙古草原、东三省以及新疆。怎么把这些经济、文化差异巨大的区域统合起来？清朝皇帝的方案是，用藏传佛教从精神上管理蒙古，通过满蒙联盟获得草原军事力量，从而掌控帝国。想要运行这个方案，定都北京就是合理的，这里是几种力量交界的地方。但想支撑首都以及政治机器的运行，需要源源不断地从更富庶的地方为北京输血。这时候就能看出"杨广方案"的作用了，大运河，就像一根吸管，把南方的财富源源不断地吸到北方。这个高效的物流系统，就是整合帝国版图的重要手段。

> 四大徽班中至少有两个是从扬州出发进京，之后便有了"京剧"。所谓徽班就是徽商家里的戏班，所以，"京剧"应该是在扬州打底，通过运河向北扩散，同时吸收沿途文化元素。

大规模运输工程在帝国整合上的作用，不光发生在中国；在罗马我们看到了引水管道，其实罗马也有庞大的运输工程，那就是超过40万公里的大道，"条条大路通罗马"指的就是这个工程。人和物的快速流通，在文明史上是贯穿始终的任务。

大工程通常来自权力推动，反过来又能加固权力。接下来我要带你探索的工程，和权力捆绑最为紧密，也可以说是一个权力的容器。

→ **冷知识**

林妹妹曾多次穿越大运河

按《红楼梦》的文本，10岁前的林黛玉已三次穿越大运河。幼年丧母后去京城看望贾母，路上一定要坐船，坐船就要走运河，这是一穿运河；三年后回扬州探父，这是二穿运河；父亲过世后扶灵柩到苏州也要走运河，苏州返京是第三次穿越。

当年南北穿越至少三个多月。也就是说，10岁前的林黛玉，有近一年时间在运河上漂泊。悠长的河水、无尽的旅途、亲人的亡故，黛玉注定是孤独的，只有贾宝玉懂得这份孤独。有一次姐妹们作诗，黛玉写了首《桃花行》，宝玉看后即掉泪："是林妹妹写的。"宝钗骗他说是宝琴，宝玉说，不是宝琴才华不够，却是"比不得林妹妹曾经离丧，作此哀音"。

红学家董梅女士告诉我，林黛玉几次长河穿越，都是刚经历完骨肉离丧，"飘零感"是嵌入心理结构的。文学资源是从现实中提取的，被文学家捕捉后放到红楼诗境审美里。

第三节

巴黎凡尔赛宫
太阳王路易十四的权力工程

现在听到"凡尔赛"三个字,我们经常想到那个梗,"刻意炫耀高档、奢华生活的做派"。一般来说,"梗"和原始内容多有差距,可在这里,说凡尔赛宫"刻意炫耀高档、奢华生活的做派"一点都没错。在我看来,凡尔赛宫本质是个权力工程,用一座宫殿展现、集中、巩固王权,是太阳王路易十四的发明,发明的副产品则是法国的时尚、美食和法语地位。这些都得益于这座宫殿,并从凡尔赛宫向外蔓延。

镜子里的权力投射

凡尔赛宫坐落在巴黎西南郊外20公里的凡尔赛镇,宫殿加花园占地面积有111万平方米,是康熙住所故宫的1.5倍,是全世界最大的宫殿。进入凡尔赛宫之前,要先穿过一个大广场,走到一道镀金的护栏前,透过护栏,里面的建筑一览无余。

凡尔赛宫与故宫有很多相似的地方,都是标准的中轴线对称布局,甚至前者遵循更严格的对称结构,从建筑到花园,甚至树的排列,都符合中轴线对称,宫殿的正中间就是路易十四的卧室。从建筑心理学看,对"对称"的追求,体现对秩序的看重,对世界的强控制。

它还有超大规模的皇家园林。宫殿后面是100多公顷的绿地,1400个喷泉分布其中。喷泉、雕塑、绿地、宫殿组合在一起,凡尔赛宫被公认

金色护栏与凡尔赛宫

为是欧洲园林典范。欧洲各国皇家园林都是以这里为蓝本的，风格甚至影响到东方——圆明园当年就有类似的欧式花园，可惜，后来出生的法国人参与了对圆明园的摧毁。

路易十四还有一个特别的撒手锏，那就是镜厅，这里经常挤满了游客。顾名思义，"镜厅"的特点是"镜子"。镜厅有73米长，大厅一侧有17面巨大的镜子，另一侧有17面透明玻璃窗，窗外的景色投射在镜子上，形成独特的室内景观。

我们今天看惯了镜子，不觉得有什么特别，但在路易十四时代，17面大镜子就是高科技、奢侈品的象征。那时候制造镜子的核心技术，掌握在威尼斯人手里；而当时的威尼斯是独立的共和国，有非常严格的法律，禁止技术尤其是镜子制造技术的外流。为了获得这门技术，路易十四不惜动用国家力量发动间谍战。

法国人先是派间谍把威尼斯工匠偷运到巴黎，对之厚礼相赠，甚至帮他们成家、娶老婆。相比来说，巴黎的生活比威尼斯的日子好多了，在威尼斯，工匠们事实上处于监禁状态，禁止离开"玻璃岛"；而巴黎是自由的花花世界，迅速俘获了工匠们的心。幸福的消息很快传回威尼斯，引来又一批工匠。威尼斯政府决定采取措施，他们以工匠妻子的名义给工匠们写信，让他们快快回家。这些信居然又落到法国人手里，法国人将计就计，又以工匠名义写信给工匠们的妻子，要她们偷渡到法国一起过好日子。这招成功了，威尼斯人赔了兵又折了夫人。

当然，故事有戏剧化的成分，但法国偷镜子技术这件事，是工业间谍史上的经典案例。在威尼斯工匠的帮助下，法国生产出巨大的镜子，镜子也成为镜厅的永久标识。为了

凡尔赛宫皇家园林

镜子发动国家间的间谍战，从这个小小的细节，就能折射出凡尔赛宫的权力本质。

和故宫对比后会发现，它们有巨大的不同。故宫宫城周围环绕着高12米，长达3400米的宫墙，墙外还有52米宽的护城河环绕，正面是厚重的门，在视觉上内外完全隔绝，帝王的权力用深宫高墙、壁垒森严的神秘感维持。但凡尔赛宫既没有城墙，也没有护城河，外面只有一道金属护栏和一扇铜门，还被做成镂空，透着讲究和奢华。

路易十四想让人们看到什么？如果说建筑只是权力工程的硬件，那么搬进凡尔赛宫之后，国王亲自导演的权力大戏，才是它希望人们看到的。换句话说，他通过展示一个个"秀"来塑造权力。

镜厅

凡尔赛宫的宫廷生活

在凡尔赛宫，最直观的标识是"太阳"。金光灿烂的墙上、栏杆上、表盘上，到处可以看到"太阳"，而且都刷成灿烂的金色。宫内的主要大厅，都以环绕"太阳"的行星命名，路易十四的宝座就安排在阿波罗厅。路易十四自称"太阳王"，随处可见的太阳形象，就是路易十四的权力符号，意味着王权无处不在。

路易十四还把自己跟历史上那些伟大的君主并驾齐驱。他喜欢玩cosplay（角色扮演），把自己打扮成亚历山大大帝、古罗马帝国的皇帝，甚至是众神之王宙斯。

把宫殿打上个人标记之后，路易十四确立了凡尔赛宫对外开放的传统，亲自撰写参观路线。在他当政的时候，无论贵族还是平民，都能在指定时间参观，运气好的话，还可以现场围观王室家人吃饭。千万不要把这个行为和"亲民""透明度"联系在一起，路易十四只是单纯地想要他的荣耀被更多人看见，本质上是权力的游戏。

对游戏参与者来说，如果玩家是贵族，会有机会围观国王起床。

"路易十四式起床"是我知道的最复杂、最浮夸的起床表演。路易十四当年的卧室,宫殿二层正中央的那个房间,还被好好地保留着。卧室面积不大,但路易十四把这里打造成"直播间",他像一个敬业的网红,每天早晨8点,床上的帘子会准时拉开,时间和动作雷打不动。就算前天晚上国王还在情妇那里享受生活,也要提前赶回并准时出现在自己的床上,等着被大家参观。

宫廷里还经常举办豪华舞会。路易十四衣着华丽,卢浮宫收藏了一幅他的画像,只见他穿着天鹅绒袍子,不仅用金线刺绣,还缀满珍珠宝石;戴假发,穿高跟鞋,佩剑上还镶嵌了各种价值连城的珠宝。不但衣着豪华,他还很会摆拍,左腿在前、双腿交叉、侧身示人,再加上白色长筒裤袜,视觉上呈现"大长腿"。古今帝王里,没有人比路易十四更会拗造型。上有所好,下必甚焉,贵族们自然不惜重金跟着模仿,向他靠拢。

此外,路易十四还干了一件大事:发明一套监控系统。住在凡尔赛宫的贵族,所有对外联络的信件都会被拆开,监控人员能做到拆开信件,阅读完再封好,而不被当事人发现。所以,大臣们背地里说什么,国王都一清二楚。一些人发现了国王的秘密,便改用密码写信,国王又专门组建破译团队。

凡尔赛宫的权力之战

无论从哪个角度看,路易十四都像穷奢极欲的帝王,他沉迷珠宝、香水、美酒的奇闻逸事,直到现在还在流传。但你要照着昏君误国的路子去想他,一定是错的。路易十四之所以这么玩,完全是为了巩固权力,实现更大的抱负。

要回答这个问题,我们需要回顾一下法国的历史。法国并不是传统上的中央集权国家,路易十四之前的法国,是典型的"封建"国家,影响力一度局限在巴黎,贵族、诸侯掌握着中央到地方的权力,随时跟国王分庭抗礼。更何况，路易十四5岁即位，24岁才真正掌权。掌权之前，他和母后、兄弟们颠沛流离。在他的孩童时代，暴乱者冲进王宫，国王一家不得不在慌乱中逃出卢浮宫。所以，记忆中的巴黎有他的童年阴影，是个危险的地方，他恐惧、厌恶并拒绝在卢浮宫居住。

所以，他渴望权力，权力能带来安全感。这也能解释为什么掌权之后，他会修建凡尔赛宫，这不是偶然的。国王的决心很大，近7万平方米的凡尔赛宫主体建筑，只用14年就建成了。在当时的欧洲，这样的大工程，没有三五十年是建不成的。更重要的是，通过建造远离巴黎的新宫殿，可以迫使贵族们离开他们的大本营——巴黎和外省，来到完全由国王控制的地方，陪着路易十四开始权力之战。

就拿参观国王起床来说，不同等级的人，能看到不同的"镜头"。第一等级的人有权围观床上的国王，第二等级的人可以围观穿睡衣的国王，第三等级的人只能围观穿正装的国王。同一等级之间还有更细的等级之分，谁在谁的前面，谁可以为国王奉上衣服，都有明确规则，规则制定者就是路易十四。通过掌握等级的划分，原先的权力等级被打破，重新洗牌。

就连服装也变成了权力工具。路易十四喜欢奢华服装，于是在宫廷舞会上，为了讨好他，把别人比下去，贵族们不惜倾家荡产。有位侯爵说："凡尔赛宫没有真正的富人，所有人的钱都在衣服上。"这意味着，贵族们的经济能力在削弱。

路易十四甚至发明了一套专门的服装，用蓝色布料做成，内衬是红的，用金色、银色装点。这种服装只有50套，如果能穿上这套衣服，一眼就能看出，他得到了国王的额外恩宠。而且，路易十四看上去喜怒无常。他对贵族的奖惩极其任性，看人顺眼奖品随时砸过去，不顺眼就冷落你。想想看，在凡尔赛宫封闭的环境里，如果国王不理你，所有人都不敢理你，你会成为一个边缘人，甚至不是"人"，只是空气。所以，贵族们每天的工作就是挖空心思讨好国王。沐浴在凡尔赛宫的纸醉金迷的生活，贵族们再也没有精力管理地方事务，时间一长就和地方——他们的权力基础疏远了。于是，路易十四掌控的官僚系统接管了地方的权力。

这是高超的权力游戏，路易十四不动用武力，就把国家权力集中到自己的手里。这么大的权力可以做什么？统一法国，对外用兵，扩大疆域，称霸欧洲。今天我们看到的法国版图，就是路易十四打下的基础。他也是第一个喊出"朕即国家"的欧洲君主。把权力中心转移到凡尔赛宫，成为他走向权力巅峰的关键一步。

权力的坍塌和重建

今天的凡尔赛宫已不再神秘，但它带来的影响已经进入法国文化的肌体。旧王朝在大革命后崩解，当年权力游戏的道具——时尚、大牌、法餐、名媛、奢华派对，融入巴黎的大街小巷，并以巴黎为平台扩散到世界。

> 凡尔赛宫一直是法国的象征。普法战争结束后，获胜的德国人逼法国人在这里签投降书。一战胜利后，法国人逼德国人在这里签投降书。二战中法国投降，德国人又逼法国人在这里签投降书。权力的游戏总是以另一种方式存在并继续着。

不仅凡尔赛宫，世界上大部分王宫都已人去楼空，但王宫是个奇特的存在：之前象征君主的"硬权力"，之后成为各国文化地标，继而演变为凝聚民族认同的"软权力"工程。故宫、冬宫、维也纳的美泉宫，都有类似的转变过程。所以，参观这些宫殿时，不了解权力的故事——软件，仅看它的硬件——建筑，也许会觉得无趣。

路易十四死后，凡尔赛宫权力乌托邦逐渐褪色，加上启蒙运动崇尚理性，人们一旦知道"太阳"只是颗普通的恒星，"太阳王"也就不再有神性。"祛魅"是瓦解权力的致命武器。法国大革命期间，路易十六被砍头一幕，完全可以追溯到路易十四种下的根。大工程成就了路易十四，诅咒了路易十六。那有没有一种工程，能制造"皆大欢喜"的局面？我们继续走。

→ 冷知识

时尚界的"保护神"

如果在时尚领域找一位保护神,路易十四大概最无争议。任何人看到卢浮宫叙利馆的路易十四肖像画,都会觉得他是一位时尚天才,尽管他本人未必这么想。

路易十四的"条件"其实很差,普遍记录显示,他的身高不超过160厘米,但肖像却很挺拔,答案在细节里:侧身站立,两腿交叉,用青年艺术学者程珺的话说,这个姿势最容易拍出"大长腿";连裤袜可以在视觉上营造"纤细",更显腿长;高跟鞋、假发可以为身体争取更多空间。

这幅画及其他没有呈现的路易十四元素,都留给了时尚产业。程珺进一步分析说:"画中的锦缎、天鹅绒、金丝银线刺绣,还有衬衫袖口露出的白色亚麻花边,都是后世女性时装常用的元素。曾经为路易十四服务的鞋匠、裁缝、珠宝匠和厨师,演化出法国庞大的时尚产业,比如时装、箱包、珠宝、法餐等等。"

如今,法国尽管国力已今非昔比,但在时尚领域依然是领导者。只是当年用来彰显太阳王权力的符号,几乎全部奉献给了女人。

路易十四肖像

第四节

美国金道钉遗址公园
太平洋铁路的双轨

进入现代社会，人类的工程能力上了几个台阶，也意味着工程一旦出错，破坏力会呈指数级增长。所以，大工程上马前往往会增加一个"插件"。这个"插件"不是降低难度，反而是增加了工程难度。我们一起去探索这组插件，目的地是美国犹他州金道钉国家纪念公园。当年太平洋铁路从东、西两边分别施工，最终在这里合龙，"纪念公园"纪念的就是当年的合龙。

太平洋铁路的神奇之处

放眼望去，荒原、戈壁、峡谷，连绵的群山，摇曳的荒草，美国犹他州是个体验荒凉的地方，金道钉国家纪念公园就在这里。你能远远看见两个火车头，旁边立了一根木棍，飘扬着一面美国国旗，布景非常寒酸，但每年依然吸引近5万名游客。

两个车头，一个刷成蓝色，一个刷成红色，面对面停在铁轨上，铁轨下的枕木常年风吹日晒下发灰发白，有一根看上去略不普通，明显是特制的，上面钉着一个铭牌，写着一行小字："1869年的最后一节，奠定了太平洋铁路的完工。"

1869年5月10日，两辆机车从东西两个方向开来，即将会合之际双双停车，这是铁路最后一段铁轨铺设仪式，由八名爱尔兰工人和八名华工

太平洋铁路双轨合龙现场

共同完成。连接处的枕木事先打好了孔，一枚17.6克拉的金制道钉插进孔洞。随着大锤轻轻砸下，铁轨正式合龙，现场汽笛声、欢呼声在旷野中回荡，又通过媒体传遍全美，沸腾了整个国家。各地教堂钟声齐鸣，连费城古老的自由钟也加入庆祝，芝加哥的大游行绵延11公里。BBC（英国广播公司）把这条铁路评为工业革命以来七大工业奇迹之一。

人们称这一天为"金道钉日"，一条铁路的诞生成为国家的节日，受到世界的追捧，一定是因为足够特别。

这是当时世界上最长的铁路，有3000多公里。长，本身就是难度，更难的地方在于，铁路沿途地形险要，西线要翻过海拔4200米的内华达山脉，在这里施工是要以人命为代价的，施工工人非常难找。更艰难的是，工程所需的大部分物资，要从大西洋沿岸运过来，当年没有巴拿马运河，货船从东部港口出发后一路向南，跨过赤道，沿着南美洲东海岸，绕过美洲大陆最南端，擦着南极大陆的边缘，在强风、大浪、冰山的护送下一路向北，再跨过赤道，运到加利福尼亚。西段工程两年只铺了80公里。

听起来感觉是"难于上青天"，但预计14年工期的工程竟然只用7年就完成了，旧金山到纽约的旅程就这样从6个月压缩到7天。

难在开工

为了修建这条铁路，国会辩论了将近20年。回到当年的时代背景，从19世纪30年代末到50年代，美国发生了几件和西部有关的大事，打赢了美墨战争，在西南兼并了得州，吞并了包括加州、内华达州在内的美国中西部，加州发现黄金并引发淘金热。旧金山就是那个时候诞生的，美国人终于可以肆无忌惮地观赏太平洋。

看起来好事连连，但接踵而来的问题是，版图统一的基础非常脆弱，重要的是人们的心灵统一，否则美国就不会成为一个整体，所以修建横贯东西的大铁路成为必然选择，隋炀帝杨广和美国总统面临同样的难题。

国会从1845年开始讨论太平洋铁路方案，由此拉开了20年的大辩论。辩论高潮发生在1853年，当时，几个版本的议案被拿到参议院，这些议案向美国人展示，一旦修建太平洋铁路，美国会发生什么：

有了这条铁路，新晋的太平洋沿岸领土将得到及时保护，否则，一旦与欧洲列强交战，敌人用根羽毛就可以将其占有；铁路经过的地区，将确立美国宪法的至高权威，如果在墨西哥州掀起思想和政治革命，建立自由的制度，当地人就会忘记西班牙的习惯；美国不仅会政治统一，精神上也将成为整体；美国将成为欧亚贸易枢纽，进而成为世界第一强国。

听起来，修建太平洋铁路有百利无一害，为什么还要搁置20年？

概括下来，大家有以下的分歧：

首先是怎么修，修一条、两条还是三条，在南部、北部还是中部修，这涉及不同州的利益。其次是谁来修，交给联邦政府主导的公司，还是单纯地交给私人公司，如果是前者，联邦的权力就太大了，可交给私营公司就好吗？反对者认为，资本家会像秃鹫一样，贪婪地围绕着总统，催促他、误导他，想尽一切方式让他多花钱，铁路建成后将成为"国中之国"，谁都拿它没办法。再次，谁最终负责拍板，可以是总统吗？

接下来的辩论触及美国宪法的根本。支持由总统拍板的人认为，在所有公职岗位里，总统最不容易受利益集团左右，最有可能以品格和声誉独立决策，如果由国会决定，议员们会没完没了地吵架，最终等于没有人决定；反对交给总统决策的人认为，总统已经拥有了行政权，如果让他决定法案，等于又拥有了立法权，拥有如此巨大权力的总统，必将侵蚀各州的权力，而州权保护是立国的根基，所以，先例一旦开启，后果不堪设想，共和国将蜕变为帝国。

辩论通常会遵循这样的规律，一旦分歧上升到根本问题，就无法继续辩论；而当一方无法说服对方的时候，往往又上升到根本问题，所谓的"上纲上线"。修铁路的动议被搁置了，直到1862年7月1日，南北战争爆发后的第二年，反对者退出讨论，支持意见占了上风，国会才通过了法案，经由林肯总统批准，铁路最终得以上马。

这是开工前的一段往事。如果没有南北战争的强刺激，太平洋铁路还会继续推迟。开工之难，难到第一块"枕木"竟然以一场死亡超过百万人的战争来铺就。

用理性驯服"冒烟的魔鬼"

在人们通常的印象中，美国的地理和资源禀赋优异。北跨五大湖与加拿大相接，南部濒临墨西哥湾，与墨西哥为邻，东西两侧是大洋，周遭没有任何能构成威胁的力量，听起来完美无瑕。唯一能威胁美国人的就是美国人，总有一种力量在肢解美国。这股力量包括阿巴拉契亚山，山脉东面是大西洋沿岸的狭长地带，这里是美国开始的地方，当地人想穿越到中西部，如果没有现代化交通工具，基本属于冒险；而一旦跨越过去，想回来就是难题，时间一久，人们自然彼此分开。美国人很清楚，如果没有交通大动脉，美国要么局限在阿巴拉契亚以东，要么分裂成几个互不隶属的版块。

太平洋铁路完工后，当年的预言几乎全部实现。西部的石油、天然气以及金、银、铜等矿产得到开发，有力支持了大西洋沿岸的经济。西部的崛起又给移民提供了舞台，推动了人口大迁移，加上欧亚大陆新移民也向西部涌入，美国人口版图得以重塑。历史学家公认，如果没有太平洋铁路，就不会有美国的崛起，但与美国一起成长的，是他们的国家意识：工程上马之前，西部各州远离政治中心，东部各州也习惯从州的角度思考问题，而太平洋铁路改变了这一切。

有人说，美国人心灵的统一，是南北战争后实现的。研究者曾考证"The United States"的演变，南北战争之前，"The United States"是个复数名词，后面接的系动词是are，而战争之后变成了单数名词，接的系动词是is。从时间上看，改变确实在南北战争之后，但改变的真实逻辑并不是战争。相反，南北战争带来的创伤是很难抹去的，之所以战后美国内部的精神认同度反而更高，主要归功于太平洋铁路的贯通。它让东西两边的人民高频交流，不仅创造了更多共同利益，而且随着时间拉长，作为美国人的荣誉感，对国家的认同感，都得到了加强。

好处这么多，"开工难"不就是浪费了时间？当然不是。当利益主体都站出来，最终决策就能照顾到更多人，也能凝聚更多共识。所以，辩论越充分，错误决策概率就越低，决策就能凝聚更多共识。就算工程遇到困难，伸出援手的人也会多，烂尾概率也一定会降低。具体到太平洋铁路，当年的辩论让各方利益充分表达，一旦出现时间窗口，就能顺利决策上马。

有趣的是，当年美国人争论的宪法原则——联邦与州的关系，在历次大工程中不断被强调和伸张,客观上帮美国人形成了稳定的观念和秩序。

随着科学技术的快速迭代,人类的工程能力也呈指数级增长,每个大工程都会渗入政治、经济、文化各个层面,规模和影响力互相放大,一旦决策错误,工程有多大,灾难就有多大。所以,大工程必须增加一个"插件",即充分讨论和科学决策。它比工程能力更重要,也是现代社会才有的能力。

火车刚刚诞生的时候,狄更斯写过一段话:"它拉着各种阶级、年龄和地位的人,穿过田野,穿过森林,穿过谷物,穿过干草,穿过沃土,穿过岩石,穿过近在手边、几乎就在掌握之中,但永远从旅客身边飞去的东西。"他把火车称为"冒烟的魔鬼"。18世纪的狄更斯只坐过马车,马车上也只能坐几个人,而且不同阶级的人不太可能坐同一辆车,我们完全可以理解狄更斯的震惊。人,经常会被自己制造的工程吓到,但新的"插件"却能让人免于大工程带来的终极恐惧。

> 儒勒·凡尔纳1873年出版了《八十天环游世界》,书中也提到了太平洋铁路。如果没有太平洋铁路,八十天环游地球的梦想就只能是梦想。

→ 回到中国

华工与太平洋铁路

内华达山脉海拔超过 4200 米，开工两年，铺设铁轨不到 100 公里，高山、峡谷、寒冷、缺氧、冰雪让施工方找不到工人，就算有工人来也无法完成任务，而打破僵局的是华工。华工主要来自广东，普遍身材矮小，没有修筑铁路的经验。最开始美国人不太相信华工，而华工用事实征服了他们。

在艰险的"合恩角"，华工在七八十度的峭壁上凿出路基，把自己吊在竹篮里、悬在峭壁边，在壁上凿出小洞放好炸药，快速点燃引信，然后由同伴迅速把竹篮吊起来，爆炸在脚下发生，所有动作一气呵成。当地曾发生雪崩，导致物资无法运输，美国工程师也束手无策，是华工想出雪滑梯的方法，利用光滑的路面拖运物资，恢复了物资运输。

聪明、勇气、技巧、韧性，这些让华工成为修路主力军，最多时占西线劳工数量的 90%。太平洋铁路也是一部血泪史，南方人从未见过冰雪，一些人被活活冻死，施工的艰险随时夺取生命。没有华工会有太平洋铁路吗？至少要推迟很久。如果有机会去当地旅行，要记得，华工是工程奇迹的创造者。

第五节

胡佛大坝
技术驱动的能源工程

"水往低处流"是地球引力最直观的表现,如果水流过大而且不受控制,就会导致灾难。几乎所有古代文明都有"大洪水"的记忆,而如果利用好水流,就意味着掌握了这股自然的力量。所以,与洪水记忆相伴随的是治水工程和治水技术的产生,比如水车的应用。中国历史和传说中,聪明的将领还会给敌人制造"大洪水",如关羽"水淹七军",但这种利用是随机偶发的。直到19世纪上半叶,人类发明了水轮机,水的势能稳定转化成水轮机的动能,再借水轮机的动力,推动发电机工作,人类利用水力资源的能力,才有了质的飞跃。这一次我要带你去美国内华达州和亚利桑那州的交界处,看一个能源水利工程,著名的胡佛大坝。这座拱门式重力人造混凝土大坝,被称为美国20世纪最伟大的工程。这座超级大坝的建成,跟工程技术的突破密不可分。

高峡出平湖的技术典范

从拉斯维加斯出发,向东南走大约40公里,就是胡佛大坝,上游是著名的大峡谷。从高空俯瞰,条条深谷就像地球表面的一道道伤口,最大的一条有400多公里长,1800米深,而塑造深谷的就是以狂野著称的科罗拉多河。它从落基山脉奔腾而下,开山劈道,用600万年的时间,雕琢出这道壮丽的地球景观。

狂野的科罗拉多河

  而到内华达州和亚利桑那州交界处，狂野的科罗拉多河不见了，融入一个平静的湖面中。于是以大坝为界，一边是平静的米德大湖，西半球最大的人工湖；另一半，如果从空中俯瞰，是一只巨型的混凝土"扇贝"，贝壳高达220米，生生嵌入深谷里。这个高度比三峡大坝还高20%。水坝两边，水位落差达到150米左右。当然，这是人类的杰作。

  其实早在胡佛大坝修建前半个世纪，人类就开始利用水力发电了，那时，全世界最大的水力发电工程位于尼亚加拉瀑布。这里有天然的水位差，而且水流量足够，为发电提供了条件。靠着大量的瀑布，美国和加拿大人率先成为水电大国。

  但如果只靠瀑布，人类能建的水电站规模和数量必然有限。胡佛

混凝土"扇贝"胡佛大坝

水电站是一次突破，摆脱了天然瀑布的限制，用一个水泥大坝截流，通过人工提高水位，形成巨大的势能。说起来容易，但在20世纪初的技术条件下，胡佛大坝的混凝土浇筑量达300多万立方米，在当年是个天文数字。胡佛大坝创造性地发展了大体积混凝土筑坝技术，有些技术一直沿用至今。

如果坐电梯来到153米的地下，那里是胡佛大坝最核心的发电厂房。在这里，我们可以看到17台直径10多米的巨型涡轮机排成一排，昼夜不停地发出嗡嗡巨响。驱动这些大家伙旋转的动力，就是被胡佛大坝拦住的科罗拉多河河水。一条条粗大的管道，把河水源源不断地导向这里。在河水的猛烈冲击下，涡轮不停旋转，一刻不停地向外输送电流。

这17台发电机组每年向外输送大约40亿千瓦时的电能，可以满足美国太平洋沿岸西南部大部分地区用电，包括拉斯维加斯的流光溢彩，也是由胡佛大坝点亮的。到2015年，胡佛大坝依然维持着美国西南部三个人口稠密州的生产和生活。

> 拉斯维加斯本来是个小镇，修建水坝招来几万年轻人，大家赚了钱又有了时间，客观上让赌博兴盛起来；大坝完工后工人们离开，赌博业却保留下来。胡佛大坝有个"外号"，叫拉斯维加斯之母。

20世纪30年代，胡佛大坝是世界第一高坝，比当时的第二名（西雅图的魔鬼大坝）高出近一倍。理解水力发电的原理，我们就会明白，之所以要把大坝修这么高，主要是为了尽可能地提高上游水位，增加蓄水总量。

科罗拉多河曾经是美国最深、水流最湍急的河流，工程难度非常大，虽然以美国总统胡佛的名字命名，但我们更应该记住的是首席工程师弗兰克。弗兰克当年面临两大难题，一是怎么能驯服狂野的科罗拉多河河水，另一个是短时间内浇筑好大坝的混凝土。

在这之前，弗兰克曾经主持修建过6座大坝，工程原理他很清楚。首先，要在山崖里开出4条直径十几米，全长6公里的隧道，让科罗拉多河绕过灌注混凝土大坝的位置。这样做很容易理解，因为人无法在有水的河床里浇筑混凝土。

隧道工程非常艰难，作业强度很高，尽管用上了当时最先进的巨型钻孔机，仍然有一百多名工人因为事故失去了生命。今天大坝上还能看到纪念他们的石碑。1932年11月13日，被分流的河水第一次冲入隧道。不到24个小时，狂野的科罗拉多河，乖乖地驯服了，分流隧道工程比预期提前了一年，接下来，弗兰克只要把主河床里的水抽干，就可以浇筑混凝土。

浇筑又是一个难题，弗兰克却创造了第二个奇迹，在不到两年的时间里完成了混凝土浇筑工程。注意"两年"这个时间点，时间似乎

> 大坝崩塌了会怎样？电影《末日崩塌》用画面呈现这一场景。其实胡佛大坝早已不是世界第一大坝，之所以还被收入电影，大概是因为它曾经是人类能力的象征，摧毁它带来的冲击远超过摧毁其他大坝。

很久，这是因为混凝土浇筑过程中会产生热量，胡佛大坝需要浇筑300多万立方米的混凝土，按传统的方法整体浇筑，125年才能完成散热。如果没有足够长的冷却时间，混凝土内外散热不均，热胀冷缩速度不一致，大坝就会出现裂缝，留下极大的安全隐患，重则导致整体结构坍塌。

弗兰克施行了什么魔法，把浇筑时间缩短到两年？首先，为了加快冷却进程，大型制冷厂利用管道把冰水抽到新鲜水泥中，这也是后来很多大体积混凝土工程沿用的预埋冷却水管技术。但对弗兰克来说，这样做的速度还不够快。他完成了一次脑筋急转弯——柱状分块浇筑法。简单说，就是把坝体分解成230个垂直的水泥柱分开浇筑，各自散热，然后如搭积木般组合到一起，大大缩短了冷却时间。

> 胡佛大坝牵涉几个州的利益。如果上游阻断河水，发电会受影响；如果大坝放水减少，下游就会干旱。只有联邦政府可以协调各州利益，这就意味着中央扩权。学者公认的事实是，美国能有强大的联邦，遍布各地的水坝起了很大作用。

胡佛大坝开创的大体积混凝土筑坝技术，打开了大规模开发水电的闸门。如果没有胡佛大坝做先行者，埃及的阿斯旺大坝、巴西的伊泰普大坝、中国的三峡大坝不知还要摸索多久。甚至，二滩水电站的大坝，从外形看几乎是胡佛大坝的翻版。

1935年，工程完工了，一枚巨型"贝壳"从深谷中升起。在竣工仪式上，美国总统罗斯福对着大坝说："我来，我见，我服了。"这是我看到的对恺撒大帝的那句"我来，我见，我征服"最好的改编。在某种意义上，胡佛大坝就是"大坝之母"，而这座大坝更大的意义在于，给后人注入强大信心。

胡佛大坝的装机容量，是当时最大规模火电站的5倍，有力地支持了美国人的西部大开发。甚至有人说，胡佛大坝还帮美国打赢了二战，因为制造战斗机的铝，制作原子弹的钚，生产过程都需要大量电力，这些工厂集中在美国西部，就是因为有胡佛大坝的稳定供电。

此外，胡佛大坝还改变了人与自然的关系。人类一旦拥有斩断江河的工程技术，就能驯服汹涌的河流，既能在丰水期蓄水，避免下游发生洪涝灾害，又能在枯水期放水，缓解下游的干旱。从文明发展角度来看，这是继驯服植物、动物之后，人类对自然的控制能力的进一步增强。

从水电站到核电站

胡佛大坝之后，数以万计的巨型混凝土楔子被嵌入地表。20世纪40年代，美国电力供应中，水电一度占到40%，西北部地区则有75%的电力要靠水电。但有个奇怪的现象，美国水电开发在20世纪70年代达到高峰，80年代却突然直线下滑，能源占比不断下降。有人说，这是环保压力下兴起的"拆坝运动"，真相是这样吗？有一组权威资料仔细考证了美国拆掉的各种水坝，结果发现绝大多数是年久失修的废坝、弃坝，它们已经无法发电，而重要的水坝则一座都没拆。水电比重持续下滑的真实原因，其实是竞品的出现——最大的竞品就是核电。到20世纪七八十年代，全球核电大发展，水坝比例自然下降了，美国水电占比从高峰期的40%下降到最近的个位数。现在，核电在美国的能源占比达20%，在法国甚至超过70%。

电气革命之后，人类不断尝试把自然资源转化为可以利用的能源。在"双碳"（碳达峰与碳中和）成为全球共识的情况下，水电、核电的重要性将会持续增强。风能、太阳能、潮汐能、地热能也已进入人类的能源结构，能源大概率不会枯竭，而人类也总能找到新的能源，推动文明列车向前跑。

→ **回到中国**

谁是水坝领跑者

今天人类水坝建设的领跑者，肯定包括中国。作为全球第二大水电工程（发电量仅次于三峡），白鹤滩水电站就是技术创新领跑者，混凝土浇筑量达803万立方米。当年，弗兰克快速冷却混凝土的方法是把坝体分解成230个水泥柱，让它们各自散热。中国工程师的方法是，让大坝变聪明。他们在坝体内埋设上万个监测传感器，可以及时采集温度、应力状态等数据，能实时监控运输车、缆机、振捣机等设备的运转。有了及时的数据，就可以智能化地调节通水流量、温度和时间。

工作人员每天打开笔记本或手机，就能看到所有参数，若发现数据有问题，按规程操作就可以。这套系统被称为"大坝施工进度仿真系统"。

第六节

迪拜棕榈岛
扭转国运的地产工程

大工程之旅最后一个地标,我要带你去迪拜,参观朱美拉棕榈岛的别墅区,在这里也许能偶遇前来度假的好莱坞明星。如果对棕榈岛没有太多概念,我再提供一条信息,中建公司参与了这一工程的建造,而且出色地完成任务,并诞生了"中建中东公司"。"基建狂魔"这一荣誉就跟他们的工作有关。也许你会觉得奇怪,为什么跑到一个别墅区来旅行?我们可是刚刚看过胡佛大坝啊。别墅,再大的别墅也算不上大工程吧?而且"基建狂魔"的大工程那么多,怎么也轮不到别墅区啊!有这样的疑问很正常,但如果换一个打开棕榈岛的方式,可能会觉得"早就该来"。想象一下,坐着阿拉丁的飞毯或现代的直升机,从空中俯瞰,然后再缓缓降落。

大海上的世界奇迹

在空中我们会看到,蔚蓝的阿拉伯湾上,有一个图样完美的巨型棕榈树。它有一根笔直的树干,垂下17片羽毛形状的树叶,顶端还有一道月牙形防波堤。这棵巨型的棕榈树,伸进阿拉伯湾5公里之多。不要说从飞机上,从太空俯瞰或许也会感到震撼。

这棵棕榈树绝不可能是自然的杰作,它是一个巨型人工岛。在2000年之前,这里除了海水,什么都没有。在空无一物的海面上,迪拜人居然"种"出了一颗"棕榈树",进入世界第八大奇迹的争夺赛中。当然,别墅再豪华也无法构成奇迹,奇迹的是这座岛。光让这棵棕榈树浮出海面,就耗用了3000万吨岩石和3亿立方米海沙。工程量比胡佛大坝还要高出几个数量级。

阿拉伯湾上的巨型棕榈树

迪拜不是第一个填海建人工岛的国家,而且填海造陆技术本身并不难,只需围出一个堰,把里面的水抽干,再把中间填上土,荷兰人13世纪就开始这么干。迪拜人在21世纪制造人工岛,土方施工完全不是难题。但迪拜人依然摆出了恢宏的手笔,动用了当时全球仅有的一台私人卫星"伊科诺斯"。卫星的功能特别强大,足以跟美国的军事卫星媲美。地面还有个小团队,每天背着定位系统,建立网格化的精确地理坐标,确认海砂应该填在哪里。这么做才能保证这棵巨型棕榈树按照设计标准完美呈现。

迪拜人还要解决一个重要问题——把岛建成棕榈树形状,美是美,但可能会带来其他灾难。棕榈岛最外围包着一道防波堤,里面是一条一条的棕榈叶,复杂的水路导致海水难以快速流动,时间一长,死水可能变成污水,造型拗得再美也是丑的。于是,工程师通过建模分析海水的流动规律,在防波堤上开了两个100米宽的口子,让堤里堤外的海水实现对流。按照设计,每两周就能完成一次海水更新。

地产项目背后的国家战略

你可能会好奇,迪拜人费这么大的力气,建出如此复杂的人工岛,只是有钱任性吗?还是为了盖房子卖别墅?这么大的填海工程,房子得卖天价吧?我特意在海外置业网站查了一下价格,这里的别墅从几百万到一两千万元人民币不等。注意,是人民币。

站在棕榈岛的中央大道,两边是成排的沙滩别墅,每栋房子都拥有一片海滩,带草坪、泳池、独立车库。当然,我不是房产中介,只是想通过这个房地产工程去理解迪拜。或许,他们在下一盘大棋,而棕榈岛系列工程,是从根本上逆转国运的重要一环。

在人们通常的认知里,迪拜是个富得流油的地方。这个小小的酋长国,面积不过是伦敦的两倍,几十年前还只是个小破渔村。自从1966年发现石油,迪拜经济开始"开挂",迅速成为阿拉伯世界最富有的地区。但经过几十年的高速开采,面临石油的枯竭,必须找到华丽转身的办法。解决的办法可以是"走",毕竟国家不大,国民拿着钱去别的地方开始新生活,不是没有可能。但迪拜人选择无中生有,绝处逢生。

迪拜很有钱,这是我们的普遍印象,他们转型的路径,也确实在按有钱人的思路尝试。棕榈岛项目之前,迪拜已经小试牛刀,第一弹就是"阿拉伯塔酒店"。它更为人所知的名字叫"帆船酒店",是当时的迪拜王子阿勒马克图姆力推的项目。

帆船酒店之所以出名,不是因为它的样貌,而是因为在它之前,全世界的豪华酒店最高是五星级,迪拜人硬是花大钱提高标准,不但在墙上挂着著名艺术家的油画,而且把门把手、厕所水管都弄成了金的。"纸醉金迷"这个成语放在帆船酒店,简直是一种写实。人们描述帆船酒店时,会加一个形容词叫"七星级",而酒店业公认的评级标准里并没有七星,甚至也几乎没见过六星级。真实的故事是,酒店开业时,一位英国女记者无法形容它的豪奢,回去后在报纸上写评论说:"我找不到什么语言来形容它,只能用七星给它定级。"

从此,酒店业才有了"七星"这个词。一个词,反而比任何细节的描绘都要形象。直接跳过"六星"抵达"七星",住过奢华酒店的人当然会好奇,六星还没出现,怎么会有七星?既然这么好一定要去看看。

对迪拜来说,富人来了只住几天酒店可不够,得想办法让他们来得更多、更频繁。有什么办法呢?得让他们在迪拜有产业。但迪拜自然条件有限,怎么能盖出吸引有钱人的房子?从居住角度,迪拜仅有的地理优势是一年四季都很暖和。于是,这个连淡水都很稀有的沙漠国家,靠砸钱把自己砸成全世界顶级观光旅游目的地,棕榈岛就是其中的一环,当然,是最关键的一环。

遗憾的是,工程最早的主导者阿勒马克图姆34岁就英年早逝。回头看设计本身,我仍然很敬佩他们的想象力。建设棕榈岛,动用世界上最先进的私人卫星,把岛弄成完美的棕榈树的样子,这么讲究仅仅是为了拗造型?为了空中拍照好看?当然不是,棕榈树背后是一个延长海岸线的天才想法。

迪拜之前只有70多公里多海岸线,而棕榈岛生生把海岸线增加到1500公里。有充足的海岸线,就能提供足够多的海景房,甚至拥有私家海滩,这是顶级别墅的标配。迪拜人摸准了富人的脉。

旅游成支柱产业

有住的地方,还要有玩的项目。迪拜是顶级娱乐设施的聚集地,有世界最大的购物中心、世界最大的室内滑雪场、世界最大的音乐喷泉、世界最高的建筑哈利法塔、第一大机场、第一大花园，还有第一长的金项链、第一贵的冰激凌。这里还举办顶级世界赛事，比如赛马世界杯——赛马肯定是有钱人的游戏。当然，我们肯定听说过，出入迪拜的阿联酋航空，走的也是高端奢华路线。相比这些"第一"，新闻里出现的"法拉利"警车，只是迪拜的边角料。

我曾非常好奇，他们为什么有那么多"世界第一"？仅仅是为了炫富吗？表面看，他们对"世界第一"到了痴迷的程度。迪拜人在工程设计之初，就会考虑怎么避免被别人超过。以哈利法塔为例，2004年开建的时候，世界第一高楼是509米的台北101大厦，迪拜人只要增加一米就可以拿到第一，但如果101大厦的业主加了一根两米高的天线怎么办？迪拜人在技术上做文章，提高对手超越的难度。

简单说，哈利法塔最初设计是560米，后来调整到650米，最终变成828米，101大楼在理论上已经无法超越。但一座大楼的高度，居然在修建时可以随意延长，也太不科学了吧？事实并非如此，迪拜人在修建基座的时候，就要求设计师让基座能承载100万吨的重量，而828米只用了50万吨。迪拜人还选择把数据公开，威慑潜在的竞争对手：如果你想超过我，不妨试试，我还可以向天再要200米。

据说，修建过程中，开发商也不知道业主究竟想要多高，只知道迪拜人只有一个目的：世界第一，而且要持久保持第一。如此痴迷第

> 迪拜人还建有世界岛，虽然因资金等原因没有完工，但轮廓已经显现，可见七大洲、四大洋。他们还要建宇宙群岛，规模都超过棕榈岛。在海上拗造型建岛屿，这件事迪拜人又做到了世界第一。

高空俯瞰，可见迪拜棕榈岛、世界岛的轮廓

世界最高的建筑哈利法塔

一，当然不仅仅是炫富，所有这一切都是为了在全人类大脑里建立一个认知：这片沙漠里有最多的世界第一。看起来简单粗暴，但符合人类最原始的心理——既然是第一，我得去看看。这些"第一"支撑迪拜成为奢华度假目的地。挥金如土、填海造岛，真正目的依然是服务于这样的心理认知。

> 每个清晨，羚羊都会思考怎么能比狮子跑得快；狮子要思考，必须跑得比最慢的羚羊快。作为人就要思考，如果你是羚羊，停下脚步就会被吃掉；是狮子，停下脚步就会被饿死。这是迪拜王子阿勒马克图姆在《我的构想》一书中引用的阿拉伯寓言。

迪拜人的目的达到了吗？棕榈岛开工后，2003年，迪拜旅游业的收入已经超过石油业。现在，石油产业的GDP占比已从50%降低到个位数，一度只有1%，而旅游业则一度超过1/3。迪拜的转型还不只旅游业，这座城市成功地成为欧亚大陆转运枢纽，有钱人来多了，金融业也发展起来。这个没有传统旅游资源，没有名山大川，没有金字塔、吴哥窟，有限的石油即将枯竭，理论上只有沙子的国家，用极致体量的大工程，重组自己在世人心目中的认知，为自己续命。这是大工程之旅我见到的最奇特的想象。

大工程之旅结束了，接下来要去哪里？归根结底，大工程的目标是为了服务我们的生活，而多数大工程并不能直接服务于人，它需要一个转换器。人就在这个转换器里，而且现代人越来越习惯"囚禁"的生活，不愿也无法离开。

第 5 章

城市

→ Civilization 源于拉丁文 civilis，意思是"城市化"和"公民化"。学术界的普遍共识是，城市是人类最伟大的发明，它的出现是社会进入文明时代的标志。而对今天的我们来说，城市像空气一样熟悉，熟悉到可以熟视无睹。所以，接下来的"城市行"需要一点新刺激。

第一节

雅典古城广场
城市居民的公共交流空间

我们要探索的第一个城市地标，是雅典古城的遗址广场。提到雅典，我们会想到，那里是西方文明的源头，出现过一个个哲学家、思想家、数学家、几何学家。但如果没有城市，这些大师可能不会存在。通常去雅典旅行，卫城是一定要去的，可以站在那里俯瞰整个雅典，并在神庙的背景下，追溯曾经的雅典文明。而从城市文明的角度来看，雅典真正的中心——精神中心，不是高耸的卫城，而是卫城下面一块和它差不多大的广场，那里才是雅典文明的产房。

广场才是雅典的中心

看完卫城，可以沿着雅典人当年朝圣的古道走下来，直接抵达广场遗址。现在这里是一片废墟，散落着巨大的石块、断裂的墙体和残损的建筑构件，但还是可以分辨出，哪些地方原来是地基，哪些地方曾经是立柱。尽管柱头的浮雕已经被时间抹去了细节，但透过粗糙的外表，还是能感受到希腊人的艺术审美。站在地中海的烈日下，望着被阳光照得发白的废墟，我们需要调动全部想象力，脑补2000多年前（公元前5世纪）繁荣的雅典城邦。

希腊以砂质土地为主，不适合发展农业，商业才是古希腊经济的核心，所以，希腊文明是一种城市工商业文明。这是一种怎样的文明？穿

雅典卫城遗址

越回城邦时代的雅典，那时的广场是个大集市，首要的作用是做买卖。每天早晨9点广场开市，可以买到无花果、橄榄油、粮食、乳酪、肉类，还可以购买法律服务，比如请人写诉讼状。如果家里的奴隶不够用，每个月新月那天（即该月的第一天）到奴隶拍卖会，买几个奴隶回家。

广场提供了绝好的商业平台，让雅典人不需要种地，靠贸易就能解决生计。但这里是西方文明的源头，我们来这儿可不是要看人们怎么做买卖的，那看些什么？在熙熙攘攘的人群中，我们也许会碰到另一个人——苏格拉底。他来这里不是为了购物，老头常去的是广场北侧的一个柱廊，他的工作就是在那里跟人聊天、交流、辩论。广场有很多苏格拉底似的"老大爷"，他们把广场当作思想和言论交换的公共空间。

现在，苏格拉底常去的柱廊没有了，现代人在旁边建了一座崭新的柱廊，乍一看显得有点突兀，里面其实是座博物馆，走进去可以看到古代广场的复原模型，博物馆里还有各种大理石雕塑，以及苏格拉底时

145

代的瓶瓶罐罐。透过这些文物，可以近距离地感受古希腊人的城市生活。想象在这个空间里，活跃着苏格拉底、柏拉图，以及斯多葛学派的创始人芝诺。

雅典的城里人每天在忙什么

雅典公民每天的工作是什么？从可信任的记录看，他们的工作就是交流，或者说"闲聊天"，正是他们的交流缔造了雅典的辉煌。包括苏格拉底这样的智者在内，参与聊天的人有个特殊身份：雅典公民。我用"雅典公民"，而不是"雅典人"，也没有用"雅典市民"，这不是笔误，"雅典公民"是人类文明史上一群奇特的人。

从政治上看，"雅典公民"代表了一种身份。按照雅典法律，达到一定年龄，父母是雅典公民，他才有资格成为公民。这是个很高的门槛，理论上，奴隶、外地人都不可能成为雅典公民。此外，男女公民的权利也不同，女性公民没有投票权。真正拥有完整公民权的男性雅典公民大约四万人，他们是城邦的"主人"，当年就住在广场西侧一片密集的房屋里。

从历史记载看，雅典高度发达的商业让公民们日子过得很滋润，做菜、做饭、酿酒、家庭教师的工作都交给奴隶，甚至生意和工厂也由奴隶打理，听起来完全符合醉生梦死的条件。可事实恰恰相反，雅典人信奉朴素的生活美学，他们不喜欢豪华的房子、华丽的装饰，也不追求世俗的享乐，饮食也很简单，一点面包、橄榄油外加一杯葡萄酒就可以应付。他们的生活却异常忙碌，与同时代其他文明相比，他们忙碌的事情简直无法想象。

他们要忙开会。开会，是雅典公民的权利，也是义务。雅典经常就重大公共问题召开会议，最著名的是公民大会，它是雅典最高权力机构。但公民大会不常开，平时管理城邦工作的是五百人议事会。除重大节日外，这些人每天都来到广场旁边的会议室，讨论城邦的大小事务。

雅典人的开会，奠定了后世政治的一种范式。

他们每天还会以广场为舞台进行交流和辩论，一个人想说服另一个人，就得有理有据、逻辑清晰。日复一日，年复一年，雅典人乐此不疲。他们喜欢对不明白的事情刨根问底、追根溯源。比如，阿喀琉斯奔跑速度很快，但他能追得上乌龟吗？这就是著名的芝诺悖论。再比如，一支箭射出去之后是静止的还是运动的？这是"飞矢不动"。听起来无聊也无用，但就是这些"无聊无用"启发了"无穷小"等概念，理性精神也在"无聊"中得以确立。和感性不同，理性（rationality）通常指人类在审慎思考各项证据后，以推理方式推导出结论。在这样的过程中，雅典人锻炼了抽象思维能力，也催生出最早的思辨哲学。

最会聊天的公民之一是苏格拉底，他经常到广场上找人辩论，并自诩为"思想的助产士"。"助产士"的名号来源于他的妈妈，苏格拉底的母亲负责给人接生，小苏格拉底从小就看人生孩子。长大后，苏格拉底觉得，思想的胎儿和人类的胎儿很像，也得有人负责接生，所谓"接生"就是通过不断的辩论和质疑，思想的胎儿才能呱呱坠地。人类生孩子会伴随痛苦，同样，思想胎儿出生也会伴随痛苦。这种痛苦翻译成现代语言类似"被怼"。苏格拉底喜欢"怼人"，常常把别人追问到哑口无言，很让人讨厌。

苏格拉底收获了一群"死忠粉"，最著名的是柏拉图。柏拉图也收徒弟，最著名的是亚里士多德。芝诺则创立了斯多葛学派。他们的思想都是在聊天辩论过程中孕育的。雅典广场上的柱廊，后世还称为斯多葛柱廊。我们可以认为，古希腊哲学就诞生在广场上，那里是西方哲学的源头。英国思想家罗素说过这么一句话："西方的全部哲学，就是希腊哲学。"

雅典公民的娱乐也在

> 雅典能产生众多思想巨星，如果要找原因，我第一个就会想到"交流"。同时代的其他文明，高质量交流只在少数人之间完成，而且地位不平等。而在雅典，4万名身份平等的公民在几百年间持续着高质量交流。

广场上发生，具体说就是演戏。戏剧是雅典人重要的公共生活。编剧、讨论剧本、彩排、表演，雅典人认真地参与演戏的各个环节。据统计，从公元前480年到公元前380年的100年时间里，雅典总共上演了2000部戏剧。广场西侧原来就有一个剧场，那里经常上演戏剧。雅典的剧场不是封闭的小剧院，而是露天的，所以我们也可以把这些剧场看作广义的广场。古希腊辉煌的文学成就，很大一部分就是在露天剧场里产生的，并成为西方文学重要的源头之一。

公元前5世纪，古希腊建筑师希波丹姆将雅典广场作为城市公共言论思想空间的传统总结为一套城市规划理论。在他的规划里，城市被划分成圣地、公共建筑区和住宅区三部分。这种以方格网的道路系统为骨架，以城市广场为中心的城市布局，后来被叫作"希波丹姆模式"。后来崛起的罗马人以希腊为师，也建立了一个个大广场，还发展出各种恢宏的公共建筑。中世纪的欧洲人又在广场上建起了市政厅和塔楼，塑造了那个时代最典型的城市景观。这些都是现代人去欧洲旅行时能看到的，它们和雅典一脉相承。

现代社会，城市里会发生高密度和高频次的信息交换。从这个角度来看，古希腊的广场就是城市信息集散地的雏形。后来随着城市规模的扩大，这种信息集散的功能渐渐转移到报纸、广播、电视上。再到后来的互联网论坛，一个帖子、一段视频的评论区，我们也许可以将它们看作古希腊城市广场的一次次虚拟重生。"广场"变迁的过程，也是信息交换的密度和频率提升的过程。

或许你会觉得雅典古城有点"沉"，那接下来我要带你去的，是一个能展开各种想象的地方。

→ 回到中国

中国古代思想家的无用之辩

诸子百家偶尔也做"无用之辩",最典型的要数庄子,他和惠子之间的讨论,就是在穷尽本源。

据传,两人在濠水(今安徽凤阳一代)的桥上游玩。庄子说:鲦鱼在河水中游得悠闲自得,这就是鱼的快乐啊。惠子说,子非鱼,安知鱼之乐?——你不是鱼,怎么知道鱼的快乐?庄子说,你不是我,怎么知道我不知道鱼的快乐?惠子说,我不是你,固然不知道你;但你本来就不是鱼,你不知道鱼的快乐,是完全可以肯定的!庄子说,请追溯话题的本源,你说"你哪儿知道鱼快乐"的话,说明你已经知道我知道鱼快乐而在问我。我是在濠水的桥上知道的啊。

这是两位互损的老友。惠子死后,庄子很伤感:"自夫之死也,吾无以为质矣!吾无与言之矣!"大意是,自从惠子死后,我再也没有对手和知音了。当我们认为庄子是思想家时,细品却发现,支持庄子思想的对话看起来都很无用,而无用恰恰是他的"用"。人,不仅仅需要衣食住行、吃喝拉撒,还需要无用之用。这是人和动物的本质区别。

第二节

罗马卡拉卡拉浴场
城市享乐和消费的萌芽

都说希腊是罗马的老师，但作为学生的罗马，可不像老师那么喜欢"苦行僧"般的生活，他们迷恋享受。我要带你去罗马卡拉卡拉浴场，2000年之前，罗马人把洗澡这件事做到了极致。但你可能会疑惑，澡堂子有什么好看的？但我认为，这么多人挤破头也要留在大城市的动力，就来自这个澡堂代表的生活，这种生活叫城市生活。

1800年前的城市娱乐消费综合体

城市生活好吗？空气差，交通挤，压力大，生活紧张，到处是陌生人……关于城市我们可能会生出一万种抱怨。但如果做一个决定——回乡下吧，乡间有茅屋菜园，清新空气，有机蔬菜，我猜你可能会憧憬，也会享受那么几天。可如果让你长期驻扎下去，一直过田园生活，心态就未必一直如此了。城市，尤其是大城市，它的吸引力是令人无法抗拒的，城市吸引我们的就包括最集中的娱乐和消费场所。

现代人非常熟悉的商圈，或者说大型城市综合体，早在古罗马时期就已经初具规模。那个时期的浴场，不光用来洗澡，还包含健身房、美容院、图书馆、剧院、餐厅等等。鼎盛时期，古罗马城有上千个公共浴场，我们要去看的是现存最完整的一个遗址，卡拉卡拉浴场。每次去卡拉卡拉浴场，我都会心生感慨，这群"城里的"罗马人实在是太会玩了。

从罗马市中心著名的圆形斗兽场往南走十几分钟，就到了卡拉卡拉浴场。它在217年建成，建造它的皇帝叫卡拉卡拉。他是罗马历史上有名的"暴君"，残暴奢靡。但作为罗马皇帝，同样有另一个面向。为了笼络民心，他不经政府预算批准，私自募集资金建造了卡拉卡拉浴场，供全体罗马市民享用。

> 古罗马帝国的军队走到哪里都要建浴场，哪怕是在德意志的黑森林区。日耳曼人击败他们后，发现罗马营地的澡堂工工整整、规规矩矩。洗澡，上升为罗马人的生活方式。

古老浴场的巨大废墟

罗马城公共建筑的特点就是大。虽然过去了1800年，远远地还能看到浴场巨大的废墟。长337米，宽328米，相当于15个标准足球场的面积，可以同时供1500人洗澡，高峰期能接待6000到8000人，光更衣室就有1000多平方米。

浴场空间由宽敞的连续大厅组成，这成了后来很多城市公共建筑的空间原型。这种连续大厅，让公共空间即使人再多，也不会感觉到拥挤压抑。最典型的是今天现代都市的火车站，比如纽约原来的宾夕法尼亚火车站、芝加哥的联合火车站，就是以罗马浴场为原型建造的。

作为一个浴场，卡拉卡拉会提供冷水浴、热水浴、温水浴，甚至还有桑拿，但这个巨大的空间提供的服务远不止此。它有健身房，古罗马人在这里打拳、摔跤、跑步、跳高。它有美容室，有专门的房间做护理，古罗马人喜欢涂橄榄油、香膏之类的护肤品，甚至还会在这里脱毛。它有棋牌室，可以玩骰子、下棋，也可以看表演、听音乐。它有图书馆，还有个半圆形演讲厅，古罗马人在这里听演讲，高兴了还可以上去讲一段。当然，美食和购物肯定是必不可少的，甚至还有色情服务。

浴场是皇帝给市民建的公共设施，收费低廉，从皇帝到普通公民，都能在这里坦诚相见；同样的设施还有引水渠、圆形斗兽场。这还不是全部，政府甚至给罗马公民定期发放粮食。罗马帝国的鼎盛时期，罗马城的公民不用劳动，也能无忧无虑地消费和享乐。

通过卡拉卡拉浴场，我们可以看到古罗马城市生活有鲜明的现代都市风。一是公共娱乐高度发达。在古代社会，娱乐是少数人的特权，但在古罗马，除了我们这次看到的吃喝玩乐一体化的大浴场，古罗马的体育竞技、角斗，都是向大众开放的。

二是追求舒适的生活。卡拉卡拉浴场有暖气设施，他们研制了混凝土空心砖。空心砖垒在一起，形成管道，锅炉房把水烧热了，就流进这些管道里，于是地板、墙壁都是暖的，踩在哪儿、靠在哪儿都很舒服。浴场里还有光滑闪亮的大理石装饰，穹顶下面是高大笔直的罗马立柱，地板上的马赛克拼成了精美的图案。大厅两边还竖立着各种大理石雕塑，每个雕塑都是精品。

三是人的欲望不断膨胀。对于罗马人来说，更确切的词叫作纵欲。说起纵欲，通常我们把它跟贵族、统治阶层联系在一起，但在古罗马的城市里，纵欲成为一种上行下效的普遍风潮。

19世纪末有一位叫劳伦斯·阿尔玛-塔德玛（Lawrence Alma-

Tadema）的荷兰画家，画过一幅名为《卡拉卡拉浴场》的画，画面上有男男女女在游泳、沐浴、嬉戏——当时卡拉卡拉浴场是男女混浴的。古罗马人还喜欢暴饮暴食，古罗马的宫廷里甚至有专门的呕吐室，吃撑了的贵族习惯吐光了再吃。这种吃喝无度从宫廷一直蔓延到普通的罗马市民。

现在，虽然很少再有城市建设这么辉煌的大澡堂，但是，卡拉卡拉为人类的城市生活提供了一个消费娱乐的功能原型。城市提供更为舒适的生活，更多的公共娱乐，甚至刺激和满足人各种各样的欲望，并把这些公共服务浓缩在一个巨大但有限的空间里。

被大型公共建筑撑破了的容器

罗马发达的奴隶制经济，军事上的所向披靡，使得财富和奴隶在罗马城集中，成为这种生活的资本。衣食无忧的同时，城市公民获得了宝贵的休闲时间，孕育了发达的文化和艺术。可惜，这样的生活并没有持续很久，罗马帝国最终崩溃了。

分析罗马帝国崩溃的书籍汗牛充栋，大家普遍找到一条线索，就是罗马人的异化。罗马公民沉迷于享乐和消费，不愿当兵而导致兵源不足，时间一长，当年的尚武传统丧失了。帝国后期，只能靠蛮族雇佣军来维持，雇佣军反客为主，帝国土崩瓦解。

古希腊文化有浓厚的自然主义倾向，延续了希腊文化的古罗马人也有重视现实世界、重视享乐的特征，和将死后重生作为最大生活目标的古埃及人大相径庭。

除了修建像大浴场这样的公共设施，卡拉卡拉皇帝还两次慷慨地给每位罗马公民直接发钱。很多罗马皇帝都采取了跟他相似的统治方式，这种方式被历史学家概括为"面包加娱乐"。推到极致的享乐主义，不免成为道德堕落腐化的原因。很多时候，人们批评城市的罪恶，也是由于这样的原因。所以，在著名城市理论家芒福德看来，罗马城实

《卡拉卡拉浴场》,1899 年,[荷] 劳伦斯·阿尔玛-塔德玛 绘

际上是一个被大型公共建筑撑破了的容器。

> 古罗马皇帝哈德良有一次到澡堂洗澡,发现之前的卫队长在墙上蹭背,便送了一个奴隶给他。第二天,哈德良发现有一百多个前部下都在墙上蹭背。

罗马的堕落今天还会发生吗?美国前国务卿布热津斯基提出过一个"奶头乐"理论,也许可以解答这个问题。"奶头乐"理论概括一下是说,随着生产力不断上升,城市里的大部分人不需要,也没有能力参与财富的创造;随着人工智能逐渐取代越来越多的传统工作,"被遗弃"的人将越来越多。

为了安慰这些"被遗弃"的人,大量的娱乐活动,比如网络、电视和游戏被制造出来,填满他们的生活。这就相当于给这些人一个"奶嘴"。奶嘴的形式有两种,一种是发泄型,比如暴力、色情;另一种是满足型,比如肥皂剧、偶像剧、明星丑闻、真人秀。

有了这两样,就能转移他们的注意力和不满,让他们更能接受现实。这些娱乐方式,我们是不是也能从卡拉卡拉浴场和罗马圆形斗兽场中看到模糊的影子?而寻求抵制这种生活,渴望建立"更纯洁更有力"的斯巴达理想,也一直没有停止。只是抵制者需要平衡的是,一旦"纯洁"之极,导致的结果会更糟糕,社会也将因此失去活力。如何平衡两者,一直是个难解命题。

> 换个角度

特朗普错了吗

美国被称为第四罗马。美国前总统特朗普曾经对意大利总统说，两国因共享的文化和政治遗产而紧密联系，这可以追溯到几千年前的古罗马时期。这一言论受到很多人的抨击，批评者认为，美国在1776年才建国，怎么能跟古罗马扯上关系？不过，虽然被广泛吐槽，但特朗普并没有说错。抽出两个政治体的一些关键词，会发现确实有相似之处：都热衷于"大"，都消耗大量资源，都贫富悬殊，都相信实力，都被批评为堕落，都拼命讨好选民，都有从国外源源不断输入的资源，也都打造出大规模的城市。

首先，美国今天的政治框架可以说是从古罗马继承来的。古罗马通过派发公民权吸引被占领地区的精英，美国则用"效忠宪法"吸引各国移民；古罗马元老院由贵族组成，公民大会代表平民，美国参议院每州有两个代表，和罗马元老院都叫 senate，众议院则按人口比例选举；美国总统与古罗马保民官，都由公民直接选举产生。

除了政治架构，两者在精神气质上也有很多相似。他们都会动用已知世界的资源供本国公民享受，罗马人用的是奴隶、小麦、葡萄酒、水源等，美国利用美元霸权，买到一切他想要的东西。他们都没有"节约"的概念，我每次想到卡拉卡拉浴场，就会想到美国的汽车，舒适、安全、费油，非常"古罗马"。

第三节

巴黎圣母院
城市需要精神中心

有人就有聚集，有聚集就会产生分工协作网络，想要维系这个网络，除了需要世俗的生产、协作，还要有输出精神力量的空间。这个空间赋予世俗生活以"意义"，是维系城市网络的"胶水"。几乎所有古代城市，都有自己的精神空间，这一次，我要带你去的地方是巴黎圣母院，它是巴黎的精神堡垒。

比大火还恐怖的劫难

全世界最近一次集中关注巴黎圣母院发生在2019年4月15日。当地时间18时50分，一场大火降临巴黎圣母院，象征圣母院的尖塔在熊熊大火中折断、倒塌，很多人隔着屏幕都发出了惊叫。不仅是尖塔，教堂的屋顶，还有著名的大玫瑰花窗，都遭到惨烈破坏。

这对巴黎人来说无疑是个悲剧性时刻，很多人为之哭泣，大火让人们强烈意识到失去了什么，但又无法言说。

圣母院在巴黎人心中有多重要？我们看巴黎地图，很容易把凯旋门作为城市地理核心，因为城市主要街道都以凯旋门为中心，呈星形向外辐射。但在巴黎人心中，城市的中心不在凯旋门，而在圣母院——它的正门前20米处有一块铜牌，不是井盖，而是巴黎"零公里"的标志。这里才是巴黎人心中真正的中心。

巴黎圣母院

巴黎圣母院在西岱岛站立了800年，其实它一直在变化。对比中世纪插图中的圣母院、19世纪修复后的圣母院和大火燃烧前的圣母院，虽然整体保持一致，但细节上有很大差距，比如著名的滴水嘴怪兽，就不再是中世纪的原件，而是出自后来的修复。

自然侵蚀、环境污染、设计师重塑，始终伴随着巴黎圣母院，但对它破坏最大的力量来自精神。巴黎是近代各种"主义"的温床，"主义"们往往会把改变"精神堡垒"作为垫脚石。最大的浩劫来自1789年法国大革命，巴黎圣母院的标志性作品——玫瑰花窗、藏宝库、塔楼，包括可容纳6000人的内部空间，受到的破坏超过之前几百年的总和，也超过2019年的大火。

首先是精神上被"强暴"。革命者要除旧布新，旧制度、旧传统、旧势力自然要给自由、平等、博爱的新观念让路。圣母院被强制性改为"理性庙"，祭坛上放着的不再是圣母玛利亚，而是自由女神。从宗教崇拜到"理性"崇拜，这是一次精神意义的践踏。

其次是"肉体"上被摧毁。圣母院宝藏库的宝藏和其他财产都被充公，准确地说是被洗劫。立面上的大型雕像被摧毁，西墙拱门上的28位犹太王雕塑被"斩首"——当年的革命者误认为雕像是法国历代国王，今天看到的雕塑都是经过修复的版本。万幸的是，顶部的大钟没有被破坏。到1794年，巴黎圣母院干脆被改造为仓库。

拿破仑上台后，圣母院的劫难才被中止，他决定在这里举行加冕典礼。为了准备这次典礼，巴黎圣母院得以修复，但本质上是作为皇帝的加冕道具。依照惯例，加冕只需要当地大主教即可完成，而拿破仑把教皇从罗马"请"（也有说法是"骗"）到巴黎。加冕礼上，拿破仑没有让教皇给自己戴上王冠，而是直接从教皇手中"抢"过来戴上，言外之意，皇帝的权力不来自教会，教皇、圣母院、加冕礼只是用来垫高权力的台阶。加冕场景就发生在祭坛的位置。

拿破仑政权垮台后，巴黎圣母院再度沦为"弃儿"，市政当局一度考虑将其拆除。圣母院真正的"恩人"维克多·雨果出场了，他于

1831年出版了文学名著《巴黎圣母院》。小说的主人公与其说是钟楼怪人卡西莫多和吉卜赛女郎爱丝美拉达，不如说是这座建筑本身。作为建筑迷和历史迷，雨果用专业、细腻和富有情感的笔触，描写了巅峰时期圣母院的建筑、艺术和生活，文学名著的加持让圣母院成为超越时间、信仰和王权的存在。

作品震撼了法国各界，精英们联名请愿重现圣母院的辉煌，教堂内的布局、花窗、圣坛，外立面的雕塑，得到了保护性的修复。巴黎圣母院的细节和其中发生的故事，也伴随着雨果的小说出现在各种艺术作品中，成为强大的意义符号。

一场大火无法摧毁的

这场大火也无法摧毁它在世人心中的形象。屋顶受损，但主立面保存完整，主体结构也没有受到毁灭性破坏。失火又处在维修期间，重要历史文物在火灾前就被移出了。而且，巴黎圣母院有完整的3D（三维）数字档案，各种细节都可以模拟重现，从技术层面看，复原不是难题；如果追求对光的使用，新技术打造的玫瑰花窗，会有更美好的光学效果。预计，巴黎圣母院2024年可以完成修复。

修复后的巴黎圣母院，还会有往日的荣光吗？巴黎有过类似的案例。1911年《蒙娜丽莎》失窃，当时新兴的大众媒体——报纸，连篇累牍地报道了事件，让这幅画成为全球媒体的报道对象。之前没有任何一件作品拥有过如此高强度的曝光，这客观上奠定了《蒙娜丽莎》第一名画的地位。2019年的大火，全球观众通过手机，实时看到尖塔倒下，悲剧事件影响到极大的人群范围，全世界同频共振的强度要大得多，再一次印证了巴黎圣母院的分量。

大火之后，法国总统发表讲话，大意是：巴黎圣母院是我们的历史、我们的文学、我们生活的中心，是所有法国人的大教堂，是我们的命运。

一座教堂为什么是法国的命运？圣母院所处的西岱岛是巴黎的精神地层。便利的交通吸引了最早的定居者凯尔特人。公元前1世纪中期，罗马人征服了当地，在岛上兴建了神庙。罗马帝国解体后，基督教开始统治巴黎，大约6世纪，西岱岛有了教堂，这是决定性的改变。当时教士们是唯一的文化群体，绝大多数人是文盲，巴黎城市精神的根再次扎在这里。

　　因为教士们讲拉丁语，附近形成了拉丁区。到12世纪，巴黎成为法国政治、经济、文化中心，是名副其实的"国际大都市"，原有的教堂不够使用，巴黎人决定建一个与城市地位匹配的教堂，巴黎圣母院诞生了。当时哥特式建筑已经出现，圣母院顺理成章地采用了新技术，尖塔、飞扶臂、宽阔的空间、巨大的花窗、柔和的光线……从巴黎圣母院飞向全欧。圣母院也成为哥特式建筑的样板间。

　　有了最显赫的教堂，神学院、修道院也发展起来，神学、艺术、法律、医学等领域的文化人向西岱岛聚集，顶级的神学院得以产生，著名的索邦大学前身就是神学院。直到今天，巴黎最好的大学依然在圣母院附近。文化人是喜欢扎堆的，

> 巴黎的左岸和右岸，暗合了政治上的"左"和"右"。文学家和艺术家大多"左倾"，空间上集中在左岸，排斥"左"的人会选择在右岸活动。左岸的花神咖啡馆，"右岸"的和平咖啡馆，都可以读出政治光谱的味道。

扎堆的结果是孕育出左岸。到20世纪，世界各国的文学家和艺术家带着周身才华涌往左岸，在这里扎根、成长、出名，死后葬在拉雪兹神父公墓、蒙马特公墓、蒙帕纳斯公墓，顺便让巴黎成为仅靠公墓就能吸引海量游客的城市。

　　巴黎圣母院不仅塑造了精神，也与政治意义的法国息息相关。早在罗马时代，总督府就建在西岱岛上，中世纪时的王宫也在旁边，尽管后来搬到卢浮宫和凡尔赛镇，国王加冕还是要回到巴黎圣母院。在

众人见证下，前后近20位国王在这里获得加冕，这叫君权神授。一幕幕都发生在熊熊大火的屋顶下面。所有这些精神和记忆，不会因为大火而消散。

城市都有精神中心

我们不妨把圣母院的演变看作"忒修斯之船"，复习一下这个命题：如果忒修斯船上的木头被一根根替换，直到所有木头都是新的，船还是原来的船吗？换在巴黎圣母院身上，大火之后重修过的圣母院，在物质上早已不似从前，还是巴黎圣母院吗？我的回答是，它依然是巴黎圣母院，也依然是巴黎的精神中心。

传说二战时，巴黎市民在德军入侵之前自发地把玫瑰花窗的玻璃一块块卸下来藏到地下室里，德国人走后，又重新装上，一块都没少。

很多城市都有自己的精神中心，在巴黎是圣母院，在伦敦是西敏寺，在印度的城市是寺庙，在东方的城市，是先贤生活以及重大事件的历史现场，伴随的是热血沸腾或扼腕长叹。它们构成了市民的骄傲，不会被摧毁和磨灭，即使城市遇到灾难，它也会将人民凝聚起来，让城市重新站立。精神中心的意义和价值，比有形的物质更长久、更坚韧。

2017年12月24日，巴黎圣母院平安夜祈福

第四节

佛罗伦萨乌菲齐美术馆
从私人收藏到城市的灵魂

有城市就有博物馆,接下来我要带你去意大利佛罗伦萨的乌菲齐美术馆。它从 1769 年开始向公众开放,在此之前是佛罗伦萨的美第奇家族私人收藏馆。从私人收藏到向公共开放的博物馆,这种变化最早出现在 17—18 世纪的欧洲,并且在此之后成为一种世界潮流。原本属于国王、贵族、有钱人私藏的东西,是如何发展到开放给大家看的呢?从乌菲齐美术馆,我们就能找到一条有趣的线索。

汇集顶级大师的作品

现代人出门旅行,尤其是第一次去大都市,比如北京、伦敦、巴黎、纽约,那么故宫博物院、大英博物馆、卢浮宫、大都会博物馆多半会在行程规划当中。有的城市,值得看的博物馆还不止一个。

博物馆已经成为城市文明的重要象征,它收集、典藏、陈列人类文明成果,并向全世界公众开放;同时,通过分类和研究,又承担着公共教育和审美培养功能。有人说,博物馆是城市的灵魂。

遗憾的是,虽然人类有城市的历史很长,但有灵魂(也就是公共博物馆)的历史并没有那么长,只有300多年。除了乌菲齐美术馆,你可能知道,卢浮宫博物馆最早的家底,也是法国国王的私货,而故宫博物院的藏品,曾经属于清朝的爱新觉罗家族。

对美术馆感兴趣的人肯定清楚乌菲齐美术馆的江湖地位，像波提切利的《维纳斯的诞生》《春》都在这里。达·芬奇、提香、拉斐尔、卡拉瓦乔、伦勃朗、鲁本斯、丢勒这些顶级大师的顶级作品，这里也有收藏。但这一次，我不会带你看这些经典作品，而是把乌菲齐美术馆本身当作经典作品。

现在，可以从理解文明史的视角，做一次佛罗伦萨漫步。起点是佛罗伦萨的老桥，欣赏老桥的最佳视角，是远处的山顶，除了欣赏圣母百花教堂的圆顶，还可以把老桥下穿城而过的阿诺河尽收眼底。老桥，连接阿诺河两岸，一边是碧提宫，美第奇家族的住所，另一边是乌菲齐宫，当年美第奇家族的办公室。

老桥除了有桥梁的功能，还是个小市场。早期是肉铺，美第奇家族的科西莫当上佛罗伦萨大公后，在桥上加盖了一个封闭的长廊，专供自己上下班用。另外，他嫌肉铺气味不好闻，就把桥改造成了金铺。

佛罗伦萨老桥

> 美第奇家族可谓欧洲第一家族，他们最初帮教皇理财，后来势力逐步强大，一度可以换掉对自己不友好的教皇，家族本身就出过四位教皇。他们热衷赞助艺术家和科学家，某种程度上创造了"文艺复兴"。

提到碧提宫、乌菲齐宫，我们的第一反应很容易把它跟皇权、国王这些词联系起来，但这个曾经在欧洲拥有强大势力的家族，其实是靠放高利贷起家的。当然，美第奇家族确实富可敌国，很长时间里，将佛罗伦萨控制在手中。

这个家族不光能赚钱、有势力，而且酷爱艺术。这种爱，首先体现在赞助艺术家上。比如，"文艺复兴三杰"里的米开朗琪罗从小在他们家吃住，还从他们家拿工资和补贴，有了新作品还会被美弟奇家收购，从家族拿到的项目又能单独收钱。

美第奇家族对艺术的爱还体现在艺术品收藏上，收来的艺术品，就放在家族办公室，也就是乌菲齐宫。但这些艺术品是怎么从私人藏品变成公共财富的？有两个关键人物值得一提，一位是美弟奇家族的科西莫三世，这时已经是17世纪晚期了。我要提醒你留意乌菲齐美术馆二层的18号房间，这是美第奇家族第一个专门放艺术品的房间。

它的空间呈八角形，墙面是红色的，穹顶上装饰着上千枚贝壳，地面镶嵌着大理石。如果今天去参观，会在墙壁上看到众多名家作品。但当年，这个房间里塞满的是各种奇奇怪怪的东西，有绘画，也有其他宝贝，如宝石、鹿角。这个仓库集中反映了主人的收集癖。

到科西莫三世可以做主的时候，他一改收藏风格，把家族在佛罗伦萨、罗马的艺术品全部集中到这里，而且主要收藏文艺复兴时代的艺术品，然后把那些不算艺术品的宝贝请出了乌菲齐宫。不光如此，科西莫三世还聘请了一群专家，按年代、风格、作者等维度，系统整理了自家的藏品。注意，这次整理非常重要。现代博物馆承担着公众教育的功能，既然如此，就得在收藏的学术性上有追求，科西莫三世就是乌菲齐美术馆学术性研究的开创者。

那时能够看到藏品的，只是家族邀请的客人，离公共博物馆还差一步。完成最终使命的是一个女性，请记住她的名字：安娜。现在，我们花上十几欧元就可以看到价值连城的艺术品，得益于安娜打开了这扇门。18世纪中期，美第奇家族延续300年后绝嗣了。在这个背景下，作为家族最后的直系传承人，安娜留下一封遗嘱：乌菲齐的全部收藏属于佛罗伦萨市民，且不得拆分，也不允许带出佛罗伦萨。

1769年就此成为文明史上的一个关键年份，乌菲齐艺术博物馆正式对全体市民开放。这意味着，美第奇家族不光捐出了藏品，连展馆也一并捐出。在它之后，巴黎卢浮宫、圣彼得堡冬宫，包括勃鲁盖尔的名画《巴别塔》所在的维也纳艺术史博物馆，纷纷向公众开放。现代城市开启了博物馆时代。

博物馆的精神塑造作用

乌菲齐美术馆，自然成为佛罗伦萨的城市文化地标，甚至拥有了

存放美第奇家族私人藏品的乌菲齐宫，1769年起正式对民众开放

> 罗马教廷是文艺复兴的支持者,米开朗琪罗、拉斐尔、波提切利等大师的作品,最大买主之一就是教皇。回归古希腊、古罗马就是教会的愿望,他们希望能用希腊、罗马文化为教会统治背书。

某种特殊的精神力量,这股力量还溢出佛罗伦萨,带来一股海啸般的力量,彻底改变了亚平宁半岛。故事要从罗马帝国解体说起。帝国解体后,半岛分裂成一个个小国,威尼斯、热那亚、米兰、比萨、那不勒斯等等。他们各有各的文化、历史和骄傲,甚至彼此为敌。但乌菲齐博物馆,用艺术品建构的文艺复兴历史,逐渐上升为各国的集体认同,各个城市国家都觉得自己是大历史的一部分,这为意大利半岛的统一,提供了重要的精神资源和共同想象。

这样我们就能理解,为什么后来很多城市、国家要花大钱建博物馆,其实看重的都是博物馆的精神价值。比如2017年,阿布扎比卢浮宫开幕,这是阿联酋和卢浮宫的合作,他们请普利策建筑奖获得者操刀,建设了卢浮宫分馆,项目投资十几亿欧元。这笔钱,除了建展馆,还包括租借卢浮宫和法国其他博物馆的藏品,租期达30年。西班牙小城毕尔巴鄂,因为建造了古根海姆博物馆闻名全球,直接创造了一个学术概念,"古根海姆效应",用来形容博物馆对城市声望和经济的带动。

今天,相比博物馆里价值连城的收藏品以及维护它们的高昂费用,门票钱显得微不足道,所以,博物馆普遍被认为是非营利机构。

这个传统,可以追溯到英国牛津市中心的阿什莫林博物馆,它比乌菲齐美术馆早80多年开放,从1683年开馆到今天,一直免费。博物馆最初的藏品,来自查理一世的御用园艺师约翰·特雷德斯坎特(John Tradescant)。这个老头儿还是一位植物学家,今天英国很多花卉和粮食作物都是他亲手引进,馆里藏品丰富到被英国人称作"方舟"。后来,藏品经由律师阿什莫林之手捐给牛津大学,顺便让牛津拥有了世界上最大的大学博物馆。

可以说,全世界博物馆的非营利基调,就是由阿什莫林博物馆、乌菲齐美术馆中的私人捐赠奠定的。

进入现代社会后,中国各大城市也开始修建博物馆,甚至出现越来越多的私人博物馆,用于记录城市、公司乃至村落的过去。

博物馆收藏的"老物",都是当地人精神的载体。当我们走在国内城市乃至世界各地时,博物馆也是了解和融入当地最重要的钥匙,甚至没有之一。

→ 回到中国

沧州有家小小博物馆

多年前我在大运河沿线考察，沿途遇到很多博物馆，印象最深的是沧州一家私人博物馆，为百年前的博施医院修建。博物馆的故事发生在1898年，英国人路博施家族，在沧州捐款设立了当地第一家现代医院。遗憾的是，医院因为战乱被烧毁。事态平息后，路博施家族再次捐款重建，医院占地由40亩扩大到70亩。1920年，为纪念路博施家族的善举，改名为"沧州博施医院"，后来并入市中心医院。

随着时间的推延，原址慢慢荒废，故事也淡出了当地人的记忆。前些年，沧州一位市民在原址盖房子，过程中发现了博施医院的故事。他说，自己不敢建了，一旦盖成民宅，这段历史的根就会消失，他负不起这个责任，于是原地建成私人博物馆，纪念百年前这个英国家族的善举。

保留记忆、保留历史、保留根脉，建立博物馆，我们对这座城市有了新的印象。以前提到沧州，往往会想到"武术""杂技"，而小小博物馆却让人感受到一种内心的柔软，进而想到当年为什么会在这里建设现代医院——原来当地是运河重镇，自古就聚集了社会精英。

第五节

巴黎下水道博物馆
城市如何净化自己

走过几座古代城市地标，接下来，我们沿着时间长河进入 19 世纪——工业革命来了。工业革命让资源和人口更快速地向城市集中，中世纪的城市设施完全无法应对——打个比方，就像螃蟹要脱壳才能长大一样，人类的城市需要经历痛苦的蜕变。在如今的旅行者眼里，巴黎是浪漫和梦幻之都，卢浮宫、凯旋门、塞纳河、巴黎圣母院、埃菲尔铁塔、香榭丽舍大街，世界级地标一个挨着一个。但 200 年前不是这样的，肮脏、恶臭、拥堵、瘟疫横行，去巴黎旅行犹如冒险。转变是如何发生的？答案不在地上，而在它的地下。我要带你下到一座地下工程，那里是巴黎的下水道，它为巴黎的现代化转身打下了最坚实的基础。

巴黎人引以为豪的地沟

从埃菲尔铁塔出发，沿塞纳河走不到一公里，有一个不起眼的亭子，里面有个通往地下的入口，走进去就是巴黎下水道博物馆，这是我曾经的行动路线。

提起下水道，我们会想到作家雨果。他写过两本非常著名的小说，一本是前面提到的《巴黎圣母院》，雨果用文学加持了一座教堂，这个地标以及同名电影我们已经很熟悉。另一本是《悲惨世界》，雨果用文学加持了一条地沟，主人公冉阿让就是通过巴黎的下水道，救了养

巴黎下水道博物馆

女心爱的小伙子，为后面的情节发展埋下重要伏笔。

虽然雨果作品里的地沟，并不是我们要去游览的下水道，但关于巴黎的下水道，全世界文学爱好者都从雨果这里知道了"下水道是一座城市的良心"。事实上，今天我们理解的这句话的指向，跟雨果的原意有很大区别。雨果说的"良心"另有所指，他生活的年代，地上的巴黎不会给流浪汉容身之地，流浪汉们只能待在下水道，从这个角度看，下水道是城市的良心。不过，这句话客观上传递了一个信息：下水道很大。

坦率地说，我之前对下水道的印象是宁浩导演的电影《疯狂的石头》里，黄渤钻过的那种阴沟。人，只能在里面爬行，出来之后满身黑泥。巴黎下水道不是这样，它大到可以撑船，两边还有一米左右宽的人行道，而且干净程度超乎想象。我的真实体验是，虽然能闻到类似地下车库的霉味，但干净程度和地面的香榭丽舍大街没有什么区别；我甚至产生错觉，下水道博物馆的厕所是味道最好的地方。

在里面行走，仔细看会发现管线密集，除了饮用水管和污水管，还有各种电缆、煤气管线。博物馆里有英文说明，这在巴黎并不常见，在我印象中，连卢浮宫里都很少有英文说明。在这里附上英文，也许巴黎人太想让全世界知道，他们有这样一条地沟。大概也很少有城市像巴黎这样，为自己的下水道自豪。当然，它有理由骄傲，正是巴黎下水道的诞生，才让城市摆脱了肮脏和恶臭，变身为美丽的现代城市。是的，巴黎历史可以分为两段，下水道修建前与修建后的巴黎，冰火两重天。一个埋在地下的管道，会有这样的作用吗？这就要看看之前的巴黎。

巴黎曾经有多肮脏

我们先看一组数据：1600年的巴黎人口不到30万，1800年人口超过50万，到1851年突破了100万。工业革命带来了人口的激增，而当时的巴黎，无论软件还是硬件，完全无法应对100万人的聚集。对他们来说，100万人口的城市是古罗马帝国的事情。

基础设施依然是中世纪的遗留，于是出了大问题。

首先是排泄物问题。《悲惨世界》里有这样一段描述，欧洲城市不像中国，每天城门一开，农民就冲进城市，把城市人的粪便背出城，用来抚育他们的禾苗。而巴黎人的排泄物，完全是随处安放，连权力工程凡尔赛宫也没有公厕，贵族们不分男女，在楼梯间、树林里大小便。历史记录调侃宫廷里的女性能随时大小便，因为随身带着厕所——大蓬裙。贵族尚且如此，普通人呢？

巴黎家庭主妇的一天，往往是这样开始的，起床第一件事就是打开窗户向楼下倒粪。为此，政府曾经颁布法律，倒粪桶之前要连喊三声，但如果行人没有听到，就会非常尴尬了。当年的巴黎，一对男女走在街上，男士们会用走在道路内侧表达绅士风度，因为内侧更容易中招。想象一下，这样的巴黎是什么样子。人不讲究，更不要说牲畜，当时的主要交通工具是马车，所有的人畜排泄物，一下雨就流入塞纳河。

除了粪便之外，更严重的是工业污染。工业革命让巴黎多了成千上万家工厂，每天要制造大量废水、废气。当年的巴黎东区是皮革制造中心。如果不嫌恶心，可以看看当年的纪录片，市场里清理出的动物皮毛、内脏以及石灰水，也都会流进塞纳河。

粪便、垃圾、工业废水都往塞纳河排，这样的河水得有多脏？当年，河面上飘着很多直径一米的甲烷气泡。更要命的是，巴黎不像古罗马有那么多引水渠，可以从远处调水，巴黎市民喝水也靠塞纳河。于是，出现一个魔鬼循环：喝塞纳河的水—往塞纳河排污—再喝—再排……

公共空间已经足够恐怖，回到市民个人空间，那是同样糟糕的体验。巴黎人一度迷信洗澡会让黑死病从皮肤钻进身体，所以很多人一生几乎不洗澡，包括法国国王路易十四。他一生只洗过两次，一次是出生，一次是死亡。纪录片里讽刺路易十四，说国王身上散发的臭味，能把他的情人熏得眩晕。

身上臭、环境脏、空气难闻，为了麻痹鼻子，人们发明了香水来掩盖臭味，导致巴黎意外成了香水的故乡，这是后话。而恶劣的卫生条件，直接结果就是瘟疫流行。

在这样的城市环境中，不管是底层劳工、中产阶级，还是上流社会，生活极其痛苦，环境污染已经威胁到市民的生存。1789年法国大革命的爆发有很多原因，而公共卫生和环境污染是一条很重要的线索，这样的环境让人们绝望。

下水道开启现代巴黎的文明进程

巴黎人不是不想改变。拿破仑曾经下决心解救巴黎，他修了56个喷泉，改造了香榭丽舍大街，还出台法律禁止在大街上方便。遗憾的是，他很快倒台了。

决定性的改造要等到半个世纪之后。1852年，拿破仑的侄子拿破仑三世继位，他决定继承上一代的遗志，开启大规模的城市改造。拿破仑三世任命当时的塞纳省省长奥斯曼主持改造，这次任命注定载入巴黎现代城市史。奥斯曼敢想敢干，重要的是他有超前的理念。他把城市比作人体，既然是人体，最重要的是要有健康的循环系统。干净的泉水、光和热，应该像血液一样流遍全身，分泌和排泄则需要隐秘地进行。他还有一个口号：巴黎人不能像牲口一样活着，要有尊严。

这次改造是一次脱胎换骨。除了凯旋门、圣母院等单个地标得以保留，80%以上的中世纪建筑被拆毁，同时重新建了4万栋房子，种了10万棵树，重新设计了街道，把堆积了几百年的垃圾统统运走。我们今天看到的巴黎，以凯旋门为中心，向外放射出12条主干道的城市布局，以及被严格控制的城市高度，就是奥斯曼改造的结果。

但巴黎人由此就可以不再像牲口吗？还是不能。比起看得见的道路和建筑，奥斯曼最伟大的创举，其实是改造巴黎的地下——人们看不到的地方，这就是下水道工程。从1853年开始，此后25年间，巴黎人修了大约600公里的下水道，是下水道让巴黎完成了真正的蜕变。

首先，改造之后的巴黎实现了洁净水和污水的分离。洁净的饮用水用一条管道送至千家万户，污水则用另一条管道送出城市集中处理。请注意，这里强调的是"集中处理"。其次，下水道与地上街道使用同样的街名和门牌号码，管理和维护都非常方便。再者，改造极具前瞻性，下水道的空间足够大，未来城市基础设施升级需要的光缆、煤气、电话线等设施都能装到里面，不需要额外挖管道。

> 每次冲完马桶，水流旋转后剩下的一捧清水作用非常大，这捧清水为家庭和下水道打了隔离墙。有了这捧清水，就闻不到下水道难闻的气味。

> 下水道可以看作现代城市的源网络，不仅承载水，也容纳了电力、燃气、通信网络，变得更强大也更有扩展性。贫富贵贱都被这个网络所连接。

这次改造之后，巴黎彻底摆脱了中世纪的肮脏，瘟疫的巴黎被文艺的巴黎取代。1889年和1900年，巴黎举办两次世界博览会，当时人们看到的巴黎，已经是一座名副其实的浪漫之都。

历史记录里，国外领导人访问巴黎，居然把参观下水道当作保留节目。在博物馆里，我们还能看到当年的老照片，那些穿着长裙的贵妇人，拄着手杖的绅士，都把逛下水道当作时尚。此后，欧美各大城市都学着巴黎修起下水道，学习过程中依然能感受到奥斯曼的超前。

比如上文提到的"集中处理"这件事，就可以看出这种超前。反例是美国的芝加哥，连接纽约和五大湖的伊利运河修通后，芝加哥迅速成为工业大都市，接踵而至的是巴黎当年的境遇，也需要修建下水道，处理人畜粪便。美国工程师发现，芝加哥的地形和边上的密歇根湖，几乎处在同一个水平面，于是发挥"大工程能力"，愣是用千斤顶将城市各大建筑抬高，以便污水沿着芝加哥河排入湖中。马上新问题又来了，城市饮水也要靠密歇根湖，随着岸边污水面积逐渐增加，取水点不得不远离湖岸，以至于要伸到湖中心取水，最终超过取水能力。工程师又一次发挥"工程能力"，他们改变芝加哥河水流的方向，从汇入密歇根湖，变成汇入密西西比河，下游各州对此强烈抗议。绕了一大圈，只能选择集中处理。故事发生在20世纪初，比巴黎人晚了40年。

> 城市专家把下水道比作城市泌尿系统，而医生常把人体泌尿系统比作城市下水道。医生说，平时它就待在那里默默地净化血液、排泄废物，我们不会感受到它的存在。城市专家说，下水道和泌尿系统类似，一旦意识到它的存在，就说明出问题了，"尿失禁""肾衰竭""泌尿结石"都会跟来。城市肌体如同人体。

现在，全球几乎所有大城市，地下都有一个庞大的下水道工程，这些地沟支撑起了城市生活。人们也越来越认识到，城市现代化，既要有光鲜靓丽的建筑，还要在看不见的地方努力，尤其是健全城市排泄系统，只有这样，市民才能身心健康地生活。

第六节

伦敦帕丁顿地铁站
超大规模城市的助推器

巴黎和伦敦是一对"冤家"。上历史课时,老师总要找到一些方法,帮我们搞清楚他们间的关系。如果能穿越回中学课堂,我一定会告诉老师:我找到了一个新的角度,就是走进两座城市的地下,从下往上梳理两座城、两个国的变迁。在巴黎,是下水道;在伦敦,是地下铁。两个城市的崛起,都因为在地下搞了决定性的创新。这一次,我要带你去伦敦的帕丁顿地铁站,这里是人类历史上最早的地铁。在没有地铁的时候,城市深受"堵车"之苦,伦敦人早在19世纪开始就感受到这种痛苦。地铁的修建,给伦敦和之后的超大城市提供了全新解决方案。

世界上最古老的地铁站

伦敦地铁帕丁顿站不是一座普通的车站,人类第一列地铁列车,就是从这里出发的。说到"帕丁顿",我第一个想到的是"帕丁顿熊",它是英国家喻户晓的儿童故事主角,名字确实跟帕丁顿站有关。故事里,英国探险家克莱德在秘鲁探险,认识了一对熊夫妇,帕斯图佐和露西,它们既有高智商又有语言能力。大家生活了一段时间后,克莱德邀请它们将来去伦敦找他。后来,秘鲁爆发地震,熊叔叔遇难,熊阿姨把侄子送上去伦敦的船。在帕丁顿站,小熊被一对伦敦老夫妇收养。2018年,同名电影《帕丁顿熊》上映。撇开老夫妇和小熊间的戏剧故事,回到这次旅行的主题，为什么老夫妇会在帕丁顿站遇到小熊？因为这里人流量足够大，人多就可能产生奇迹，自然可以把想象安放在这里。

伦敦地铁帕丁顿站

帕丁顿站位于伦敦市区西部，是城市重要交通枢纽，有5条线路在这里换乘，通往希斯罗机场的铁路也在这里交会。没准在某个站台上，我们还能发现一个帕丁顿熊的雕塑：小熊穿着蓝色大衣，一手拎着行李，一手正脱下红色帽子跟你致意。

站在帕丁顿站，可能会有时空穿越的感觉。虽说是现代化交通枢纽，这里的部分建筑却保留了当年的样貌，黄色的砖墙，金属框架结构，支撑起拱形的天篷，依稀还有100多年前手绘图片的影子。从这里开通的第一条地铁线路，叫"大都会线"。大都会，名字大有深意。

现代城市的交通拥堵主要是由汽车引起的，而伦敦人修建第一条地铁时，汽车虽还没有被发明出来，但拥堵已经出现。这就要回到19世纪的英国，工业革命让英国经济蓬勃发展，城市的繁荣吸引大量农村人口涌入。1801年，伦敦的人口是100万，50年后这个数字变成260多万，而且还在增长。

跟巴黎一样，伦敦对此也没有提早准备。过度密集的人口，加上城市排水系统的缺陷，伦敦时常暴发瘟疫，1832年的霍乱极为严重。为了躲避瘟疫，富有的中产阶级开始向伦敦西部郊区搬迁。但遗憾的是，搬去乡村并不意味着可以田园牧歌了，还是得每天回到城市上班。另一个情况是，当时英国城市间的铁路已经铺好，意味着人们搭火车来伦敦变得更方便。那时的火车是蒸汽机车，声音响亮、冒着黑烟、污染环境，如同狄更斯所说，简直是一头可怕的怪兽。于是政府严禁在市中心修建火车站，外地来的火车只能停在伦敦市郊，人们在这里下车进城。

由此，大都市潮汐式的通勤开始了，人们每天下午下班离开市中心，回家吃饭睡觉，第二天早上再回来上班。另一方面，外地客流在郊外等着进城。伦敦交通特别委员会记载，1854—1855年，每天大约有20万人进出伦敦。这么多人进出伦敦怎么走？当时有公共马车，但运力远远不够，有钱人坐私家马车，更多没钱的人只能靠双腿，再加上道路狭窄，经常会引发拥堵。当然，还有一个麻烦——几千辆马车意味着几千匹马，他们的排泄物堆积如山。和巴黎一样，伦敦的交通和卫生状况威胁到城市的生存。

地铁让伦敦成为大都会

交通问题解决不了，伦敦不可能成为真正的大都会，已经在这里的人也不会拥有幸福生活。市政府向全社会征求解决方案。当时有个叫皮尔森的律师，同时是一位社会改革家，他一直关注伦敦交通问题，苦思冥想寻找解决方案。据说，有一次半夜起床上厕所，皮尔森发现墙角有个老鼠洞，有只老鼠出来进去，畅通无阻。受老鼠的启发，皮尔森开了一个脑洞，火车能不能像老鼠一样在地下开呢？

他提交给市政当局的方案，概括起来就是修地铁。今天看来，修地铁、坐地铁好像理所当然，而文明走到现在我们会发现，任何"从零到一"都是艰难的一步。尽管英国是火车诞生地，同时也掌握隧道技术，但这和把火车放进隧道里开是两个概念，皮尔森律师开的脑洞确实是非常大的。经过皮尔森持续不断地游说，13年后，他的脑洞得以实施。1860年2月，世界上第一条地铁正式动工了。

修建过程中有过事故，也遇到过大大小小的麻烦。当然，任何创新都会伴随着公众舆论的不解，毕竟没有人见过像老鼠一样的火车。当时有媒体评论说：人，真的可以像精灵一样，在地底下跑吗？人钻进隧道里会不会被憋死？火车会不会把隧道震塌了？隧道一塌，上面的房子会不会都掉到坑里？直到工程快要结束，还有媒体预言，估计没有市民敢来乘坐地铁。

真相又如何呢？1863年1月，人类第一班地铁列车如约从帕丁顿站开出，终点站是几公里外的法灵顿站。首相没有来剪彩，但将近4万名市民在沿途车站排起长队。他们看到了什么？当时的列车是用蒸汽机牵引，冒着黑烟，而且隧道离地面很近，所以列车开动时山呼海啸、喷云吐雾。大家乘坐的还是敞篷车，伦敦人异常兴奋，列车每到一站，都要面对脱帽欢呼的市民。

地铁开通之初，平时每15分钟一班，高峰期每10分钟一班，第一年就运送了将近1000万人。伦敦市民"用脚投票"，拥抱了世界上第一条地铁。因为地铁大受欢迎，于是每隔几年就开通一条新路线，隧道也从浅层地表，挖到地下几十米深。1890年，泰晤士河河床下已经有了地铁。伦敦拥有了地上地下相结合的立体交通网络，这个交通网络决定性地提升了伦敦的交通效率和城市接纳力，也包括市民的生活品质。伦敦的人口率先突破了500万大关，而同期的巴黎和纽约，还不到伦敦的一半。

如今我们搭乘地铁，经常会听到"mind the gap"（当心这条缝隙）的提醒，这是因为当年的地铁站是按火车站规格修建的，老式车站

1863年1月，蒸汽机牵引的人类第一班地铁列车从帕丁顿站开出

的车厢和站台间会有一条宽缝，乘客上车的时候，如果不注意就可能一脚踩空发生危险，所以广播会提醒乘客"mind the gap"。这是一句有历史感的善意提醒。

遗憾的是，创造历史的伦敦皮尔森没等到地铁开通就去世了，而他的地铁创意，还给伦敦带来了意想不到的好处——当城市把公共交通的重任交给了地下，在一定程度上就可以减少地面的拆建，客观上保护了老的街区和城市布局。今天漫步伦敦的时候，还能感受到400多年前莎士比亚时代的街区。在欧洲其他地方，比较早修建地铁的布达佩斯、马德里、布拉格、鹿特丹，老城区也都得到了很好的保护。而前面说到的巴黎，60%以上的房子和街道被拆除，我们今天看到的巴黎早已不是巴尔扎克时代的巴黎，假如能更早引入地铁，也许我们能看到更古典的巴黎。中国一线城市老街区的破坏主要集中在20世纪90年代到2000年，而在2005年之后，随着地铁的普及，部分城市遗存反而得到保护。

地铁成为城市扩张的利器

伦敦当地人管地铁叫"the tube",意思是"管子"。和下水道一样,这个管子也在地下,运送的是城市中最重要的资源——人。在大工程地标旅行中,我们去过罗马引水渠,用管道解决资源调集问题是人类的一个重要发明,应用也非常广泛。只不过,在伦敦地铁之前,几乎没有人想过,运送人也可以靠管子来解决。这是很有意思的巧合。

一旦开了这个脑洞,城市就增加了飞翔的翅膀,地铁助推伦敦成为国际大都会的故事在世界各地反复上演。无论是亚洲的上海还是北美的纽约,无论是东京还是香港,都依赖庞大的地下交通系统,成就各自的"人都会"。我们去某地旅行,征求交通建议时,多数人会说"坐地铁吧"。地铁快速、准时,是性价比最高的出行方案。从这个意义上说,伦敦第一条地铁线叫"大都会线",是巧合,也是必然。

100多年里,皮尔森方案帮助一座又一座城市崛起。比如纽约,几乎是伦敦

最早的地铁线路图按真实比例尺绘制。后来,英国人决定只在水平、垂直和45°对角线三个方向延伸,且站点间距离相等,不同颜色代表不同线路,就像一个线路板。创意一经问世就被模仿。

1908年的伦敦地铁线路图

现代伦敦地铁线路图

模式的复刻。1910年到1930年，纽约进入大规模地铁建设阶段，这个时期也是纽约城市规模扩张最快的时期。20年间，城市面积增长了两倍多，人口增长了200多万。现代地铁不仅连接了城市内部，还像八爪章鱼一样，让城市的触角伸向四面八方。

经过改造的方案，还把城市和城市串联起来，比如东京，20世纪60年代迎来地铁建设高峰，新干线也在这一时期开通。所谓大东京都市圈，"一都七县"的规划，同样是在这一时期形成的。都市圈内部的交通，主要是靠包括地铁在内的轨道交通支持。现代城市扩张的原因很多，包括地铁在内的轨道交通通常是成功扩张的必要条件。

作家李海鹏写过一段描写北京堵车的文字：

> 陶然亭的芦花，钓鱼台的柳影，西山的虫唱，玉泉的夜月，潭柘寺的钟声……在《故都的秋》中，郁达夫最怀念这些记忆。但这些闲情逸致对于今日北京人来说是非常奢侈的，如果崔钢林（一个出租车司机）在交通高峰期到这些地点去，那么他花费的时间将分别为2个小时、2个小时、2个小时、2个小时、2个小时——去任何地方都需要两个小时。

这段话写于2002年。今天，北京拥有全世界最长的地铁里程，所有的"两个小时"都被缩短。进入高铁时代，大型城市和周边城市被打造为城市群，统称为"一小时都市圈"，聚集了最密集的人口、最发达的技术、最快速的经济、最繁荣的贸易。支撑它们最重要的基础设施就是包括地铁在内的轨道交通，还有一条条下水道。

当然，地铁能力再强，也只是在地下"复制"了交通网络，城市空间依然有限。通过接下来要探索的地标，我们会发现，人类选择了跟天空争地盘。

→ **回到中国**

中国"最美地铁站"

中国各大城市往往会把地铁当作展示平台，展示自己最让人触动和引以为傲的部分。

比如上海地铁，就意图表达这座城市特有的包容，包括对非主流文化的接纳。"超人""鹿人""蛋人""粉红男郎""木乃伊""高达"，以及跳钢管舞的"红衣女子"，一度成为多元上海的一部分。2021年春节前，15号线的吴中路站落成，被誉为"最美地铁站"。艺术设计上，吴中路地铁站走得很远，拥有净跨达21.6米的预制大跨叠合拱形结构。为了展示结构美，设计师不能用吊顶覆盖，因为龙骨固定所需的钉子会破坏预制结构的安全，进而导致空调风口、消防喷淋、照明、摄像头、逃生指示都没有地方摆放。但最终设计把这些都照顾到了。在这里，我们体会到的不仅是地铁的功能，更是城市共同空间的意义——一个为市民提供温暖、回忆以及慰藉的地方。

有一段诗意的表达，被设计师引用："上海是一个有着光、发着光的城市，人们在这个发着光的世界里面行走，无论遭遇到多大的不公平和对待，都会有决心和毅力坚持下去。"

第七节

帝国大厦
把城市空间竖起来

对高度的向往是人的永恒追求，世界最高建筑纪录保持时间最长的是胡夫金字塔，3000多年来一直是世界最高建筑。如今，国际公认的摩天大楼标准是超过150米，那么随便一栋摩天大楼都要比胡夫金字塔高，最高的迪拜哈利法塔甚至达到828米。城市的进化，除了面积越摊越大，还不断向天空要地盘。这个趋势可以概括为，越是城市中心地带，建筑物就越高，因为城市中心寸土寸金。怎么在单位面积上获得更多的空间？为什么人类要不断地突破高度极限？极限会有尽头吗？在纽约曼哈顿，城市摩天大楼最早的聚集区，一定能找到答案。

突破人类的天际线

如果坐飞机来纽约，从高空往下看，曼哈顿就像一块集成电路板，密密麻麻插着一根根摩天大楼。

如果从海上来纽约，坐船进入哈德逊河河口，先是自由女神像进入视野，接着就是女神后面绵延不绝的高楼。

在这片摩天大楼的森林里，帝国大厦无疑是其中的佼佼者。它是世界上第一座超过100层的大厦，高381米，算上后来安装的天线，又向天空争取到62米，整体高度443米。它是世界上保持第一高楼时间最长的大厦，从1931年建成之日起，世界第一的纪录保持到1972年。

纽约帝国大厦

想要体会帝国大厦的雄伟，除了仰望，还有一种方式，就是登上它的顶层观景台。电影《西雅图不眠夜》的结尾，男女主人公就是在这里相遇的。

站在这里，我们还可以想象电影《金刚》里的情景，中央公园、华尔街、时代广场、自由女神像、哈德逊河全都在它的脚下。人类创造的"金刚"实现了"会当凌绝顶，一览众山小"。

帝国大厦能够超越同时代的建筑，成为第一高楼，不是偶然的，背后是一系列的先决条件。首先靠技术，简单说就是"钢架结构+电梯"。有了钢架结构，就不需要建筑厚重的墙体，大楼照样坚固、稳定。

> 摩天大楼的前置条件是电梯。目前被称为世界最快的电梯在广州周大福金融中心，营运速度为20米/秒，从1层到95层，440米的距离只需要43秒即可抵达。

帝国大厦施工期间，总共订购了5万多吨钢铁，站在当年的时间窗口，这是有史以来最大的钢铁订单。但随之而来的问题是，这么多钢铁怎么送上去呢？这就需要电梯。电梯公司为帝国大厦专门定制了66部超大号电梯，每分钟向上运行366米，这个速度也是前所未有的。

有了钢铁架构和电梯技术，不等于大楼能自动站起来，还需要很多钱。帝国大厦的预算是6000万美元，当时是1930年，正值美国大萧条，同时代的胡佛大坝总预算才4900万美元，而一个私人公司的大楼，比国家工程花的钱还多。遗憾的是，大厦建成之后，并没有立刻给投资方带来多少实际收益。一年下来，只租出了23%的空间，被人们戏称为"空的国家大厦"。明明知道经济大萧条，还要砸这么多钱，业主疯了吗？

永无止境地向上

摩天大楼背后有坚硬的逻辑。20世纪初，纽约进入高速发展阶段，10年里城市人口增加了100多万。但位于城市中心地带的曼哈顿只是一个小岛，想要进一步增加容量，就需要更多空间，除了向天空要，没有人可以给他们。

随着第一栋超过100米的大楼建成，曼哈顿很快掀起了摩天大楼热，150米，200米，250米，高度纪录不断被刷新。人们关注的焦点，也从大楼能节省多少土地、创造多少空间，转变成谁才是世界第一高楼。竞赛的高潮就是帝国大厦落成。在帝国大厦修建之前，华尔街40号的曼哈顿银行大厦，也就是1995年被特朗普买了之后改名为"特朗普大楼"的那栋楼，还有克莱斯勒大厦，当时都已经动工。帝国大厦的业主，要从高度上与它们"直球"对决。

我看过一个细节说，当时帝国大厦的投资商、百万富翁约翰·雅各布·拉斯科布（John Jakob Raskob）在讨论设计方案时，把一支超大号的铅笔立在桌子上，对建筑师说："只要保证大楼不倒，你们能修多高？"言外之意，能修多高就给我修多高。

> 高度可以彰显财富、权力和荣耀，金字塔、方尖碑、哥特教堂、哈利法塔等建筑彰显了同样的意向。高度还能提供想象，古代文明普遍认为，神在天上，想跟神接近，就要抵达更高的地方。

三座大楼中，曼哈顿银行大厦最先完工，它在世界第一的宝座上坐了3天，就被紧随其后的克莱斯勒大厦取代。为了超越前两者，帝国大厦设计师不断修改方案，从最初的50层，增加到60层，然后是80层，最后超过100层，最终高度定格在381米，成为当之无愧的世界第一高楼。

帝国大厦在世界第一的位置上待了41年，1972年被纽约世贸中心取代。之后，这个纪录被刷新的速度越来越快。2004年，台北101大厦

修建中的帝国大厦,一场绝对高度的对决

第一次突破500米,6年后落成的迪拜哈利法塔已经达到了828米。在建的沙特王国塔,号称要跨越1000米的坎儿,但也未必是终极高度。

摩天大楼带来的规模效应

世界各大都市都有个有趣现象,摩天大楼不但竞争高度,还喜欢扎堆。曼哈顿的摩天大楼大多挤在下城区,原因并不复杂。在20世纪初,纽约进入高速发展阶段,曼哈顿作为城市中心地带,土地快速升值,而地块数量有限,自然成为摩天大楼的"母港"。

随之而来的变化是腾笼换鸟,原本利润不高的制造业,比如纽约曾经发达的制糖、制革等产业,被迫退出曼哈顿,而金融机构、投资机构、媒体机构、大公司总部,这些背后依托大资本、高附加值的产业,开始在这里聚集。正是它们出资建造了一座座摩天大楼，最终占领了曼哈顿的天空，并成就了世界上第一个中央商务区，也就是我们常说的CBD。

现在，不到60平方公里的曼哈顿，也是联合国总部所在地，聚集了160多万人。仅华尔街所在的下曼哈顿，就集中了几十家大银行、保险公司、交易所，以及上百家大公司总部，容纳了几十万就业人口，成为无可争议的全球金融中心、时尚中心、创意中心和传媒产业中心，也是世界上人口最密集的地区之一。

为什么这么多人、这么多建筑选择挤在一起？除了寸土寸金外，是否还有其他理由？我想借用《规模》中的观点解释这个问题。这本书的作者杰弗里·韦斯特通过大量的数据分析发现，城市发展中存在一个重要的规模法则，即城市的人口总数与其他变量（比如生产总值、市民收入、专利数量、研发投入、加油站数量等）之间存在着1.15次幂的关系。人口规模的增加，给城市各方面带来的效益呈指数级增长。这本书以及书中的理论是最近才出现的，但城市其实早就洞悉规模法则的秘密。

摩天大楼最大的贡献，是在有限的土地上不断叠加空间，为城市人口大规模、高速度聚集提供了最集约的方案。今天，上海陆家嘴、香港中环，这些全球重要的中央商务区都是摩天大楼扎堆的地方。

当然，摩天大楼扎堆也带来了城市管理的挑战。在曼哈顿百老汇大街上，有座大楼叫"恒生大厦"，它有164米高，于1915年建成，被称为曼哈顿最丑的摩天大楼。一到冬天，几公顷的阴影扑向地面。纽约的冬天，是出了名的阴冷，行人要在阴影里哆哆嗦嗦走老半天才能进入阳光里。周围办公楼也开始了噩运，这些倒霉蛋因为采光问题很难租出去。

为了避免曼哈顿被摩天大楼的阴影吞噬，市政当局于1916年，也就是恒生大厦落成的第二年，匆忙出台法案，明确规定大楼超过一定高度，就必须让出临街一侧的空间；如果想建得更高，还得继续退让，最多可以退让到占地面积的75%。这意味着，大楼盖得越高，上面的楼体面积越小。所以,才有了帝国大厦、克莱斯勒大厦这种被称为婚礼蛋糕式的摩天大楼,为的是把阳光、视线还给市民。摩天大楼时代,天空也必须遵守规则。

而现在,越来越多的摩天大楼业主把"温度感"当作一种选择。比如,在大楼底层留下更多的空间供行人走动,既能逃避热浪还能躲避风雨,钢筋混凝土越来越体现温度感。

爱他恨他都可以让他去纽约

20世纪90年代,姜文主演的《北京人在纽约》走红,剧中有一句台词:"如果你爱一个人,送他去纽约,因为那里是天堂;如果你恨一个人,送他去纽约,因为那里是地狱。"纽约是天堂,还是地狱?

电影《海上钢琴师》里,导演托纳多雷展示了他眼里的纽约。当欧洲来的邮轮进入哈德逊河,人们在看到自由女神时兴奋地大喊:"America!"这个纽约像天堂。而钢琴演奏家"1900"看了一眼面前的楼群,他没有走下去,重新回到船上,这样的纽约也许是地狱。

视纽约为地狱的人,也许是感受到高楼林立从视觉上传递出的极致恐怖。视纽约为天堂的人,喜欢创新、热衷冒险,执着于变化的生命,认为里面蕴含着无数可能。高楼林立的大城市,是为"天堂派"而生,并为他们所塑造。

在纽约成为国际时尚、创意、金融中心之前,这些领域的领导者是巴黎。普法战争后,巴黎成为世界文学、艺术、时尚、科技中心,即使经历了一战,这个地位也没有动摇,甚至创造出一个词,叫"美好年代"。巴黎获得这个地位,有很多前置条件,比如奥斯曼主导的城市改造,改造后的巴黎变得更适合居住。但为什么后来让位于纽约?纽约的成功也有很多前提条件,摩天大楼是不是其中之一?

所有的大城市,都面临土地面积有限,急需提升空间容量的难题。过去100年里,巴黎和纽约走向了两个方向:巴黎旧城有严格的楼高控制，而纽约则可以无限向上。这让两座城市拥有截然不同的空间规模，大的规模无疑意味着可以容纳更多的人口。相比巴黎，纽约给普通人、冒险家提供了更大的空间，当然，这需要更多分析维度的引入，而摩天大楼的角度似乎值得思考。

伴随摩天大楼的疯长，另一种反思也被提炼出来。日本建筑大师隈研吾认为，21世纪的建筑不应该用高度刷存在感，而要和生活在其中的人融为一体。隈研吾的代表作《负建筑》批评现代都市出现了大量和周遭环境割裂、凸显存在感的建筑。他认为，也许建筑的夸张造型能给人短暂的感官刺激，但会被时间长河抛弃，人们会厌倦甚至讨厌它们。他认为，住宅既不是冰箱，也不是洗衣机。家不是用来买卖的东西，它是用来居住、生活的。好的建筑无法与大地割裂，它应该与大地紧密联系在一起，有着移都移不动的分量。它是与住在那里的人们的生活哲学和人生紧密联系着的，这才是建筑的原点。他预言，未来人们不会再迷信摩天大楼，建筑势必要回归生活的本质需求。隈研吾的观点让我想起那句话：让建筑赞美生命。

建筑可以吗？我觉得是可以的。

> 世界各地的摩天大楼通常使用钢架结构，但450℃~650℃高温就可以让钢架失去承载力，比如"9·11"事件时的世贸大厦。解决方案是在钢结构内部加混凝土核心筒，或用防火涂料阻隔高温，最好的防火涂料可以让钢在烈火中支撑3个小时。超高层建筑遇到火灾，一定要从楼梯间逃生，这里的门都是防火门，关严后可以挡住浓烟；而且楼梯间往往设在混凝土核心筒内部，混凝土不惧火。

第八节

瓦尔登湖
乡愁是一种城市病

对有些人来说，城市是个让人恐惧的容器。我们接下来要去的地方，美国马萨诸塞州的瓦尔登湖，集中了对这句话的理解。瓦尔登湖是思想家梭罗逃离城市隐居乡村的地方，它不是城市本身，而是城市的镜子。换句话说，没有城市，瓦尔登湖就毫无价值，赋予它的所有意义都将不存在。人，总会通过镜子看到自己，城市也是如此。

被名著加持的平凡小湖

瓦尔登湖有个好邻居，叫哈佛大学。从这里出发，沿波士顿市区往西北方向，开车20分钟左右就能来到湖边，打个盹的时间都不够。瓦尔登湖的名气很大，但面积很小，大约0.25平方公里，相当于三十多个足球场。湖畔风景只能说很平常，有人来这里野餐，有人支个沙滩椅看书晒太阳，也有划船的，还有在湖里游泳的。游泳的副产品是，水里尿素超标——因为游客太多，湖水已经变得不那么清澈，他们都是因梭罗慕名而来。

因为地壳运动，在马萨诸塞州，有类似样貌的湖泊比比皆是。唯一不同的是它有故事。湖边有个书店，湖畔的森林里有个跟梭罗有关的小木屋，是一个复制品，因为梭罗的小木屋早就毁掉了。木屋原址上立了块牌子，写着《瓦尔登湖》里的一段话："我到林中去，因为我想谨

> 梭罗本质上是想做一场社会实验。当年梭罗没有稳定的工作，无法独立生活，是世俗意义上的失败者。搬到丛林里，他希望从容地面对生活的本质和现实，并探索一个人维持生存到底需要多少物质支撑。

慎地生活，只面对生活的基本要素，看我是否学到了生活所要传授的东西，以免死到临头才发觉虚度一生。"小屋旁边还有梭罗的铜像。

这样一个平凡的小湖之所以成名，是因为梭罗同名散文小册子《瓦尔登湖》。这本书出版于1854年，按照梭罗书中的说法，他远离城市，回归自然，在瓦尔登湖畔的小木屋，孤家寡人地待了两年两个月又两天，周围一英里没有任何邻居。

书里的梭罗，是坚定的反城市主义者。我们必须回到梭罗生活的时代，才能理解他的观念。那是1845年前后，正值工业化高歌猛进，人们像潮水般涌进城市，但城市还没准备好。我们一起看过巴黎下水道和伦敦地下铁，对下水道和地下铁出现之前的大城市已经有了深刻的印象，到处都是体现着"脏乱差"的空气污染、水污染，还有视觉污染。

伦敦和巴黎遇到的问题，美国也没落下。在农村生活，放眼望去是空旷的原野，而在城市你都没有放眼的可能，被人和楼挡住了。19世纪中期，美国城市里的消费主义开始冒头。作为哈佛大学培养的知识分子，梭罗有很强的批判精神，《瓦尔登湖》就是梭罗批判精神的集中体现。

对城市生活的批评和反思

《瓦尔登湖》是本散文集，在书中，梭罗批判城市的物欲横流和工业文明。梭罗非常毒舌，他形容自己所处的19世纪"浮华、焦躁、紧张、喧哗、无聊"。他评论时尚圈，巴黎要是有只猴子戴一顶旅行帽，全美国的猴子都会跟着戴。他评论伦敦的火车，像一条狗"狂吠而过"。他批判城市人的堕落，当时爱尔兰和英国在闹土豆饥荒，饿死好多人，梭罗说，英国人天天想着怎么避免土豆腐烂，怎么不想想你们大脑都烂了呢？整本书中，都可以看到梭罗"怼天怼地"。

梭罗决定做一次反城市实验，回归极简生活，为此郑重列出了生活必需品的清单：吃的、穿的、住的、取暖的，够了。作为知识分子，还需要一盏灯和几本书。

> "每个人都是一座圣庙的建筑师。他的身体是他的圣殿，在里面，他用完全是自己的方式来崇敬他的神。我们都是雕刻家和画家，用我们的血、肉、骨骼做材料。任何崇高的品质，一开始就使一个人的形态有所改善，任何卑俗或淫欲立刻使他变成禽兽。"摘自《瓦尔登湖》。

当然，书中很多篇幅要留给对自然的赞美。梭罗描绘了瓦尔登湖的一草一木，他说，瓦尔登湖是一面明亮的镜子，充满永恒的安静，清晨太阳用朦胧的羽刷为它擦拭灰尘。夜晚是琥珀色黄昏的天下，小鸟澄清的眼睛里蕴含着天空的倒影，哪怕蚊子飞进房间里微弱的嗡嗡声，听来也是音乐。在这里，梭罗和大自然融为一体，每个毛孔都散发着喜悦。

梭罗的本意是一场生活实验，目的是唤起人们不要只关心物质，要直面内心，直面自己，让灵魂跟上脚步，让自己做命运的主宰。《瓦尔登湖》刚出版的时候，没有引起什么轰动。梭罗大概想不到，他的书完成时间旅行之后，会成为反城市生活的"圣经"，不光在美国，继而在20世纪80年代后的中国，引起城市居民的追捧。据说诗人海子去世时，遗物有4本书，其中就有《瓦尔登湖》。

城市越发达，爱梭罗的城市人越多，但真正像他那样逃离城市的少之又少。逃离北上广的人里，据说有相当多的人后悔了，他们没想到房价上涨这么快——当年的房子卖便宜了；也没有想到自己早就被驯化为城市动物，乡野生活实在太艰难。就好像《虎兄虎弟》电影里，即使笼子打开，那只被驯化的老虎也不愿意走出去。

其实，不要说今天的城市居民，连梭罗自己也做不到真正的隐居。《西方文明的另类历史》描述过梭罗的隐居真相：他几乎每天都要到旁边的村子里去。每周六，他妈妈和姐姐还会给他送食物，朋友们还会经常来小屋聚会。这恰恰是城市文明的悖论。事实上，大部分城市居民享受着城市带来的便利交通、消费和娱乐，但在意念上向往着乡村的自然和孤寂。乡村生活真的那么如诗如画吗？在城市理论家看来，根本不是这么回事。

公园是城市里的瓦尔登湖

2011年，另一位哈佛大学出身的经济学教授爱德华·格莱泽写了一本书，叫《城市的胜利》。格莱泽毫不客气地批评了老学长，以及那些拥抱乡村生活的城里人。格莱泽认为，他们才是大自然的敌人，是环境的破坏者。书里还提到一个细节，有一次梭罗野炊，不小心烧了300英亩的森林。这是热爱大自然吗？

跟《瓦尔登湖》的诗意相反，《城市的胜利》是一本理性的算账书。作者用数据证明，农村的生活方式给环境带来的破坏更大。比如，住郊外大别墅的家庭，比在市区住公寓的用电量增加88%，取暖的成本也大大高于城市。

再比如，纽约的人均碳排放量是全美最低的，就是因为人口集中居住在城市，人们更多利用步行和公共交通，减少了资源消耗；此外，用于取暖、供电的能耗也会降低。格莱泽呼吁，如果我们真的热爱自然，就应该远离自然，远离瓦尔登湖，立即回到城市里，住在纽约、东京、伦敦、上海、北京、深圳。住在城市大楼里的人，才是大自然的盟友。

格莱泽认为，城市注定是人类的归宿。以目前的人口和地球资源承载力来看，城市更是人类不得不接受的绿色生活方案。

而城市居民之所以对自然无限向往，大概跟我们几十万年的进化有关，早期人类在山川森林野惯了。这就带来一个悖论，城市居民既离不开城市，又向往瓦尔登湖。这种需求反过来又成为城市进化和迭代的强刺激。最明显的体现就是城市里出现大量的公园。我在19世纪英国的一份研究报告中看到这么一句话："工业革命把人们连根拔起，远离古老的土壤，原初的环境荡然无存，乡村变得遥不可及，人们与土地的关系从亲密变得生疏。"这段话清晰地表达了，工业化时期，城市居民的痛苦是非常真实的痛苦，对痛苦的反思其实伴随着现代城市的建立，伴随着地下铁和下水道的修建。

  这份报告之后，从英国开始，城市建设中就有了造园规划。先是大量的私家园林向市民开放，然后政府有意识地规划出成片成片的绿地。1857年，梭罗去世前几年，曼哈顿在中心地带开辟了体量巨大的中央公园，就像城市的肺。修建中央公园的目的，就是希望满足市民对阳光、空气和公共活动空间的需求，这个公园也成为曼哈顿的标志之一。

  人们通常认为，曼哈顿是全世界最有活力的地方，寸土寸金，单位土地面积创造的产值也是全球最高的，其实它的城市活力和中央公园直接相关。今天的伦敦、巴黎、东京、上海，但凡大城市都有大面积的城市公园。公园改变了城市的景观，提升了城市的生活品质，也滋养着城市居民的精神。当然，依然有很多人觉得城市公园不过瘾，还会打造"后花园"，有时是农家乐，有时是一座山，有时是一片树林，有时是一个规模更小、建筑更稀疏的卫星小城。

→ 换个角度

移动革命会阻挡超大城市前进的脚步吗

在构思这个部分时，我一直考虑一个问题，"移动革命"是否会阻挡超大城市的前进脚步。借助移动互联网，人们可以在线上展开协作，传统办公室也显得不那么重要。这一点在中国尤其明显，餐饮、购物等需求都可以借助网络平台完成，人们似乎没必要生活在大城市里。

我请教了一些城市专家，他们认为，人们向大城市、超大城市聚集，不会被移动革命阻断，大致有三个理由。一是，面对面交流中，呼吸、眼神、肢体动作、近距离等，会让人和人之间发生化学反应，这是创新和创造的源泉，远程沟通无法替代，这是物种属性决定的。二是，正是基于中心城市密集而庞大的人口，服务成本才能大幅降低，让在城市边缘生活的人也能享受高质量服务，后者是搭了便车。三是，能源、电力、交通、线下娱乐等城市基础设施及服务，也需要借助中心城市降低成本，否则服务价格会高到难以接受，道理和上述的网络平台类似。这也可以解释为什么中国能快速崛起网络服务平台，如外卖和快递，而在欧美国家，市民却无法享受同样高质低价的服务。

第九节

巴西里约罗西尼亚贫民窟
城市的耻辱还是活力之源

属于城市的文明地标,最后一个也许让你大跌眼镜,我要带你去巴西里约热内卢的罗西尼亚贫民窟。肮脏、混乱、贫穷、落后的贫民窟被认为是城市之耻,是城市的脓疮。在日常话语中,有贫民窟的城市,会被认为野蛮和落后。基于这样的认知,在很多人眼里,贫民窟是迟早要被消灭的。这一次,我们不是去冒险和猎奇,更不是收割优越感,而是去探索它更多的样貌。作为城市有机体的特殊器官,贫民窟尽管脏乱差,却潜藏着城市的活力,甚至是希望。

贫民窟最难看的那一面

里约热内卢是巴西第二大城市,它留给人们记忆最深的图景应当是那巨大的耶稣雕像。雕像站在山顶上,伸展着28米长的双臂,视觉效果不逊于自由女神像,号称世界新七大奇迹之一。

现在,我们从"上帝"视角展开想象:耶稣伸直双臂会看到什么?正面的脚下是密密麻麻的高楼大厦和美丽的港湾。当年,葡萄牙人就是从这里上岸,建立了里约。"上帝"向右扭头,会看到大西洋,辽阔蔚蓝的海面上白帆点点,海边是富丽堂皇的酒店、购物中心、高档住宅,它们代表着美好的城市景观。

但如果上帝回一下头,心情可能就不好了。身后几公里的地方有

耶稣雕像直面的美丽风景

雕像另一侧，火柴盒般的罗西尼亚贫民窟

座山，山上是火柴盒式的小房子，从山脚密密麻麻摞到山顶。如果耶稣有密集恐惧症，估计会吓得够呛。

让我们离开"上帝"视角回到地面，走进火柴盒里，看看能发现什么。房子依山而建，上山小道并排走不了两个人，赶上下雨会污水横流，垃圾散发出刺鼻的恶臭，让人喘不过气来。走在这样的环境里，人们忍不住担心，万一下大雨会不会山体滑坡，那些火柴盒般的房子很可能如多米诺骨牌般垮掉。脆弱火柴盒里，往往挤着男女老少好几口人，有的全家只有一张床。有些房子表面还有弹孔，透着危险。

这里就是南美最大的贫民窟——罗西尼亚。电影《上帝之城》讲的就是里约贫民窟的故事，充满血腥和暴力。电影不是虚构，素材来自真实的世界。走一圈，我们可能会觉得，这里简直不适合人类居住。可这样的贫民窟，在里约有1000多个，住了100多万人，占里约20%的人口。

贫民窟的另一面

这些贫民窟像野草一样漫山遍野，住在这里的是城市化进程中大量涌入的巴西农民。如果有机会采访他们，可以问一个问题：为什么要抛弃田园牧歌的农村生活，来这里受罪呢？尽管罗西尼亚充斥着危险、犯罪和肮脏，可对这些外来者来说，依然有不可抗拒的吸引力。更准确地说，这种吸引力是里约这座城市给的。

城市里有工作机会。一个没有受过多少教育，也没有多少积蓄的人，可以从一家公司跳到另一家公司，从一个行业转到另一个行业。在巴西，餐厅服务生、清洁工、保姆、佣人、司机都不需要高学历。农民来到城市，只要努力干活就能活下去。这样的机会在农村没有。

城市还提供福利。贫民窟虽然穷，但人口密度大，仅仅修一条路就能让很多人受益。这又涉及政府的"面子"，贫民窟就在眼皮子底下，哪怕单纯为了密密麻麻的选票，政客们也要许诺各种各样的福利。

比如居民不用交水电费，也没有人会强行断水断电，贫民窟的孩子上公立学校可以不交钱。这些福利在农村没有。

更重要的是，贫民窟提供了上升通道。巴西是足球王国，孩子们找个空场就可以踢球，像球王贝利、罗马里奥、罗纳尔多、罗纳尔迪尼奥、阿德里亚诺……你能数出来的巴西球星多半出身贫民窟，有天赋的孩子很容易被俱乐部发现。就连巴西前总统卢拉也出身贫民窟，他在城市接受了小学教育，成为工人，加入工会，后来居然当上了巴西总统。尽管他们的上升通道狭窄，但始终过的是有希望的生活。这样的通道在农村没有，几乎所有通道都是封死的。

工作机会、有限的福利、上升通道组合在一起，构成了贫民窟的另一面。罗西尼亚的人们也有积极、乐观、向上的一面，幸福感甚至比高楼大厦里的人高。对他们来说，原先待着的农村才像地狱。

贫民窟是低成本融入城市的中转站

贫民窟到底是地狱，还是通往天堂的通道？要回答这个问题，我们可以回溯一下巴西贫民窟产生的历史。里约贫民窟的形成，最早可以

工作机会、有限的福利、上升通道组合在一起，构成了贫民窟的另一面

追溯到19世纪中后期。当时的两拨人构成了贫民窟的原住民，一拨是废奴运动后获得自由的前奴隶，他们跑到里约讨生活，在无主的山上搭窝棚住下来。还有一拨人——19世纪末，有两万名老兵到里约找政府讨要拖欠的军饷，也在山上搭了窝棚当临时落脚点，最后钱没要到，窝棚成了他们的家。

贫民窟的大发展，更重要的动力是城市化进程中进入城市的农民。20世纪初巴西开始工业化，大批农村人口涌向城市，贫民窟就是他们的落脚点。到20世纪六七十年代，巴西爆发经济奇迹，大城市不仅吸引了本国人，还吸引了其他国家的移民。这段时间，里约的人口年均增加3.3%，贫民窟的人口增长率高达7.09%。尤其难能可贵的是，贫民窟还批量制造年轻人，在任何城市，年轻人都是城市的希望和动力。今天，贫民窟和里约已经牢固绑定在一起，甚至成为里约的标签。

但贫民窟既不专属于巴西，也不专属于发展中国家，更不专属于这个时代，贫民窟是个全球现象。在工业革命开启的城市化浪潮中，贫民窟一直存在。我推荐一本书叫《落脚城市》，作者道格·桑德斯是加拿大《环球邮报》的记者。从2007年开始，桑德斯开始了自己的环球旅行，从欧洲出发，到印度、中国、肯尼亚和巴西，走过五大洲数十个国家，《落脚城市》写的就是延续几百年的农民进城的故事。

书里有个故事让我印象很深。有个14岁的法国女孩，她和家人离开乡村来到城市，在几个家庭当过佣人，之后进了一家缝纫厂打工。先是通过分期付款买了一张床，之后又买了一个属于自己的房子。这个过程用了她半辈子的时间，最后她在城市

> 意餐刚刚进入美国时，和法餐平起平坐。1880年之后，大批意大利南部的穷人移民美国，美国精英开始远离意餐，直到这批人走出贫民窟，也在公司上班了，意餐才重新回到高档饭店。德餐也有类似经历。可以预测的是，随着中国移民地位提升，中餐也将经历同样的故事。

扎下根，不回农村了。故事发生在1879年。同样的故事在全球各地的贫民窟反复上演，在巴黎，是《悲惨世界》里的圣米歇尔广场；在伦敦，是《双城记》里圣安东尼区拥挤不堪的工棚；在香港，是九龙城寨；在孟买，是达哈维，也就是电影《贫民窟的百万富翁》的取景地；在巴西，是罗西尼亚。

回顾历史就会知道，消灭贫民窟的想法既不现实也不人道。只要城市化的趋势仍在继续，贫民窟就会继续存在。因此，越来越多的人倾向于把贫民窟看作城市化过程中一种为进城的穷人提供廉价居住方式、融入城市生活的解决通路。它不美，甚至有点丑，让城市没有面子，但它很管用，既帮助了穷人，又帮助了城市。

当然，如果任凭贫民窟野蛮生长，城市可能失去秩序，这是人们最担心的事情。但从现代城市进化史来看，简单粗暴地拆除和驱赶，或许是最糟糕的解决方案。巴西人在罗西尼亚也这么做过，但拆除和驱赶的措施不奏效，于是政府改变做法，把贫民窟纳入城市社区规划中。当地政府曾经做过的几件事，值得拿来分享：里约当局提供法律支持，打击贫民窟里的黑社会犯罪；提供公共服务，保障水、电供

贫民窟是否会成为定时炸弹？不仅不会，而且恰恰相反。尽管环境糟糕，但这里居民的体验感想必依然比在农村强很多，否则他们就不会来到城市。这种情况下，他们心态会更加积极。此外，刚刚进城的农民对政治的要求并不高，更关心眼前的利益，显然并不指向推翻现有秩序。

应，把贫民窟的污水处理和垃圾回收纳入市政管理体系中。当局还给贫民窟的孩子提供免费教育，给他们创造机会和机遇。

这么做的结果呢？从统计数字来看，住在贫民窟的人越来越多，是不是恰恰能够说明城市吸引力一直在增加，尤其是对劳动力和年轻人的吸引。后者是城市的希望，没有他们，城市可能会老化、凋零甚至死去。

→ 回到中国

广州杨箕村点滴记忆

改革开放初期,外地打工者到广州,首选落脚点就是杨箕村,那里不是通常意义的贫民窟,标准名称叫"城中村"。随着广州城市的扩张,周边村落逐渐被城市吞没,成为城中村。与新城的高楼大厦不同,村落依然保留着原初样貌:脏乱差。所以,它一度被认为是广州的伤疤。

而很多在广州扎根,甚至事业有成的人却不这么看,因为"伤疤"承载了新移民的青春,是他们在广州的第一个窝。在这里不需要懂粤语,吃饭、住宿很便宜,他们有能力支持最低的生活成本。每天从城中村走出,进入高楼大厦上班,持续不断的梦想是——早晚有一天要搬离这里。很多人实现了梦想,最终在城市有了第一套房。

杨箕村的包容和廉价生活,让它成为外地年轻人的跳板,他们融入建设城市的力量,进而连接了城市未来,"活力"是杨箕村最鲜明的特质。多年过后翻看当年人的回忆文章,人们甚至怀念这样的场景:下班回家在路边摊吃饭,老鼠们会大摇大摆地在桌子下聚集,找残羹冷炙。

很多大城市,都有过自己的"杨箕村",那里一度是城市的活水,是一代代人的青春和梦想,待他们生儿育女后,还带着孩子重访故地。在这个场景下,这些城中村也具有了旅行的意义和价值。

第 6 章

碰撞

→ 地图上最多的符号是线,一类是山脉、河流、海岸、陆地的轮廓线,它们真实存在;一类在物理意义上并不存在,比如国境线。这些不存在的线反而最牵挂人们的情绪,深深印刻在人们的脑海中。如果用电影来表现这些线的形成,一定会看到各种力量反复激烈碰撞。这些碰撞产生过毁灭,也产生过巨大能量,反过来支持文明的演进。

第一节

希腊温泉关
观念的力量让鸡蛋砸碎石头

我要带你看的第一个"碰撞"地标,是希腊温泉关。2500 年前,波斯人和希腊人在这里爆发战争。这是一次价值观碰撞,战争淬炼了欧洲人的自我认知,以及一些他们文明里根本的东西。

2500 年前的文明对决

希波战争持续时间达半个世纪。关于这场战争,我的大脑里曾经储存了很多信息,比如马拉松战役的来历,比如斯巴达战士著名的墓志铭:异乡的过客,请带话给斯巴达人,说我们忠实地履行了诺言,长眠于此。这个"此",在地理上指的就是温泉关。古战场位于雅典西北 100 多公里处,被说成"关"却没有雄关万丈,山脚下有片平原,平原上有条公路,看上去平淡无奇。

但路边的雕塑提醒你,这是 2000 多年前的古战场。雕像是希腊联军统帅斯巴达国王列奥尼达,他右手举着矛,左手拿着盾,全身赤裸地站在高墙上,基座上刻着一句话:"有种过来,自己拿。"这句话送给他的敌人,波斯王。

列奥尼达这么说是有来由的。温泉关战役发生在第二次希波战争期间,第一次希波战争,希腊人已经取得胜利,比如"马拉松战役"。公元前 485 年,第二次希波战争爆发,波斯王从大流士换成薛西斯,誓言要

温泉关战役发生地

征服希腊人。战争爆发前,薛西斯派使者到希腊,要求希腊人送上象征着臣服的"水"和"土"。列奥尼达听完对方来意,下令将使者扔到井里,"那里既有土也有水"。由此,第二次希波战争的帷幕正式拉开。

故事的开始,波斯王薛西斯有强大的信心。他的核心武装有三万人,包括一万步兵、一万骑兵、一万禁卫军。最能征善战的是禁卫军,由最强壮的士兵组成,任何时候少一个人都会迅速补充,号称不死军。三万人加上被征服民族的军队,几十万波斯大军扑向希腊。史学家认为,尽管数字有夸张成分,但保守估计也有10万到15万人。

当时的温泉关以险峻著称,一边是大海,一边是峭壁,中间通道只能过一辆战车,可谓一夫当关,万夫莫开。因此,希腊联军派出7000士兵,率先赶到温泉关的是300斯巴达勇士。300人面对数十万的波斯大军,力量悬殊。2500年过去了,附近河流裹挟的泥沙把海水逼退到

《温泉关战役》,约 1900 年,[英]约翰·斯蒂普尔·戴维斯(John Steeple Davis) 绘

几公里之外，往日战场深深埋在地下。

沧海桑田地表下的战争似乎并不复杂。第一天，波斯派出两万人冲锋，斯巴达人损失两到三人；第二天，波斯人发动同样规模的进攻，结果和第一天一样。与之对比的是，波斯一方是堆积如山的尸体。第三天，局势大逆转，一个希腊奸细带着波斯军队，走到一条可以绕到斯巴达人身后的小路。前后夹击的结果是，列奥尼达和300斯巴达勇士全部战死。

表面看，对于希腊人来说，温泉关之战是场失败的战役，但在战略上却是巨大的成功。希腊人用300人的死亡，换来几千联军士兵的撤离；更重要的是，给联军主力争取了3天时间，让雅典人可以从卫城撤退，并将有生力量转移到海面。大约一个月后，萨拉米斯海战中，同样是力量悬殊，雅典人用两百艘战船迎战波斯人一千艘船；几个小时后，在海风海浪的帮助下，波斯海军几乎全军覆没，希波战争迎来决定性的转折。历史学家们坚信，这次历史性的胜利，锻造了欧洲文明的基因。

自由平等是价值观碰撞的产物

欧洲历史上的战争不计其数，为什么希波战争能上升到这样的高度？我认为，最重要的原因是完成了自我认知，解决了"我是谁"的问题。其次，找到了自我认同，自由、平等的核心价值观在和波斯人的战争中得以锻造。

其实，这些变化贯穿了希波冲突的全过程。希波冲突前，波斯帝国先后征服了巴比伦、埃及、印度（印度河以西），成为第一个横跨欧亚非三大洲的帝国，几乎征服了全部已知世界。国土这么大，资源这么多，为什么还要跟小小的希腊过不去？与之伴随的另一个问题是，小小的希腊以卵击石的动力是什么？

史学家发现了一个有趣的细节。战前，希腊语中有两个词改变了原意。第一个词是arche，之前指"本源""开端"，波斯帝国出现后多了一个意思，用来指代"帝国"。什么是帝国？简单说就是地盘大、人口多、统一管理。如果没有波斯，希腊人的大脑中就没有"帝国"的概念。第二个词是basileus，原指军事首领，波斯帝国崛起之后，如果不加冠词则专指波斯王，比如"Megas Basileus"（伟大的国王）就特指波斯王。

细微的变化背后是波斯帝国的"吞噬"力量。它如同一片不断扩张的阴影，在伊朗高原崛起，先后征服了亚述、米底、巴比伦、埃及，进入北非，并逐渐将"阴影"覆盖整个土耳其。土耳其爱琴海东岸曾经是希腊城邦，也被纳入"阴影"里。

波斯人还在雅典扶持过代理人，统治了雅典十几年。这段时间里，反对他的人要么被谋杀，要么被流放，由此又引发了第三个词：自由。

"自由"最早出自《荷马史诗》，本没有特别含义，而不断扩大的"阴影"和压迫感，为"自由"注入全新的意义——不仅意味着个体"自由"，还意味着城邦独立。希腊人认为，只有城邦独立，才能延续个体自由，以及每个人的生活方式，尤其是他们热衷的民主制度。在波斯阴影扩张的压力下，"自由"逐渐成为希腊人的核心价值观。

这就是战争发生前希腊的变化。而波斯人秉持的价值观和希腊完全不同。据古希腊历史学家希罗多德的记载，在波斯，国王是最高统治者，国王意志就是法律，其他人按照与国王距离的远近分成不同等级，离国王越远等级越低。至于希腊人，离波斯王最远，属于未被征服的蛮夷，自然是最下等的。而最下等的希腊人居然不对波斯王臣服，这是波斯王薛西斯无法理解的。

> 薛西斯渡海时因海浪过大，便命令手下人抽了大海300皮鞭。他自称全宇宙之王，他和手下都认为他是神，更有甚者——有希腊人说："宙斯太不像话了，居然扮成波斯人来征服我们。"

他曾经问过一位流亡的斯巴达人：希腊到底有一群什么人？一个个小城邦为什么如此强硬？为什么你们不像波斯这样，只服从国王一个人？在波斯，士兵会因为恐惧国王的皮鞭拼命冲锋，如果像希腊那样人人平等、自由，不是一盘散沙吗？还怎么打仗？又怎么敢打仗？

斯巴达人说：希腊人虽然崇尚自由，但对法律的畏惧超过波斯人对国王的畏惧。如果法律命令他们作战，他们绝不会退缩，死都不会退。

那句斯巴达的墓志铭"异乡的过客，请带话给斯巴达人，说我们忠实地履行了诺言，长眠于此"流传很广，但希腊原文说的不是"履行诺言"，而是"遵守法律"。在希腊人看来，诺言就是法律，法律就是诺言。

所以，战争的目的一开始就超越了土地和财富。对波斯王来说，地位低下的希腊人，始终是帝国视野里的另类，像根钉子一样刺眼，而且还杀死自己的使者，如果不惩罚他们，其他被征服民族会怎么看？帝国统治秩序可能瓦解。在希腊人看来，臣服波斯意味着成为奴隶，自由、民主的生活方式将被摧毁，那还不如死去。价值观念的冲突，进而演化为战争，最终希腊人以少胜多，又让他们深信观念的强大可以战胜"邪恶"。种子一旦种下就很难死去，遇到合适土壤就会萌芽、生长并壮大，当然这是2000年后的故事了。

> 特米斯托克利成功指挥了萨拉米斯海战，为此拥有极高威望，而后来却被放逐，理由只有一个：威望太高。公民大会担心他会靠威望成为独裁者。在希腊文化里，领导不重要，换谁都一样。

观念扭曲的现实

这场战争也塑造了历史叙事。2000多年后，电影《斯巴达300勇士》上映，影片里的波斯人奇形怪状、面目狰狞，而斯巴达人刚毅、勇敢、俊美。影片上映后即被波斯人的后裔伊朗抵制，认为电影严重歪曲了历史。

其实，电影并不违背希罗多德的记录，2000多年前希罗多德写作时，双方形象已确定。问题是，希罗多德准确吗？我们无法穿越到过去，但波斯文明确实被丑化了。

真实的波斯帝国有发达的文化、建筑、艺术，包容不同宗教信仰。希腊人亚历山大后来征服波斯，他对波斯文明刮目相看，甚至迎娶波斯女人，还下令双方上层精英通婚，并把帝国首都放在波斯。如果波斯人如希罗多德记录的那样野蛮，联姻和定都可能不会发生。

人类之间的战争，多数时候只是因为观念冲突。相反，单纯追求土地、财富，战争烈度反而低，随着战争结束，仇恨也容易消融。如果一旦上升为观念之战，双方都会把战争描述为"正义"对抗"邪恶"，这种二分法思维定式更容易唤醒战斗意志，带来高烈度的冲突。

战争一旦分出胜负，胜利者坚持的观念会空前强化。多年之后，人们也许忘记了血腥，但会记住曾经的坚持，进而定义自己是谁。

> 冷知识

希腊军队特别能战斗

波斯有统一的疆土、庞大的人口、高效的税收以及整合后的洲际力量，希腊看起来却微不足道，而前者却被后者反复打败。作为弱者的希腊人，并没有使用后世的游击战、设伏兵等战术，翻看历史记录，他们愣是选择重装步兵方阵跟敌人对攻。方阵在推进时，所有士兵向同一方向做同一个进攻动作，却不担心身体另一个方向被攻击，因为相信有同伴在保护，这样的打法极具杀戮效率。作战过程中少有人逃离战场，马拉松战役、温泉关战役，乃至之后亚历山大军团、罗马军团莫不如此，战场上，要么己方全军覆没，要么敌人溃败被杀戮。

《杀戮与文化》的作者、加州大学教授汉森认为，西方军队是最有杀戮效率的军事力量，希腊的文化和价值观念在其中起到核心作用。希腊士兵是带着关系网络走上战场的，他要为自己的荣誉、财产、家人而战，而不是像波斯人那样为国王而战，如果临战脱逃，回去后会抬不起头。希腊并没有中心化的绝对权力，而波斯帝国则是中心化组织，国王看似能掌控一切。

第二节

山海关长城
碰撞淬炼草原帝国

在这一章的开始,我提到,地图上的线有些是大自然塑造的,比如山脉、河流,有些是人工划定的,比如国境线。而长城和它们都不同,是在大自然"指挥"下,线两边的人持续碰撞的结果。碰撞释放的能量,塑造了长城本身,还波及整个欧亚大陆。山海关,很能体现这种能量。

在山海关应该看什么

小时候,我对长城沿线发生的战争很好奇。漫山遍野的敌人会从山脚向城墙上冲锋吗?城墙上的人会躲在垛口后面向下射箭吗?会从城墙上往下扔滚木和巨石吗?事实上,历史记录里几乎没有这样的场面,而长城却是防御系统,它的防御究竟怎么展开?站在山海关看长城,可以一目了然。

首先看关城。"一夫当关,万夫莫开"的"关",指的就是关城。通常的关城有四个城门,城门外是瓮城,瓮中捉鳖的"瓮",瓮城外是护城河。一旦敌人来袭,以关城为核心的多层防御体系就会启动。山海关长城还要更复杂,除了瓮城、护城河,关城东西各有一个罗城,南北各有一个翼城,翼城外还有两个哨城(宁海城和威远城)。

山海关地形图

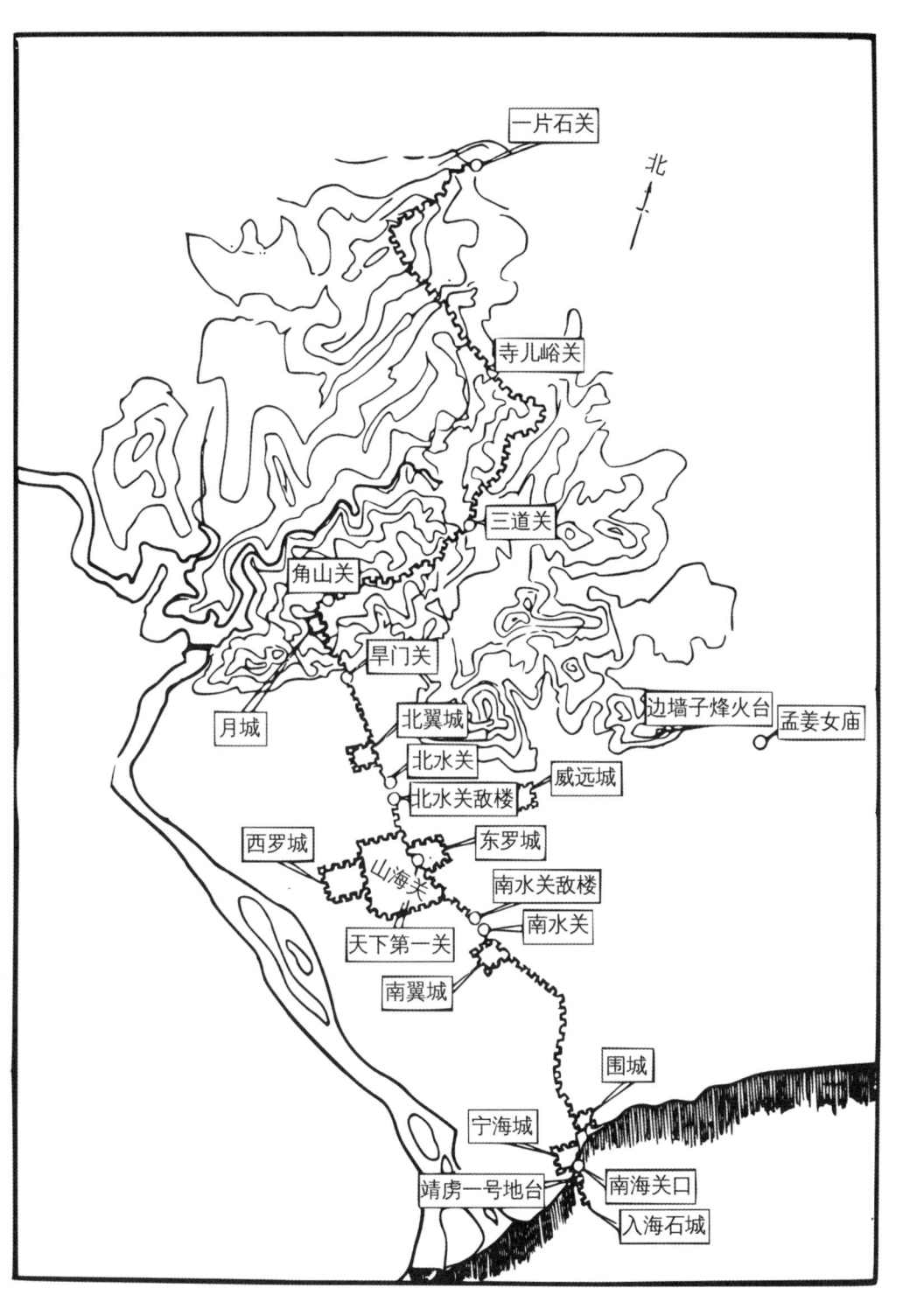

哨城、翼城、罗城、护城河、瓮城、关城，构成一条防御线，线的西北连着燕山，东南延至海边。防御线上还串联着若干更小型的关城，敌人攻击线上任何一点，都会启动整个系统。冷兵器时代，想强攻山海关几乎不可能。因此，山海关独享"天下第一关"的美誉。古人眼里的"天下"，相当于"全世界"。

长城沿线除了山海关还有黄崖关、紫荆关、居庸关、平型关、雁门关、嘉峪关、阳关等等，但凡战略要地，都会建有类似山海关的防御系统。

看完关城要看烽火台。敌人来袭，烽火台里的士兵会点起狼烟，隔壁烽火台看到狼烟升起，跟着点狼烟，一站又一站，一程又一程，所谓"塞外狼烟起，军中羽檄稠"。在通信基本靠吼的古代，带有烽火台的长城，就像一条"电话线"，把战事消息传递到远方。

> 嘉峪关也是明长城的防御中心。蒙古人离开中原后依然是巨大的威胁，基于实力对比，明朝人决定放弃阳关、玉门关，后退400公里到嘉峪关，重新构筑西北防线。到明朝后期，山海关的作用才凸显出来。

事实上，发生在长城烽火台的狼烟故事，会比通常的想象复杂；而且只靠狼烟无法传递复杂的敌情，比如来了多少敌人，敌人在哪个方位；更不用说没处去找那么多狼粪。"烽火狼烟信不符"未必是常态。常态是什么？长城守军要掌握一套密码系统。我看过一段陕西明长城的资料，如果50到100个敌人来了，会挂一面黄旗；200到500个敌人，挂一件布衫；超过5000人，才会放狼烟。这套机制可以做到在三个时辰内让800公里外的地方知晓敌情。烽火台是古人发明的一套信号系统。

看完烽火台就要看城墙。长城经常建在崇山峻岭之上，这并非偶然，崇山峻岭可以抵消对方的骑兵优势，拥有长城的一方则变得主动。此外，一旦战事开启，长城就变身军用高速公路，接到军情的驻军，立马上长城完成调动和集结，行军速度肯定超过游牧民族。山海关的长城城墙，可以让五匹马并排行走，作为道路设施还是比较好用的。所以，跳出山海关，我们看到的长城是一个绵延万里的防御体系。

长城是农耕民族主动选择的战场

其实，我们还可以再换一个视角——跳出物理意义的长城，想象一条和长城重合的线，即地理课本里的400毫米等降水量线，没有这条线就不会有长城。为什么无形的降水线能塑造出有形的万里长城？降水线的奇妙之处在于，它塑造了截然不同的生活方式。

线的南边降水充沛，适合发展农业；线的北边降水稀少，适合发展畜牧业。这是大自然的安排，人类无法决定。但老天爷有时不规律，时不时来个小冰期——气温突然下降，农耕的优势在于可以靠余粮度过饥荒，而游牧民族则面临生死大考。草和牲口会成片成批冻死，想要活命，除了越过等降水量线抢粮，没有其他解决方案。

抢，意味着冲突。游牧民族的战马配上弓箭，对农耕民族构成强烈打击。但农耕民族不会坐等挨打，一次次挨打之后，就有了长城方案。为什么说长城是一个方案？是因为长城系统地改变了双方的力量对比和作战模式。

我们再分析一下双方的作战特点。游牧民族机动、灵活，擅长运动战，走到哪儿都可以就地补给，加上没有笨重财产，还可以轻装行军。农耕民族是定居状态，军队以步兵为主，这决定了他们只能打阵地战，同时严重依赖补给。有了长城局面就不一样了，相当于把游牧民族强制性地拖入阵地战中，免去长途奔袭；而且从长城沿线任何地方都能发起进攻，出击后长城就会变成大后方，失败了迅速撤回，躲在关城里不出来就是了。这样的补给线变得可控。

但长城那么长，不可能每个地方都驻扎重兵，如果对方找到一个薄弱点突破进去怎么办？这其实很难，因为长城沿线除了关城之外，大多数地区高山险阻、灌木丛生，骑兵部队转运非常艰难。

以山海关为例，游牧民族不是没想过从薄弱地方突破，但突破后意味着孤军深入，即使掠夺了土地也无法占领，只能采取抢完就跑的策略。跑，也不是容易的事，如果从山海关这样的地方逃跑，就会面临后有追兵、前有堵截的态势，也无法从进来的地方撤出，因为当地早已布防，即使侥幸逃脱也会损兵折将。清兵曾经演绎过这个过程，他们曾六次突破长城，每次都是抢了点东西后仓皇撤离。据历史记载，清军第五次返回关外，在长城附近中了明军的埋伏，第六次返回的时候，到了沈阳"哭声连屋"。

当然，修长城也意味着划定了防御线乃至边界线，农耕民族想越过长城做远距离进攻，后果可能非常严重。汉武帝时，汉军就这么做过，代价是惊人的。为了保证军队作战，要调动全国之力转运粮草，几场大战过后，文景之治积累的家底全部耗光，虽然匈奴主力被击败，但也只是为新的草原力量扫清了障碍，没多久又会崛起一个帝国，依然是汉朝的大患。因此，东汉建立后只能回到和亲的老路上，昭君出塞就是在这个背景下发生的。

农耕民族为什么不去占领草原，把潜在敌人消灭在萌芽状态？答案是做不到。400毫米等降水量线是强设定，越过这条线只能放牧，当地不支持农耕，想驻军还得从内地运粮，成本无法支撑。派出去的人要么退回来，放弃占领区，要么留在当地学会放牧；而一旦改变生活方式，就会变成游牧民族，成为农耕民族的敌人。简单来说，投入大、产出少、不确定、不划算。

<u>太空上能看到长城吗？2004年，欧洲航天局拍摄了一段中国印象，辨认后认为是长城。而北京测绘设计研究院发现，那只是一条公路。从常识判断，至少宇航员是不可能用肉眼看到长城的。</u>

明宪宗时期算过一笔账，如果征集5万劳工，花两个月修长城，大约耗费100万两白银，而且是一次性投入；如果派8万大军出塞，军需、粮草加起来每年耗费1000万两白银。战争持

续多久，能否击败敌人，都是未知数，而且打赢了也没有意义。

所以，利用长城方案，把游牧民族挡在等降水量线之外，是农耕民族2000多年的理性选择。哪怕是游牧民族，只要越过降水线就会从马上下来，学习耕种定居，同时要修长城抵御故乡的草原骑兵。2000多年来，中国人修了2万多公里长城，这个长度可以绕地球赤道半圈。

淬炼草原文明的催化剂

以往，人们总是站在农耕民族角度看长城，其实长城也淬炼和锻造了游牧民族，这就提供了理解长城的新视角。

历史学家有个共识，秦始皇统一中国之前，游牧民族还不是多大的威胁。而统一后没多久，北方就冒出一个匈奴部落，这就是长城的反作用力。作用机制不复杂，对草原民族来说，中原的盐、铁和粮食是必需品，中原的布匹、器物、高档手工艺品更是部落首领收买人心的硬通货。中原分裂时，这些物品可以通过贸易获得，秦国不卖赵国卖；而秦始皇统一中原后，把长城连在一起，贸易只能在长城沿线的关隘进行，一旦双方交恶，关隘将领把城门一关，就会对草原民族进行贸易封锁。所以，很多历史学家认为，长城最重要的作用其实是经济制裁，防御反而是附带功能。那游牧民族为什么不绕过关隘做贸易？很难，一旦有了长城，贸易就只能在关隘附近发生，因为关隘之外的小路长时间无人走动，慢慢就荒无人烟、荆棘丛生，成为无人区，甚至被人们遗忘了。

一旦农耕民族启动经济制裁，嗷嗷待哺的小部落们只能团结起来，借助集体力量越过长城来抢，于是大帝国就出现了。从这个角度来看，长城，变成草原帝国的催化剂。最近的例子发生在明朝晚期，小冰期再次降临，两边发生激烈冲突，明朝决定对关外进行经济封锁，导致辽东大米、棉布价格暴涨，比中原高几十倍，这就为努尔哈赤统一女真部落提供了外力。借助统一的力量，清兵入关建立新朝。长城再次升级了草原文明。

草原文明一旦升级，影响就不限于东亚。站在山海关，顺着长城，还可以看到欧亚大陆的变迁。

《上帝之鞭》的作者这样描述匈奴："他们就像一股从西域雪山倾泻下来的雪水，当他们涌到长城脚下，就被长城挡住，于是呼啸得更厉害了，一声高过一声，使绵延万里的长城烽火硝烟，千年不息。在顽强而执拗地，要参与缔造中国历史的能量未耗尽之前，他们是绝不回头的。"要么跨过长城，放弃游牧生活当农民，最终融入中原；要么改变方向，向西进入大陆深处，甚至进入欧洲腹地。古罗马帝国、阿拉伯帝国的覆灭有诸多原因，但都可以拉出一条长城的线索。长城推倒了第一张多米诺骨牌。

这股力量还被历史地理学家麦金德概括为"地缘大锤"。他说，每隔一段时间，欧亚大陆的心脏地带就有一股草原力量崛起，他们像大锤一样，敲击大陆的边缘，从匈奴到蒙古人，都是这样的大锤，大锤改变了欧洲史和世界史。这个力量要等到工业文明来临才能熄灭。

→ 换个角度

汉唐其实是不同的

我们经常把"汉唐"连在一起说，事实上，两者有非常大的不同。汉，从价值观到统治地域到核心团队，都是标准的农耕文明。大唐则是混合文明，从血缘就可以看出——李渊的生母就是鲜卑人，李世民在汉地是皇帝，是天子，是儒家礼仪的拥护者，而在草原就变身"天可汗"。连唐朝的军队也是混合制，简直是一支"多族部队"。以安史之乱为例，安禄山是粟特人和突厥人的混血。镇压叛变的唐朝将领中，高仙芝是高句丽人，哥舒翰是突厥人，李光弼是契丹人。

可以说，正是因为既熟悉草原又熟悉农耕，唐朝才可以跨越长城内外，如果是单纯的草原文明或单纯的农耕文明，很难做到这一点。"混合制"也可以解释一些奇特现象，比如，李世民的才人武则天会成为儿子李治的妻子，李隆基会将儿子的王妃杨玉环收入后宫，也可以解释为什么会出现女皇武则天。单纯的农业王朝，这一切几乎都不可能。

第三节

荷兰代尔夫特
第一款全球时尚爆品

不同的审美观念相遇时会发生什么？不是"你死我活"，而是你中有我，碰撞出全新的观念和作品。青花瓷最能说明这种"碰撞美"。它可以说是第一款全球时尚爆品，持续火爆了几百年，超过古今任何人造物。虽然青花瓷原产于景德镇，但我想提供一个新的空间视角，带你跨越几万里的物理距离，去荷兰代尔夫特，体验审美碰撞的魔力。

青花瓷是审美碰撞的产物

如果对代尔夫特没有印象，你可能知道海牙和鹿特丹，代尔夫特就在这两座城市之间。如果对这两座城市也没有印象，你可能知道小镇里的两位名人，一位是用显微镜发现精子的列文虎克，被称为微生物学之父；一位是画出《戴珍珠耳环的少女》的画家维米尔。如果对他们也不够了解，你对城市景观也会有熟悉感，橱窗、商店、大街小巷随处可见青花瓷，恍惚间能看到景德镇的影子。在有些场合，代尔夫特被称为欧洲的景德镇，青花瓷是它的名片。

小镇里的皇家代尔夫特蓝瓷厂是荷兰青花瓷大本营，就像一个青花瓷博物馆。青花瓷来自中国，油画艺术来自欧洲，两种独立的审美在此相聚。当地人把荷兰的名作高度"青花瓷化"。维米尔的《戴珍珠耳环的少女》，伦勃朗的《夜巡》，都按1∶1的比例制成青花瓷。相遇背

皇家代尔夫特蓝瓷厂

后则是元朝就开始、持续了几百年的碰撞。

青花瓷主要由两种颜色打底，"白"和"蓝"。我们今天对此习以为常，而在美学巅峰的宋朝，主流审美光谱里，"白"和"蓝"的位阶都不高。文人士大夫推崇青瓷，"雨过天青云破处，这般颜色做将来"，审美大家宋徽宗将青瓷看作美玉，小，可把玩。模糊的颜色提供了想象空间，构建出无法言说的审美体验。

青花瓷的白、蓝再加上"大"——大瓷盘、大瓷罐、大葫芦瓶——能被批量制作，说明从宋到元，审美领域发生了基因突变。简单说就是时代变了，中原新主人换成蒙古人，他们以白为美，民族传说里，他们是苍狼白鹿的后代，"苍"和"白"，都是白。更不必说，他们历法里的正月叫白月，意味着万物的开始，崇高的礼节是献白色哈达，他们喜欢吃白食（白色乳制品），看惯了白羊、白云，居住的地方还是白色蒙古包。

同时，元代最重要的贸易伙伴是穆斯林商人，他们生活在干旱少雨的中东，天然喜欢水。海洋里有无穷无尽的水，还是蓝色的，他们心

225

中的天堂,也是一个蓝色水世界。蓝,不只是颜色,还关乎信仰。此外,蒙古人还有个共同喜好:大。

对瓷器工匠来说,主顾的喜好变了,"小而青"变成"大白蓝",产品就得跟着变。元代之前也有白瓷,但黏土硬度不够,做不出大的器型,加上市场需求不多,工匠们没有研发动力。元代之后,工匠们在市场的拉动下开始搞研发,在景德镇高岭村找到一种瓷土,反复实验后终于烧制出又白、又大、又硬的白瓷。注意,高岭土不是"土",而是一种特殊的矿物,是国际黏土矿物学专有名词。

找到高岭土之后,工匠们要解决"蓝"的问题。国产的钴蓝颜料颜色模糊,这时候,国际贸易网就发挥了作用,波斯的钴蓝颜料(又称"苏麻离青")大量进口到中国,"蓝"的问题解决了。

某些恒星到"晚年"会成为超新星,爆发时会产生大量物质,其中就包括钴蓝颜料($CoAl_2O_4$)。所以,每件青花瓷都可以追溯到一颗超新星,这种解释很有趣。

瓷器上的图案也要符合主顾需求。元青花的装饰,有繁复的阿拉伯花纹,有大牡丹、大芍药,这些是蒙古人的热爱;梅兰竹菊,则符合中原士大夫的审美。从一开始,青花瓷走的就是"融合风",这股风穿越几百年的时空进入拍卖市场,变身为瓷器贵族。2008年9月,一件元青花龙纹扁瓶,在纽约拍卖市场上以583.15万美元成交;2012年7月,元青花瓷罐"鬼谷下山"在伦敦拍卖出1568.8万英镑的价格,创造了中国艺术品拍卖的高价纪录。高价格的背后是稀缺性。

元青花最集中的收藏地并不是中国,而是土耳其和伊朗。伊斯坦布尔的托普卡帕宫博物馆收藏了最多的元青花,足有40件,伊朗国家博物馆收藏了32件,江西高安青花瓷博物馆有19件,这是元代国际贸易的结果。尽管后来元朝被明朝取代,但青花瓷市场已经形成,蓝白美学也被明清两朝延续,只是离全球爆品还差一个引爆点。这时候,荷兰人登场了。

第一款全球流行时尚产品的打造

1602年,荷兰商船在马六甲海峡抢劫了葡萄牙商船克拉克号(Carrack,意为远洋帆船),船上面装满青花瓷。荷兰人决定拍卖它们,但遇到一个难题,怎么证明瓷器的来源是合法的?代尔夫特青年格劳秀斯写了一篇论文,论证葡萄牙人垄断公海航路,违背自然法,因此对他们抢劫符合自然秩序,这就是公海自由航行的概念。国际法学界普遍认为,格劳秀斯是海洋法的奠基人。

站在青花瓷的角度,这次拍卖证明了青花瓷的价值。荷兰人因此获得了350万荷兰盾,这是一笔巨款,可以在阿姆斯特丹购买750幢洋房(也有说法称450幢),或者打造一支拥有35艘大船的远洋舰队。更重要的是,拍卖吸引了包括英王和法王在内的欧洲王室、贵族、富商,相当于给青花瓷办了一场大型发布会,青花瓷一炮走红。

翻看当年的绘画,我们可以看到欧洲人对青花瓷的痴迷。当年,有钱人家里都有一个柜子,专门放青花瓷。青花瓷专柜是富有阶层的标配,如果家里没有瓷器柜,意味着主人品位不够。如果是国王,还会建造专门的宫殿。青花瓷的疯狂粉丝,波兰国王奥古斯都二世,就曾经用600名精锐骑兵换了151件康熙时代的青花瓷。法国国王路易十四,把所有的银具换成青花瓷。青花瓷,已经不是吃饭喝茶的容器,而是标准的时尚品,如同老佛爷百货里的大牌包包,不是用来放东西,只是为了和他人区分。

人们为何如此热爱青花瓷?首先,作为人造物,青花瓷和常用器皿完全不同,欧洲人使用的木质、玻璃质、银质器皿,无法和青花瓷光滑坚硬的蓝白质媲美。其次,有神秘感,青花瓷的制作是个谜,欧洲第一家族美第奇家族曾专门组织研发,但以失败告终。第三,青花瓷能提供某种精神力量,瓷器上的人物、故事和风景这些中国元素,满足了欧洲人的东方想象。

欧洲人的东方想象可以追溯到古罗马时代,经过《马可·波罗游记》以及传教士的描述，中国在欧洲人心中几乎等同于天堂、富足、安定，没有宗教压迫。欧洲的精英和贵族，包括伏尔泰、狄德罗、培根这些启蒙领袖都曾呼吁向中国学习，伏尔泰的书桌上就放着孔子像，欧洲君主甚至学中国皇帝举行春耕仪式。更不用说普通贵族，他们按青花瓷的图像打造茶室、学习喝茶，用中国屏风布置空间。既有使用价值，又有美学价值，还有想象价值。拥有青花瓷，就等于和想象中的东方生活在一起。

代尔夫特对这股风尚起到了重要作用。当年的抢劫发生在荷兰东印度公司成立后不久，公司领导人意识到，如果能在本地仿制青花瓷，成本必然空前降低，于是代尔夫特蓝瓷厂诞生了，这是欧洲第一个青花瓷山寨工厂。

> 大航海时代，西班牙人从美洲获得的白银里大约 1/3 要运到中国，用来购买包括瓷器在内的商品，这些瓷器运到欧洲会以六倍价格出售。中国因此获得了大量白银，将中国引入银本位时代。

遗憾的是，山寨的青花瓷一旦磕碰，就会暴露胎体的粗糙，因为其实他们仿制的是陶，不是瓷。对比下来，从中国购买反而更划算，于是荷兰人出设计，委托中国人加工，青花瓷也开始出现欧洲元素。中国士大夫、蒙古王宫、穆斯林商人和欧洲贵族的审美，因代尔夫特融合到一起。荷兰担任"海上马车夫"的一个世纪里，每年向欧洲运送瓷器超过60万件，青花瓷得以进入每个欧洲家庭。

打造流行产品的路径

青花瓷崛起的故事，也为后世时尚产品预言了一条经典路径，即碰撞和融合——时尚、艺术、音乐经典，背后都有审美碰撞发生。

梵高的《星空》《向日葵》受到日本浮世绘的启发；毕加索的绘

画作品中，曾融入非洲元素。小提琴协奏曲《梁祝》，则是东方古典音乐和西方交响乐的碰撞。苹果手机，也是审美碰撞的产物，乔布斯吸收了禅宗的审美，设计上吸收了日本文化的"少即是多"。可以说，没有审美碰撞，苹果手机的故事也许不会存在。

→ 冷知识

神奈川的海水席卷全世界

说葛饰北斋的《神奈川冲浪里》启发了法国印象派画家，大抵是没错的。印象派鼻祖莫奈的吉维尼故居，就有《神奈川冲浪里》的版画，梵高的《星空》也参考了它的构图和色彩，这是多数人知道的故事。而另一个故事，知道的人就不多了。

实际上，这幅日式版画是东西方审美反复碰撞的产物。富士山、海浪、人生无常，体现了日本文化的审美意境，而线性透视和处理光影的技巧，则是荷兰商人带给日本的，连版画上使用的"蓝色"也是国际贸易的产物，被称为"普鲁士蓝"。有评论认为，西方人被这幅画吸引时并没有意识到这幅画和西方艺术之间的血缘关系。熟悉元素陌生化，会变得更有吸引力。

补充一点，"神奈川冲浪里"应该断句为"神奈川、冲、浪里"，"冲"是附近的海域，神奈川是地名，也是经典动漫《灌篮高手》的取景地。

第四节

墨西哥奇琴伊察古城
大自然的小白鼠

碰撞这一章最后一个地标,我要带你去墨西哥的奇琴伊察。哥伦布发现新大陆前,欧洲与美洲的人都不知道对方的存在。我经常觉得,大自然似乎在做对比实验,旧大陆文明之间不断碰撞,对照组的美洲文明则相反。实验的结果印证了什么?在奇琴伊察古城可以看到一些最本质的东西。

天地大碰撞

我的阅读经验里,关于美洲文明最吸引人的表达来自尤瓦尔·赫拉利的《人类简史》,他从"吃货"视角描述了智人进入美洲的场景。大意是,跨越白令海峡的智人是天然的猎人,追着长毛象进入美洲。先是在阿拉斯加耽误了2000年,随着冰川的融化开始南下;再用2000年,从北极附近的阿拉斯加走到南极附近的火地岛,包括长毛象、乳齿象、剑齿虎、地懒,《冰河世纪》的主角几乎被吃光了;之后进入农耕时代,独立发展出玛雅、阿兹特克和印加文明,合在一起称为美洲文明。

他的讲述让人很难忘记,而我想提供一个地质学视角,同样神秘而精彩。故事发生在大约66043000±11000年前,一个直径约12公里的小行星,以每秒20公里的速度撞向地球,撞击瞬间产生相当于广岛核爆的45亿倍的能量,撞击中心瞬间塌陷,又瞬间反弹出一座近2万米的高山,随后又坍塌成一个3万米深的大洞。过程中,超过25亿吨的物质被喷射到空中,地球陷入黑夜,冰河期来临,超过75%的生物被毁灭。这是过去一亿年里我们星球最具灾难性的时刻,史称"第五次灭绝"。

而借助郭德纲的一个相声段子来形容这次撞击,则是另一番景象:撞击对恐龙是灾难,而对哺乳动物来说,如同泰坦尼克号厨房里的龙虾,简直是生命奇迹。恐龙的消失,为哺乳动物留下巨大的生态空间,进化着进化着就分离出灵长类动物,进化着进化着又有了智人。到了大约7万年前,一群智人走出非洲,1万多年前进入美洲,5000多年前来到尤卡坦半岛,回到6600万年前的撞击点希克苏鲁伯陨石坑附近,发展出美洲文明的奇葩——玛雅文明。

奇琴伊察就在距离陨石坑大约100公里的密林深处,如果没有那次大碰撞,大概率不会有玛雅文明。

绝大多数古代文明发源于江河附近,从这个角度看奇琴伊察,这里完全不适合人类居住。尽管当地降水总量不低,但季节分布严重不均,旱季常常超过半年。当地没有江河湖泊,附近也没有雪山融水,地质学家称之为"季节性荒漠"。为什么荒漠中能发展出高度的文明?因为天地大碰撞给奇琴伊察所在的尤卡坦半岛北部留下了大量的天然井。

更高维度的观察证明了这一点。如果把半岛上的天然井连起来,居然是个直径约200公里、形状近乎完美的半圆,圆的另一半没入墨西哥湾,圆心就是希克苏鲁伯港,也就是6600万年前天地大碰撞的撞击点。

进一步的解释是,撞击永久性改变了尤卡坦半岛的地质结构:地下岩石被撞出地表,塑造出喀斯特地形,雨水无法在地表保存,而是流到地下,形成庞大的淡水层,正是这个淡水层演绎出天然井。

所以,这一次我们考察奇琴伊察古城的起点,不是玛雅金字塔,而是城郊的天然井。玛雅语中的"奇琴伊察"就是"神水井口"的意思,它是6600万年前天地大碰撞的地质遗产。

在古城景区我们能看到公共桑拿室遗址,有记录显示,奇琴伊察

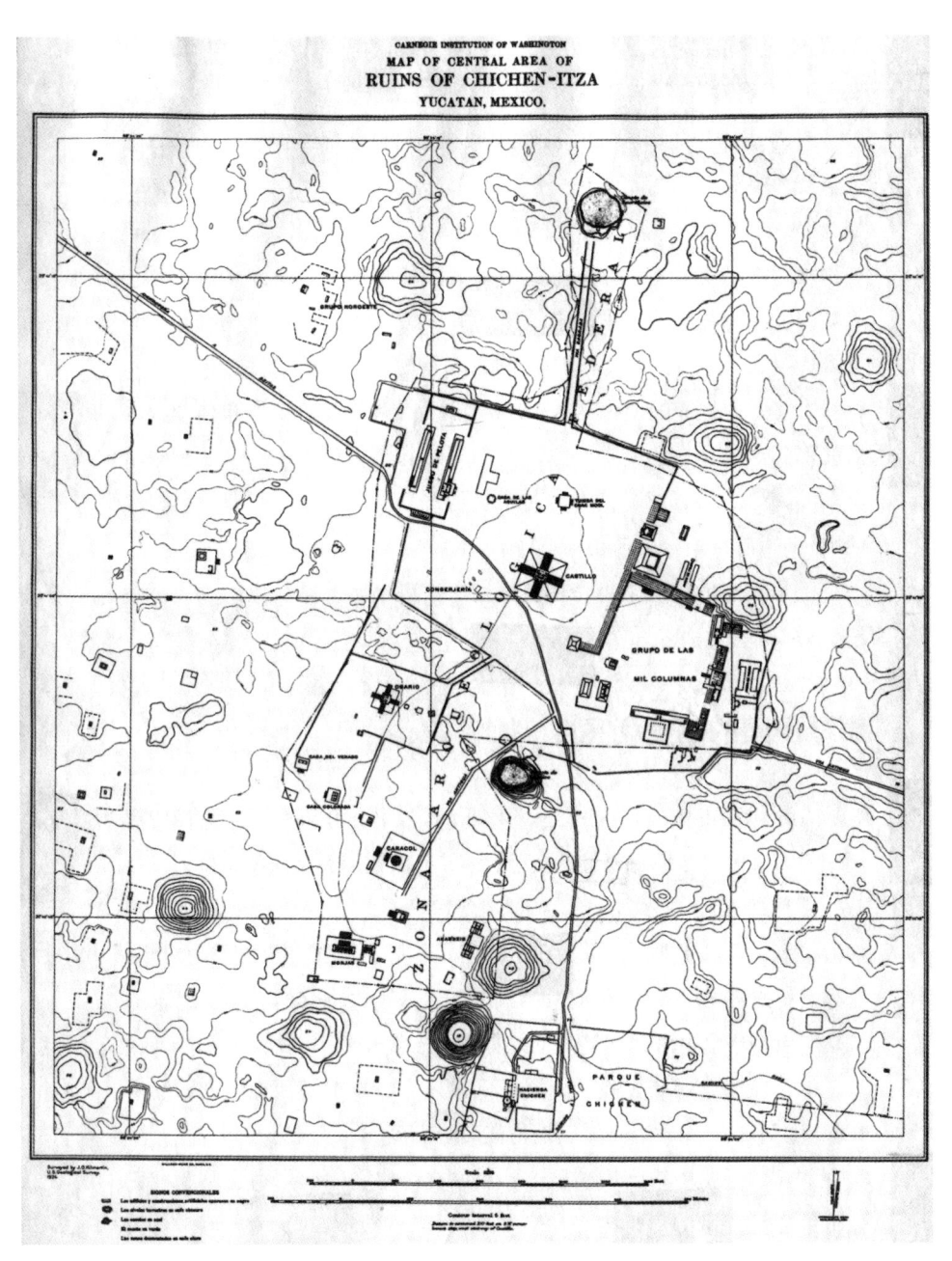

奇琴伊察古城地图

的玛雅人比同时期的旧大陆的人更讲卫生，每天都可以洗澡。所以，半岛北部的玛雅城邦确实要感谢上天。

半岛南部与北部相比，虽然降水量远超过北部，但海拔较高，无法从淡水层取水，对抗季节性干旱的方法是修筑人工水库。以蒂卡尔古城为例，水库能为一万人储存18个月的饮水，也发展出发达的文明。但如果遇到跨年的干旱，蓄水就会枯竭，唯一的解决办法是战争，南部玛雅城邦就一直在摧毁与重建中循环。循环在9世纪终止，因为当年的旱灾极为罕见，农业绝收、水库干涸，战争的规模和毁灭性远超以往，80%的人丧生。考古记录显示，900年前后，南部城邦文明集体熄火。而北部的奇琴伊察、乌斯马尔、科巴等城邦不但挺了过去，还聚集了更多的人口。可以解释的原因是，当地地势低，天然井可以持续提供淡水。

正是在水的滋润下，奇琴伊察发展出更高阶的精英政治、经济贸易、军事宗教。

奇琴伊察的高度和亮度

奇琴伊察古城南北约3公里，东西约2公里，并不是玛雅古城中规模最大的，但保存最为完整。这里延续并升级了玛雅文明的高度。

单独追溯它的历史，奇琴伊察在600年前后已经是中心城市。到10世纪末，来自墨西哥中部的托尔特克人征服了当地，将奇琴伊察作为首都，所以古城是托尔特克和古玛雅文化的混合。最能体现混合特征的就是卡斯特略金字塔，它是玛雅文明的"纪念丰碑"。

卡斯特略金字塔比埃及金字塔低得多，塔身加塔顶神庙大约30米高。规模不是它的看点，看点是玛雅人的工程技术思维方式。

首先，它是个声音模仿器。如果站在金字塔面前用力击掌，我们会听到塔身传来的鸟鸣。奇琴伊察人崇拜一种神鸟，认为它们来自天堂，于是通过建筑设计向神鸟致敬。

其次，它是个祭祀场所。每逢特定时间，塔顶会上演血腥的活人祭祀，用来祈祷风调雨顺和战争胜利。据说金字塔陡峭的台阶也服务于祭祀，被献祭的俘虏会被绑起来从塔顶推到地面，台阶的高度和坡度有利于为献祭仪式增加张力。

> 玛雅人用活人献祭异常残酷，但这几乎是古代文明的共同经历。这种献祭，除了认为神灵需要鲜血，更重要的是，暴力和鲜血唤醒了杀戮本能。

第三，它是个时间记录仪。四面各有91级台阶，共364个台阶，加上神庙是365个，对应着地球绕太阳一周的时间。每年春分、秋分下午三点左右，台阶会形成连续的阴影，与底座的蛇头连在一起，就像一条巨蟒，象征着羽蛇神苏醒后从神庙爬出，提醒玛雅人要在这一天播种。所以，卡斯特略金字塔也是一部石头书写的历法。

无论从哪个维度理解金字塔，都能感到神秘和恐怖。能营造这种氛围，自然需要知识资源。移步旁边的卡拉科尔天文台，我们会发现玛雅人在天文、历法和数学上有难以置信的成就。

先看大门，它也是一台天文"仪器"，可以通过门在屋子里的阴影判断夏至与冬至。沿着内部椭圆形阶梯上到顶层，你会发现玛雅天文学家很懂得就地取材，天文台的平台上有石头制造的容器，夜晚时放上水，就可以借助水中倒影观察星体的移动。

靠这些简陋的仪器，玛雅人精确描述出太阳系主要行星的轨道，对金星轨道的观测精确到每6000年只差一天。他们历法里的一年和真实的太阳年相比，只有17.28秒的误差，比今天使用的阳历还要准。支撑天文知识的是数学成就，玛雅人能用"亿"为单位记录天文现象，甚至还发明了"0"。

"时间"是观察玛雅文明最重要的维度。他们对时间极度痴迷，无论是发动战争还是给神献祭，都会在玛雅历中选择日期；他们还有一种"长计历"，记录一个每隔5126年重新开始的极长时间周期，用于庆祝宇宙的重生。历史学家可以通过长计历与阳历的对应关系，确定玛雅历史上某件大事发生的日期，能精确到年、月、日。这种神秘感启发了"2012年现象"——有人认为2012年12月21日是世界末日，因为这一天在长纪历中是5126年纪年周期的最后一天。这个说法一度引起恐慌，玛雅长老不得不在电视上辟谣。

玛雅的文明程度

包括玛雅城邦在内的美洲文明和旧大陆有很多相似的地方，比如：文明维系需要精英阶层，知识资源支撑精英统治，精英往往掌握祭祀的权力，恐惧和神秘是维系统治的基础。"国之大事，在祀与戎"，放在美洲文明也是成立的。

而和旧大陆不同的地方是，美洲文明极度欠缺对自然力量的驾驭。

轮子。旧大陆几乎所有古代文明都懂得使用轮子，而玛雅文明没有相关记录。金字塔、神庙、球场、宫殿等大型建筑材料都靠人力搬运，材料和地表的摩擦耗费大量人力。没有轮子还意味着无法完成远距离跨越，美洲几个主体文明彼此也不知道对方的存在。

牲畜。可以役使的大牲畜是文明扩张的重要条件，这是美洲文明欠缺的，尤其是悲剧性地错过了原本就生活在美洲的马和骆驼。智人到来之前，马和骆驼部分迁徙到旧大陆，另一部分则灭绝了，主流说法是被美洲人吃光了。美洲只剩狗、羊驼、火鸡等中小型动物，让几只狗拉雪橇可以，让它们去耕地或拉车真的难以想象。

铁器。当地金属矿藏埋得太深，导致玛雅文明没有发展出冶铁技术。他们使用的工具和兵器主要以木质和石材为主，可以说他们是石器时代的文明。

缺少轮子，没有铁器和大牲畜，尽管拥有卓越的天文和数学能力，也只能在刀耕火种的石器时代徘徊。文明如此畸形的重要原因，是美洲文明彼此独立、无法交流，欠缺多元碰撞。既然缺乏碰撞为什么又如此相似？打个不恰当的比喻，两个得零分的考生肯定不是互相抄袭的结果。无法在碰撞中互相拉台，就只能在内卷中彼此拆台。13世纪上半叶，奇琴伊察也没有逃过干旱和战乱，自此衰落。西班牙人面对的已经是玛雅文明的余晖。

大自然的二次实验

1502年，哥伦布最后一次到美洲。他从洪都拉斯湾上岸，在奇琴伊察南部靠近中美洲一带，被一种做工很精细的陶盆吸引。陶盆来自一个叫"玛雅"（Maya）的地区，这个词由此传到欧洲。

我们可以想象，站在美洲人的角度，当时的欧洲人可谓天降神兵：骑着高大的神兽——比羊驼和狗都要大很多的马，奔跑如飞；盔甲如同闪光的衣服，金属刀剑所向披靡，好比地球人见到三体人；更可怕的是敌人都"有病"，欧亚大陆的人已经对天花等疾病免疫，美洲人却没有，病毒和细菌让一半以上的美洲人丧生。用美国学者贾雷德·戴蒙德的话说，欧洲人用枪炮、病菌与钢铁征服了美洲。

随着新旧大陆的高频交流，一个历史学名词"哥伦布大交换"诞生了。大交换空前提升了500年来的人类文明。

比如农作物的交换。美洲人给旧大陆输出了玉米、辣椒、花椒、西红柿、地瓜、菠萝、草莓、木瓜、花生、向日葵、可可……这是一个很长的植物清单。这些作物颠覆了旧大陆的食物结构。今天很少有人以玉米为主食，而玉米产量却远超小麦和大米，玉米去哪了？70%的玉米进入畜牧业，家养动物们吃玉米长肉，吃玉米生蛋，吃玉米挤奶。土豆同样具有颠覆性，直接催生了人口爆炸，以爱尔兰为例，土豆让这个国家的人口从200万增加到600万。靠着玉米和土豆，中国可以养活4亿人口，中餐也变得异常丰富，明朝之前的四川既没有水煮鱼也没有麻辣烫，而东北名菜"地三鲜"——茄子、土豆和青椒，其中土豆和青椒就来自美洲。番茄进入南欧的意大利、西班牙和法国后，成为当地饮食文化的招牌。当然也有负面的部分，比如梅毒和烟草也传入旧大陆，而美洲白银波动全球和旧大陆人口向美洲移民，是另外两个庞大的故事体系。

大自然用两次实验印证了同样的道理：多元碰撞一定会带来更多的解决方案，从而带来文明的整体跃迁。

"大历史"学科的提出人大卫·克里斯蒂安在《时间地图》中提出一个观点：一个地方，知识交换和碰撞的规模越大、频率越高，就越容易产生创新。古代社会中这样的地方是美索不达米亚平原，它的东边连着中国和印度，南边连着阿拉伯半岛和非洲，北边连着欧洲，三大洲的知识和信息频繁碰撞，创新就在这里发生。

类似的区域，比如农耕和游牧文明的交接地，是骑马、冶金、武器以及宗教观念的交换枢纽，5世纪的雅典、13世纪的蒙古，都是这样的枢纽。大航海之前，西欧是旧大陆的边缘；当美洲和欧洲的交流与碰撞打通，大西洋沿岸从边缘上升为非洲、欧亚大陆和美洲交流与碰撞的枢纽。欧洲会爆发工业革命，并成为近现代创新中心，就受益于枢纽的位置。

→ **换个角度**

关于地理与文明的另一种解释

英国地理学家詹姆斯·菲尔格里夫1914年出版了《地理与世界霸权》。他说，塑造文明的地理条件首先是气候，极寒、极热和过度的舒适，都不利于塑造文明。

首先，可以活却不容易活，能倒逼人们有压力和动力规划未来，例如储存食物等资源；其次，外围最好有天然的河流、山脉或者沙漠，可以阻止外来入侵者。从这两点看，四大文明古国都有类似的初始条件。那北美呢？菲尔格里夫认为，当地没有尼罗河、黄河、恒河、幼发拉底河与底格里斯河这种能带来肥沃土壤的天然河，而且旱涝无常，不适宜早期文明发展；而一旦有先进文明进入，情况会彻底改变，当地所有的资源都会被卷入工业革命的机器，美国发展为世界第一强国就是个必然的结果了。

不过，作者没有说明的是，美国的先贤们并不是"一穷二白"，而是英国文明的延伸。

第 7 章

重大发明

→ 如果让你列出影响人类文明史的重大发明，你认为有哪些？轮子、弓箭、马镫、青霉素、牛痘疫苗、巴氏灭菌法、口服避孕药，抽水马桶、垄耕技术、光学镜片，蒸汽机、汽车、火车、飞机，电报、电话……它们都很重要。这一次，我想找一些"颠覆式"的发明，即走进现代世界的"预制发明"。人们对颠覆一词的理解不同，每个人也都有自己的标准，那就看看下面这几个地标，是否符合你的想象。

第一节

浙江泽雅古村落
造纸术是最早的信息革命

文字的发明让知识和智慧穿越时空限制完成积累，但文字作用大爆发的前提是得有实用、廉价的介质。人们曾经使用石碑、兽骨、莎草纸、羊皮和泥版烙印文字，但它们都不是理想的介质，直到蔡伦发明造纸术，局面才得到彻底改变。这一发明有多重要？美国应用物理学家麦克·哈特的《影响人类历史进程的100名人排行榜》一书中，有两位中国人进入前十名：孔子和蔡伦。哈特提供了一个视角，即站在人类文明而不是某个国家的角度来评估一个人的贡献。接下来，我要带你去浙江温州泽雅古镇，通过探索当地古法造纸术，寻找蔡伦的"术"的奇特之处。

泽雅的活化石

《后汉书》中提到，蔡伦"用树肤、麻头及敝布、鱼网以为纸"。树皮、破布、渔网怎么能变出纸来？这一点没有记录。在泽雅，我们能找到蔡伦的古法吗？

"泽"代表水，"雅"代表美，泽雅地处温州西部，有"西雁荡山"的美名。古人说"温州雁荡山天下奇秀"，雁荡山还是三山五岳的"三山"之一。在泽雅，我们可以看到瀑布和峡谷，小桥和水流，完整的古法造纸工艺就藏在山水间的"四连碓造纸作坊"里，"四连碓"是指沿着230米长的水流设立的四级水碓。

泽雅人造纸的材料是漫山的竹林，我们能看到当地人把竹子变成纸的完整过程。先是把竹子砍下来，去除枝叶，再削成短竹，扎成捆放到淹竹槽。石灰水浸泡两三个月后，放进碓房的石槽，借助水流的动力舂捣。

淹竹槽

我们可以看到古老的机械装置：水流转动筒车，筒车圆心是一根木轴，木轴每转动一圈，都会通过杠杆原理让水碓上下起落。伴随着有节奏的舂捣声，短竹被凿成絮状物。纸农会把竹絮放进纸槽，再搅拌成细腻的纸浆，然后就可以捞纸了。

纸农操作造纸装置

对,是"捞",用纸帘捞纸。这非常考验手艺,轻轻一捞是薄纸,重重一捞是厚纸,捞上来的纸落到一起,再用木板压实,大部分的水会被沥干。最后的环节是晒纸。当年的泽雅,天气晴好时"漫山尽带黄金纸",因而有了"纸山"的雅称。晒干成捆的纸会被盖上印章,成为自有品牌"泽雅屏纸"。

当地造纸的历史据说可以追溯到唐代,而更多人相信是元末明初。潘氏先民从当年的福建南屏迁居泽雅,顺便带来造纸术,"南屏纸"变成了"泽雅屏纸"。今天在泽雅的几个村子里都能看到溪边的工坊,筒车、水碓、水碓房、捞纸坊、淹竹槽随处可见。

泽雅能造纸,首先是有水。漫山遍野的泉眼很容易形成溪流,有溪水就可以筑坝,筑坝就会产生水的势能,有势能就有源源不断的动力。其次是有料，竹子生长周期短，原料取之不竭。再者是交通不便，为造纸术提供了保存条件。最后是有需求，很多地方的鞭炮和丧葬依然习惯使用古法纸。得天独厚的条件造就了泽雅，明清时期，足足10万人在深山大练造纸术。

尽管越来越多的年轻人外出打工，泽雅依然还有老人把造纸作为生活的一部分。中外专家一致认为，泽雅的造纸工坊是活化石，可以看到原汁原味的造纸术，和《天工开物》的记录高度匹配。但这种造纸术和蔡伦用的方法似乎有所不同，蔡伦用树皮、麻头、破布、渔网造纸，泽雅人则用竹子。

真有人较过这个真儿。1957年，西安灞桥发现一座西汉古墓，古墓里的铜镜底部贴着类似古纸的物质。《中国造纸史》作者潘吉星通过化学测试，证实了这种物质就是纸，于是有了考古学界的一个名词：灞桥古纸。1965年，潘吉星带着一片古纸在当年以古法造纸著称的陕西省凤翔县纸坊村蹲点，并以古纸为导向，希望能通过实验反推出汉代的工艺。

潘吉星前后用了八套方案，最终制造出同样的纸。

他认为，现代造纸工序众多，但一定是基于从简单到复杂的进化过程。这就意味着只要不断减少现代工序，反复实验，就一定能造出汉代的古纸。那些减到不能再减的工序，就是蔡伦的造纸术。

实验的结果是，有两道最基础的工序无法削减，一是植物纤维必须经过碱性溶液浸泡，二是植物纤维必须捣碎成浆，放入水中再均匀捞起。无论凤翔县纸坊村、泽雅还是现代造纸工厂，所遵循的工序，都是两个基础工序扩展后的结果。

为什么要用碱性溶液浸泡？因为植物纤维中的果胶不利于纤维的细化，木素会降低纤维的强度，这两点均不利于纸张的形成，而碱性溶液可以将它们分离。可蔡伦怎么会知道碱性溶液还有这个作用？有学者推测，他可能参照了古代的缫丝工艺，战国时人们就懂得用草木灰水（碱性溶液）浸泡蚕茧来分离杂质，制造丝绸。从植物纤维联想到造纸术，蔡伦又是如何打开这个脑洞的呢？

造纸术之"术"

其实，造纸术的伟大不在于脑洞，而在于"术"。蔡伦找到了植物纤维转化为纸张的路径，发现树皮、破布、麻头、渔网这些植物纤维都可以造纸，而地球上植物纤维随处可见。这意味着书写的载体变得空前低廉，知识积累和流动的效率呈指数上涨。

没有造纸术会怎么样？前文提到，孔子、苏格拉底和佛陀是同时代的思想家，他们观念迥异，但都遵循"不立文字"，思想都是在死后由弟子整理的。他们述而不作的原因很多，而有一点是肯定的，那就是没有合适的书写介质。

人类早期记录文字主要靠石头、金属器皿、陶器以及龟甲兽骨，这些介质制作成本高、书写效率低、远途移动难。为此，古代两河文明的苏美尔人用泥板作介质；古埃及人则发明了莎草纸。莎草纸类似中国的芦席，很容易折断，更大的问题是，只能以尼罗河边的纸莎草为原料。这一市场被埃及人垄断，价格昂贵，为此，欧洲人发明了羊皮纸，可以就地取材。但书写一部《圣经》就需要210~225只羊，可以想象成本有多高。

有了造纸术后，局面变得不同。任何人在任何地点、任何时间，都可以用同样的方法造纸。

和泽雅的情况一样，所有的造纸工艺都基于蔡伦造纸术。印度人的原料是黄麻，朝鲜人的原料是稻米、稻草、大麻，日本人用桑树皮，阿拉伯人用大麻或亚麻。9世纪末期，因造纸量巨大，大麻制作的碎布都跟着大幅涨价。11世纪的开罗，人们连木乃伊的裹尸布也不放过，撕下来用于造纸。

改变亚洲文明走向

造纸术在中国完成了数次迭代，吸水性很强的竹纸能让墨迹变得朦胧柔和，为山水画找到了依托。想让纸张杜绝蚊虫，还会在工序中加入中草药，公文和档案的长期保存就有了可能。造纸还顺势演化出纸伞、纸扇、风筝、灯笼、春联。更有意思的是，造纸术帮助大唐成为最早使用厕纸的文明。北宋，中国历史上，也是世界历史上最早的纸币"交子"出现了。

> 《红楼梦》中也有用纸如厕的记录。第41回写道："刘姥姥觉得腹内一阵乱响，忙的拉着一个小丫头，要了两张纸就解衣。众人又是笑，又忙喝他'这里使不得'，忙命一个婆子带了东北上去了。"

所有变化中，最关键的变化是造纸术和印刷术的结合，使得经典可以被高效率地复制，识字成本空前降低，精英人才批量制造，客观上塑造了科举制和大一统帝国。尽管会发生周期性改朝换代，时间起点也晚于其他古代文明，结果不但"后来居上"，还能不断延续，造纸术这之中不可缺少的条件。而伴随着汉字和儒家思想的普及，造纸术在亚洲的传播打造了东亚文明圈。

纸在阿拉伯地区的影响不亚于东亚。造纸术引入阿拉伯国家后，只用100年就替代了莎草纸和羊皮纸。我们前面走过的巴格达智慧

> 晚唐时期，阿拉伯商人苏莱曼在《中国印度见闻录》中记载广州的中国人："便后不用水洗，而是用中国造的纸擦。"

宫，世界各地的智慧，数学、天文、建筑、医学、炼金术等，都被翻译成阿拉伯文，制作成书籍。9世纪，欧洲大型图书馆藏书量仅有几百册，即使到了15世纪，基督教中心梵蒂冈图书馆藏书也只有5000册，而同时代的阿拉伯图书馆，藏书动辄以十万计，科尔多瓦图书馆藏书达40万册。

欧洲人为什么速度慢

1150年，穆斯林统治的西班牙诞生了欧洲第一个造纸作坊。100多年后，意大利有了第一个造纸厂。又过了一个世纪，法国出现造纸厂，

各国逐渐有了自己的造纸业。

与造纸术席卷阿拉伯国家不同，造纸术在欧洲的扩张异常舒缓，最开始甚至被抵制。1145年，西西里王国明确规定，凡所有写于纸上的文件，一律不具有法律效力。还有人将纸称为"碎屑残渣"。犹太人也拒绝纸，一段记录描述说："天堂里，上帝正读着《犹太法典》。但这是本什么书？我们读的书是由羊皮、牛皮，或是纸莎草沼泽中摘取的芦苇皮制成的。他手中的这本却是用什么旧衣服的碎布，或那些劣等东西堆砌成的书。"

为什么会这样？因为绝大多数欧洲人不识字，对纸的需求本身就低。有阅读需求的人集中在修道院，认为书天然就应该是羊皮纸制成的，羊皮纸给人以久远及神秘感。

到了13、14世纪，局面开始改变。首先是阿拉伯数字和数学的引入，数学计算对介质的需求增加。其次是新知识引入，贸易、商业、科学和艺术需要更多介质来书写。最后是大学兴起，古典书籍同样需要复制。羊皮纸不够用了。

与在中国的经历类似，大约1440年，造纸术遇到了印刷术，古登堡完成了活字印刷试验。宗教改革后，欧洲人不再通过教会与上帝对话，几乎人人拥有《圣经》，人们对纸的需求呈几何级大爆发，识字率也跟着大幅增加。

总结下来，如果没有文字的发明，知识和智慧就无法穿越时间存在，文明就会在低水平上重复，无法在前人基础上得到累积。从这个角度看，记录和传播的重要性甚至超过知识和智慧本身。造纸术和文字组合起来，让知识和智慧的创作、传播、学习在全世界范围内进入正反馈通道，最终推动了现代世界的诞生。所以，造纸术可以说是最早爆发的一次信息革命。[1]

---

1 本文中关于造纸术的传播历程，参阅《一阅千年：纸的历史》（马克·科尔兰斯基 著，中信出版社，2019年）。

第二节

景德镇瑶里古镇
神奇物质扩张到现在

人类历史上很多发明昙花一现，陶瓷则不同，它是中国人的创造。进入现代社会后，陶瓷不只见于日常生活中的瓷器，还进入建筑业、电力行业，进入飞机、火箭、航天飞机等等。综合一项发明影响的深度、广度和时间长度，造纸术之外我会首推陶瓷。现代社会诞生前，陶瓷是最能体现人类智慧的发明，没有之一；现代社会诞生后，它还在自我演化，谁都不知道接下来还会演化成什么。陶瓷真的这么厉害吗？景德镇瑶里古镇藏着答案。

瑶里瑶里　陶瓷故里

中国人对瓷器市场的垄断持续了大约800年，根源就可以追溯到瑶里。

瑶里位于安徽、江西交界，瓷都景德镇浮梁县东北方向，距景德镇大约55公里。此地在古代隶属徽州，今隶属景德镇浮梁县。一条瑶河南北方向穿过古镇，周围有黄山和庐山两座名山，鄱阳湖和巢湖两大名湖，南面是油菜花覆盖的婺源。古镇在这里躺了近2000年，历史

> 浮梁是哪里？《琵琶行》有云："商人重利轻别离，前月浮梁买茶去。"此浮梁即彼浮梁。

最早可以追溯到西汉末年，真正的崛起则是近1000年的事。这里被称为"瓷之源、茶之乡、林之海"，从唐代开始制造陶瓷。

　　车马满载瓷器，顺着古镇的青石板路运到瑶水码头；瓷器上船进入昌江，由昌江入鄱阳湖，随鄱阳湖北上进入长江。部分瓷器沿大运河北上内销，部分瓷器南下入赣江，翻越梅岭到达珠江水面，然后外销至世界各地。

瑶水码头，高岭土和瓷器漂走的地方

"瑶"是美玉的意思。作为瓷器重镇，"瑶里"本名其实叫"窑里"，这里最多的不是美玉，而是"窑"。当地人发掘出一座南宋时的古窑，总长48.2米，沿着19.5°的缓坡向高处延伸，如龙蛇般趴在山上，这样的磁窑被称为龙窑，就是如今的绕南龙窑遗址。

龙窑的结构设计颇为讲究，是南宋时期的斜坡式龙窑，总长48.2米，宽2米，窑壁大约0.3米厚，残窑平均0.95米高，呈19.5°倾斜，分为火膛、

南宋时期的斜坡式龙窑

窑床和烟口三部分，底部用碎石块铺就，面积达350平方米。

龙窑的特点是长。长，可以增加窑的容积，一次能烧制更多的瓷器。斜度有烟囱的效果，通常"龙身"设有排烟孔，可以调节窑内温度，龙尾处则有高耸的烟囱，让排烟效果达到最好。整体设计的指向都是最大限度保证能源利用效率。

据说，这样一口窑，一次能烧制几万件瓷器。当地乡民告诉我，修建205省道时，挖地基的时候随时可以遇到古窑址，可以想象当年瑶里是怎样一个烟火小镇。

相关的描述还被传教士记录下来。18世纪，欧洲传教士来到景德镇，文字记录描述，一到夜晚，"好像是被火焰包围着的一座巨城，也像一座有许多烟囱的大火炉"。同样的场景欧洲人要到工业革命时才会看到。这位传教士叫殷弘绪，从1712年到1722年，在景德镇待了将近10年，留下大量一手资料。不过，他来景德镇可不只是传福音，更重要的工作是探索瓷器的秘密，准确地说是商业间谍。

瓷器对欧洲的吸引

中国和欧洲之间的瓷器贸易是在大航海之后开始的。在这之前，中国和阿拉伯之间的瓷器贸易已经延续了几个世纪，但瓷器对运输要求较高，很难传入欧洲。大航海时代来临，海上运输让瓷器开始进入欧洲人的视野。

根据史料记载，欧洲人看到的瓷器，比纸还薄，比奶还白："比最坚硬的石器还结实，用汤匙敲击还有铃声般清脆的声音，不容易剥落、掉屑、磨损，还耐高温、不褪色。举起瓷器对着光，还是半透明的。"

质感征服了欧洲人，他们甚至认为瓷器应该来自某种石头。

我们在代尔夫特旅行时，已经描述了青花瓷在欧洲火爆的程度，瓷器贸易是荷兰成为"海上马车夫"的支柱之一。我再补充一个例子，1745年，瑞典一艘商船在离港口不到一公里处沉没，其他商品都变成废物，只剩一些瓷器。而商人变卖瓷器的收入就能支付两年远航成本，还让投资人获得14%的利润。如此庞大的利益，欧洲人自然想自己生产。但技术呢？

技术优势

殷弘绪来到中国之前，青花瓷在欧洲已火爆了100多年，技术却掌握在中国人手中，只有景德镇才能出产顶级的青花瓷。景德镇究竟是怎样的所在？中国人到底掌握着什么魔法？殷弘绪冒险进入中国瓷器核心地带。

他看到了当地人使用水力的过程，中国人"顶端固定有以铁皮加固的带石块的杠杆，把它（瓷石粉）捣成微细粉末。这种杠杆可用人力或水力不停顿地操作，其操作方式与磨纸机上的捣槌的操作方式无异"。

工作中的捣槌

瑶里的绕南龙窑遗址，如今还能看到正在工作的水车和水碓。当地人通过修建水坝，让水形成势能，势能带动水车，水车转动木轴，木轴带动水碓，水碓起起落落，瓷石粉碎成土。

但瓷器最关键的秘密并不是机械，而是它的原料。原料的核心是"高岭土"，有了高岭土瓷器才能变得更白、更细、更结实。殷弘绪来中国的目的就是获取高岭土的秘密。

高岭土产地是瑶里的高岭村高岭山，有一句形容"青山浮白雪"，不是说这里冬天会下雪，是说山上堆积着几百年前人们挖矿、洗矿剩下的尾砂，覆盖在山坡上，犹如白雪。采矿遗址分布在方圆10平方公里的范围内，有几十处采掘矿洞、淘洗设施和尾砂堆积物，可以想象，矿工长年累月地采矿背砂，采出的高岭土被运到浮梁古码头，再运到景德镇或瑶里的瓷器"工厂"。

当地人在高岭山原址建有遗址公园，"白雪"已无法看见，上面覆盖着浓密的树林，以及追着客人赶都赶不走的蚊子。当年这个白雪的世界地位有多高？如果说中国是"瓷器国"，景德镇就是国都，瑶里就是皇宫，高岭村就是皇帝的寝室。

高岭村可能是中国最出名的村子。1860年，德国地理和地质学家李希霍芬（丝绸之路的命名者）来当地考察，之后就有了全世界通用的黏土矿物学专有名词"kaolin"，中文名即"高岭土"，以村子的名字命名。

有了高岭土不等于有了瓷器。瓷器的原料是普通瓷土和高岭土的混合，混合后的新材料才能让瓷器的白度和硬度达到最优。匠人们比喻，高岭土是骨，瓷土是肉，骨肉之间的比例就是"二元配方"。有了二元配方，人类瓷器史进入青花瓷时代，景德镇在瓷器史上的地位更无法动摇。

按照殷弘绪的记录，他发现了高岭土，就发现了二元配方的秘密：瓷用原料是由白不子[1]和高岭土合成。制作细瓷（高档瓷）需要

1　白不子，"不"读音为dǔn，以瓷土制成的一种白色砖块状制瓷原料。

将高岭土和白不子1∶1等量搭配，做中等瓷配比为4∶6，最小配比为1∶3。殷弘绪不但记录了数据，还记录了生产过程、原料配比、温度调控、上釉技术、分工协作，就像一部文字书写的纪录片。

中国人800年的瓷器秘密变成两万字的书信寄回欧洲，如同捅破了一层窗户纸。基于材料认知的升级，借助现代科技力量，欧洲各国经过反复试验，相继重新"发明"了瓷器。但中国瓷器的故事并没有结束，在瓷器领域又延续了100多年的统治。为什么中国瓷器没有立即倒下？

技术难题

瓷器的技术是什么？了解瓷器的人会知道，陶和瓷其实是不同的物质，所用材料和烧制温度都不同。瓷器需要1200℃以上高温烧制，而陶器只需要800℃的高温。几乎所有古代文明都有能力制造陶器，但只有中国能进入瓷器阶段。

> 陶器有15%的气孔率，吸水；而瓷器的气孔率通常小于3%，不吸水，因为高温让更多原子参与化学反应，形成了玻璃相物质，这种物质填充了几乎所有缝隙，同时表面施釉，又加了一层保护。

通常认为，中国人发明瓷器是因为同时具备高温能力、上釉技术和高岭土原料，其他文明只有一种或两种。事实上要复杂很多。

说中国人垄断瓷器技术800年并不准确，在这期间，日本、韩国乃至欧洲，都能独立制造瓷器。准确的说法应该是，中国人不仅掌握瓷器技术，而且引领瓷器技术，并与竞争者形成技术上的代际差。这里的"技术"既包括制造技术，还包括规模和成本的控制技术，这些让中国瓷器既有质量优势，又有价格优势，"垄断"的其实是市场，而且这个过程超过800年。

拿温度控制来说，今天我们知道，1200℃以上的高温才能烧制出瓷器，但工匠怎么知道温度达到了1200℃？又怎么能让炉温始终保持在

1200℃以上？不同的瓷器还需要不同的温度，没有温度计，又怎么对温度进行精准控制？也许20℃的温差就对应着完全不同的瓷器。

瓷器制作中有一个工种叫"把桩师傅"，他们判断温度的方法大致有三种：

一是火焰法。简单来说，火焰的颜色不同，对应的温度也不同，红色火焰大约600℃，暗红色大约700℃，樱桃红大约1000℃，白色大约1400℃。把桩师傅不需要知道数据，通过火焰颜色就能确定温度是否合适。龙窑上有专门的孔洞，就是把桩师傅用来观察火焰用的。

二是痰跳法。向窑内放一块瓷片，需要测温的时候，就拿出来向上面吐痰，通过痰珠儿跳动的高度判断温度，高度和温度成正比。为什么是痰而不是水？因为水珠在汽化过程中不会跳动，痰珠儿则不同。还有一个原因，水的温度不够稳定，而痰来自人体，温度基本恒定。

三是对比法。在观察口放一块瓷片，隔段时间测试它的颜色和硬度，以此来判断炉温。

据说，优秀的把桩师傅对温度的判断，误差不超过20℃。明代烧制的青花釉里红，可以让温度保持在大约1345℃~1355℃之间，在这个区间之外，就烧不出上等的釉里红。

光是判断温度还远远不够。判断温度的目的是为控制温度，方法也有三种。

一是通过调整木柴数量以及木柴干湿度影响温度，这是我们能够理解的。二是利用鼓风机，通过控制窑内空气（氧气）的浓度来影响温度。三是通过对窑内能量分布的总结，将不同瓷坯放在不同位置，哪些位置适合产出上等瓷器，哪些位置不适合，绝不能搞错。

烧制过程中，要考虑所有这些变量，还要随时调整，保持变量的精确以及变量间关系稳定，一不留神就会功亏一篑。所以，烧制之前，大家会焚香祷告，每次成功都要感谢上天。

怎么让瓷器"薄如纸"？这也是非常艰难的实验过程。师傅们要平衡薄和硬的关系，稍有不慎就会变形，材料缺陷也会放大，必须对瓷土做精细加工，同时调整二元配方，控制釉料和温度，因为温度变化又会使得木柴数量、烧制时间、空气流动、窑内位置等跟着改变。

数学告诉我们，每增加一个变量，成功的可能性就会成倍降低。说来容易，所有经验的获得都要经过成千上万次的实验。也就是说，现代科学方法进入中国前，景德镇的工匠们已经用同一种方法工作了1000多年。

为实验提供成本的是王朝政府。皇帝想要某种瓷器，就会不惜成本地投入，甚至全国工匠同时做实验，直到烧出理想的瓷器。据说，宋徽宗有一天梦到电闪雷鸣后云开雾散，那一刻天空的颜色定格在艺术家皇帝的脑海里，醒来就要求天下瓷窑烧出"雨过天晴云破处"的瓷器，伴随而来的必然是大量的实验。

宋徽宗的故事无法考证，但北宋汝窑的创新是真实的，甚至是在失败中创新。比如开片的出现，据推测应该是某次失误导致釉表开裂，但纵横交织的裂纹，竟有了禅意的美感。工匠们便把偶然的失误变成稳定的成功。

翻开瓷器史，历朝历代都有重大突破。唐代是唐三彩，对釉彩的运用实现突破。宋代是青瓷时代，所谓"五大名窑"就是宋代的产物，激烈的竞争由此开始，景德镇也在宋代崛起，推出一批爆品，如"青瓷"和"白瓷"。元代，景德镇瓷器技术达到巅峰，核心产品就是青花瓷。

在任何时代，一款产品能风靡全球，要么原料稀缺，要么技术高难，总之要保持极高的门槛，这是古今不变的原理。如果说其他文明无法同时具备高温能力、上釉技术和高岭土原料，青花瓷却在此基础上，同时突破白瓷、透明釉和青花颜料三大难关，其他窑口只能攻克其中一到两项。

所以，以青花瓷为代表的中国瓷器获得的不仅是审美的成功，还是核心技术的成功。明代，景德镇瓷器已经能对国内同行构成降维打击，中国瓷器技术史的主线被景德镇延续。

这里还要交代的一个问题是，外销瓷器某种程度上是皇家需求的外溢，最上等的瓷器是不用于外销的。皇帝们的爱好千奇百怪，倒逼工匠也要加大研发力度，比如斗彩，多种颜色同时出现，乾隆年间瓷器甚至可以使用15种釉彩。怎么保证颜色不会失控？方法是二次入窑法，先在高温中烧制瓷胎，烧成后画上各种颜色，再用低温烧制即可完成。

占领世界市场

器型可大可小，颜色可多可少，瓷器能表达的所有可能性在当年几乎都是稳定可控的。明代，中国瓷器制造已经形成规模、利润、技术研发的正循环。史料记载，明朝永乐年间，景德镇官窑场就有58所，每天都有上万工人劳动，宣德皇帝曾经一次性要求景德镇烧制443500件瓷器。

大航海出现，欧洲人的胃口更大，瓷器支撑起了庞大的海外贸易。通常认为，郑和下西洋之后中国走向封闭，事实并非这么简单。中国既是大航海的目标，还是全球贸易的中心。

德国学者贡德·弗兰克在《白银资本：重视经济全球化中的东方》一书中，总结了1500年后的全球经济联系。他认为，大航海之后300多年里，亚洲是全球经济中心，而中国是亚洲经济中心，2/3的全球贸易与中国有关。最直接的体现是白银，按书中数据，大航海期间，西班牙在墨西哥和秘鲁发现几处大银矿，成为暴发户。中国同样是受益者，1/3的白银用于购买中国货。

> 乾隆年间，拿固定饷银的八旗子弟陷入贫困，原因之一是大量外贸白银流入，导致通货膨胀，手里的钱不值钱了。由此，一些"聪明人"发明了"碰瓷"，即拿着"名贵"瓷器上街晃悠，瞅准机会，故意让行驶的马车不小心"碰"他们一下，手中瓷器旋即落地摔碎，自然而然索要赔偿。

过程大致是这样的：西班牙商船航行到美洲，装上白银后跨越太平洋进入亚洲，把白银留在中国，再装上中国货物回到欧洲。货物包括丝绸和茶叶，而压舱底的就是瓷器。葡萄牙国王甚至要求，所有从东方返回的商船，1/3的运量要留给瓷器。

大航海之后，欧洲进口了大约两亿件中国瓷器，帮助中国成为全球白银"黑洞"。白银给中国提供了稳定的货币，支持了工商业发展，客观上帮助"资本主义萌芽"诞生。

而在欧洲，西班牙人的白银流入更擅长贸易的荷兰和英国人手里，大量白银又被两国运到中国，购买更多中国货。

有一种说法认为，明清战乱之际，日本瓷器占据了高端瓷器市场，伊万里瓷就是当年的品牌，融合了本土文化，并在设计和审美上迎合了欧洲人。真实的情况是，这段时间很短暂，清政府收复台湾后，第二年（1684年）即解除海禁，景德镇工匠们快速恢复生产，大量制造"中国伊万里"瓷，不仅设计出新，价格还远低于日本，重新占据市场。荷兰东印度公司的历史档案认为日本瓷器"贵得无法接受"。

> 中国瓷器制造的巅峰和低谷，与政局高度相关。明清战乱给日本瓷器崛起机会，中国恢复秩序又迅速收回市场。明清的海禁打击了瓷器产业，一旦开禁又回重新回到巅峰，哪怕最后只保留广州一个口岸，瓷器业依然坚挺几十年。

大规模协作

如果说制造技术为中国瓷器建立了壁垒，在组织协作上，中国瓷器业依然是领先者。明清时代已经能出现了极其细致的分工，作坊之间构成完整的工业流水线。有的负责做坯，有的负责青花，有的负责上釉，有的负责烧窑，一件瓷器可能涉及十几甚至几十道工序。《天工开物》记载明代景德镇："共计一坯之力，过手七十二，方克成器。"意思是，一件瓷器要经过七十二个工匠，"七十二道工序"的说法由此而来。但"七十二"也只是个形容词，事实上要多得多。

涂睿明先生在《捡来的瓷器史》中记载，当地连用来精修成形（利坯）的铁制刀，都有专门的作坊来生产，而这个作坊是从铁匠作坊中分离出来的。很多工匠一辈子只做一件事，画山水的不画花鸟，画纹样的不画人物。涂睿明说，如果一件青花瓷瓶，上下有连续纹样，主体是人物，又以园林花鸟做配景，仅仅是青花的彩绘，就可能需要四个画师。

景德镇瓷器分工协作颗粒之细密，产业之完整，是工业革命前人类制造技术的巅峰。强大的制造能力可以承接任何挑战，全球订单如雪片般飞来，各国国王、贵族们自己设计的器型和画面，景德镇工匠都能接受挑战，把设计变成产品，再反过来刺激技术迭代。

规模和弹性本来是矛盾的，而既有规模又有弹性，就会成为瓷器领域的世界工厂，而这个特点还可以联想到今天的中国制造。

国家广告

换个角度看，大批瓷器的外销让古代中国拥有了超级媒体。活字印刷大规模应用之前，可能没有任何媒体能和瓷器相媲美，它让中国文化软实力登上几千年的顶峰。

距离是能产生美的。以前，我们看到欧洲的城堡，就会想到王子和公主。中国瓷器为欧洲人提供了同样的心理代入。《马可·波罗游记》本来就把东方想象推到高峰，他们眼里的中国遍地黄金、人民富足、皇帝贤明，在望远镜发明之前，中国可能比月球还神秘美好。月球毕竟还能看到，而当时除了马可·波罗，几乎没有欧洲人见过中国。

有了瓷器就不同了，瓷器上有大量东方信息：河畔的柳树，垂钓的蓑翁，巍峨的宝塔，水边的楼阁，喝茶会客、阅读作画、小桥流水，山川、河流、建筑、城市，象征着长寿的仙鹤和松树，祝福学业的牡丹和公鸡……瓷器上的这些中国元素让欧洲人大脑中勾勒出一个有品质、有品位、有秩序，神秘、古老、繁荣的东方帝国。

有钱人会把瓷器里的中国生活落到现实——布置中式书房，用中国瓷器，喝中国茶，做中式家具，摆满青花瓷器。几百年里，瓷器就是china，China（中国）就是瓷器。如果有机会参观雨果故居，你会觉得就像进了中国地主老财的家。

欧洲商人们甚至根据东方想象编织东方故事。据说中国有个叫康茜的女孩，她和家里的管家相爱，女孩爸爸赶走了管家，将女儿嫁给一位贵族。婚礼当天，管家混进现场，趁着客人喝醉之际，带着康茜私奔，隐居到一座岛上，几年后被发现了。当女孩的未婚夫带人来抓他们的时候，二人选择自杀殉情。上天被他们的爱情感动，把他们变成一对鸽子，从此之后，自由自在，海阔天空。这个故事一度很有名，还被搬上了瓷器，既让瓷器热销，故事本身也变得更有名。

明代之后，景德镇依然是瓷器之都，而瑶里却逐渐衰落，成为单纯的原料产地。到了清代，高岭土矿藏采掘殆尽，之后引进的现代交通设施也远离瑶里，让当地一度不为外人所知，也因此保留了相对的原生态。

瑶里、浮梁、景德镇开启的瓷器新时代，余波一直延续至今，瓷器已经高浓度渗入人类的生活。

瓷成为我们身体的一部分，烤瓷牙。如果有机会参观钢铁厂，注意车床上用来削钢铁的刀子，一般是瓷制，这是利用其坚硬的特点。

瓷成为保护身体的一部分，防弹衣。英国军方曾给清华大学发感谢信，表扬他们提供的防弹衣——其外衣就是瓷片，利用瓷片易碎的特点。装甲车、坦克，甚至作战指挥部、掩体也会运用陶瓷材料。

瓷成为人造飞行物的一部分，飞机、火箭、航天飞机也离不开陶瓷隔热材料，利用的是瓷器耐高温的特点。飞机发动机启动时内部会形成2000℃高温，而多数金属到1000℃就已变软，依靠现代科学技术，人类研发出了能承受3000℃高温的陶瓷。电脑的CPU（中央处理器）也有陶瓷零件，利用的是瓷绝缘的特点。

总之，中国人发明的这种伟大物质，在文明征程中还在不断演化，谁也不知道还会变成什么样子。

→ 冷知识

德国人再发明瓷器

18世纪初,瓷器迷奥古斯都二世决定自己造瓷器。德国麦森城堡里的技术团队是这样工作的:首先测算高岭土里矿物质的比例,然后不断调整这个比例,同时调整烧制的炉温,效果不好就重新调整数据。终于,他们在1708年1月15日炼出了一个"半透明、奶白色"的瓷罐子。

麦森方法的核心是实验+定量分析。靠着科学的方法,欧洲人对瓷器完成了二次发明,之后实现了瓷器技术的反超。按照这个方法,想搞创新的话很简单,重新设定原料配比和温度数据,做实验就可以了。这套方法还可以保留精确的数据,产品就有了稳定的质量。

今天参观麦森的瓷器博物馆,不仅能看到瓷器制作的完整过程,如果你喜欢几百年前的某款瓷器,工厂还能迅速找到当年的模具、图案底稿和原始数据,很快就能烧出一模一样的瓷器。

第三节

意大利威尼斯玻璃岛
透明玻璃打开人的视野

1204年，土耳其爆发了一件丑闻。本来向耶路撒冷前进的一群欧洲人，突然拐了个弯，洗劫了同属基督教阵营的君士坦丁堡，抢劫、杀戮、强暴持续几天几夜，这就是臭名昭著的第四次十字军东征。破城之际发生了成千上万次逃亡，有位西方学者注意到一群被忽略的人，他们的劫后余生影响了人类文明的走向。我们一起去威尼斯玻璃岛，看一看这群人发生了什么故事。

劫后余生

  这是一群怀揣绝技的工匠，懂得制作玻璃。逃亡的工匠们辗转来到威尼斯，敏感的威尼斯人迅速捕捉到金币的味道：自身的商业能力结合玻璃技术，就意味着拥有了自动提款机。故事真假无从考证，不过之后几百年，威尼斯一直是欧洲玻璃制造和研发中心。

  为什么要了解玻璃？玻璃的重要性在于，它帮助人类突破视觉进化的局限，帮助我们看到无限辽阔的宏观，无限细小的微观，无论宇宙还是世界都变得透明起来。威尼斯穆拉诺岛可以为我们还原这场"视觉革命"。

  威尼斯本岛向北1.6公里就是穆拉诺岛，也叫"玻璃岛"。2016年末，我登上玻璃岛的第一件事，就是急切地进入"吹玻璃"现场。

一根一米多长的铁管，插入一团熔化的玻璃，匠人用嘴叼住管子一头，用尽全身气力吹出玻璃泡，然后用钳子捏出客人想要的形状。当时，我想让他为我吹一头牛，大概是翻译的原因，结果得到了一匹马。

早在4500年前，美索不达米亚人就烧制成了玻璃。古罗马时期，吹玻璃技术已臻成熟，中国人也发现了玻璃。所有不同文明里，玻璃的作用大同小异，一是用来装饰，二是作为容器。

这两种用途瓷器都可以实现，而且瓷器比玻璃更有实用性、艺术性。可瓷器再好，只有中国人有能力发明，其他文明只能走玻璃路线。历史在这里出现分叉，如同两列火车，中国人沿着瓷器的铁轨前进，欧洲人坐着玻璃列车出发。

罗马帝国解体后，希腊、埃及、小亚细亚、美索不达米亚延续了罗马时代的玻璃技术，尤其是东罗马帝国首都君士坦丁堡，是当之无愧的玻璃制造中心。当地玻璃匠人是否如传说中逃亡威尼斯无法考证，但大批玻璃匠人于13世纪进入威尼斯是不争的事实。

生产玻璃有个问题，容易失火。这对以木质建筑为主，人口密集的威尼斯来说简直是灾难。1291年，威尼斯共和国政府下令，所有工匠和工厂必须迁往穆拉诺岛。

岛上工匠们使用的吹管、钳子、剪刀等工具，几百年来几乎没有变化，包括吹制的动作依然是传统的，传统到可以追溯到古罗马帝国。即使有新技术应用，匠人们也尽量不显山露水。

看一场吹制表演，感觉时间都停止了，唯一的"乱入"是老师傅的学徒，一位移民加拿大的中国香港女生。她学徒已经八年，师傅跟她说，工具再好使，也不如手好使。她对此的理解是，工匠精神才是玻璃制造的核心。

当年的工匠享受到超国民待遇，被允许佩剑，这是贵族才有的权力。他们的女儿可以和贵族结亲，一定程度上打破了阶层界限。此外，他们还能享受一些司法豁免权，成为特殊公民。而获得特权的代价是：未经许可，不能离开；离开后如不返回，家人会被抓进监狱；再不回

岛上工匠使用的工具

古老的吹制玻璃技艺

来，刺客会尾随而至。逃出控制也许会获得自由，但其他国家未必给更多的钱，而且逃亡太难，所以，只能靠"研发玻璃"打发时间。

技术突破

当年搬去玻璃岛的不是一两个人，而是所有作坊和所有工匠。1291年的搬迁决定，让穆拉诺岛成为人类首个"玻璃科技产业园区"。技艺高超的工匠，与世隔绝的孤岛，切磋、协作、改良、竞争高频发生，这里的研发玻璃氛围前无古人、举世无双。

威尼斯玻璃工法的艺术性和技术性，达到了古代社会的极致。工匠们能熟练地调整玻璃色彩，彩色的玻璃结合光的作用，充满了美和神秘。那时正值哥特式教堂大流行，玫瑰花窗成为穆拉诺岛的拳头产品；剧院和宫殿等大型场所对玻璃吊灯的需求也给玻璃岛提供大额订单。他们还用玻璃制作宝石。威尼斯玻璃岛，成为欧洲玻璃奢侈品研发和制造中心。

但所有这些进步，都不如15世纪中期的一次技术升级。1453年5月24日，威尼斯玻璃制造商安杰洛·巴罗维耶（Angelo Barovier）将烧成灰的海藻放进玻璃溶液，制造出水晶玻璃。水晶玻璃最大的优点是透明，有了透明玻璃，世界从此与众不同，它的进一步开发，让人类跳过进化过程，将视觉能力大幅提升。

匠人们发现，如果让玻璃边缘薄中间厚，就有放大的效果。历史学家甚至认为，眼镜是新石器时代之后，人类第一个高科技发明，肉眼的老化缺陷被瞬间修复。

需要补充的是，多数古人并不知道自己老花眼，一是因为人均寿命低，很多人还没到老花眼的年纪就死去了；二是90%以上的人不识字，只有抄写《圣经》接触文字的教士们需要。古登堡印刷机出现后情况大变，人人都有《圣经》，识字率空前提高，眼镜成为大众消费品。

但这只是"透明玻璃"的小试牛刀，跟透明玻璃有关的三个递进发明改变了历史走向。

望远镜。1610年1月,伽利略用改造后的望远镜看到凹凸不平的月表,之后用望远镜观察行星,这是人类用望远镜观测星空的开始。无限大的宏观世界向人类打开,哈勃太空望远镜、中国天眼FAST,都是这个方向的产物。

显微镜。荷兰代尔夫特布料商人列文虎克通过一架显微镜观察精液,进而发现精子,他被称为"原生动物学和细菌学之父"。无限小的微观世界也向人类打开,生命科学、生物医学,都是这个方向的产物。

镜子。穆拉诺岛的工匠,在玻璃后面涂了一层水银,人类可以照镜子了。之前人类只能通过水影、铜镜看到模糊的自己,有了镜子,人类就可以把自己从芸芸众生中分离出来,个人主义才可能产生。文艺复兴最热闹的地方——意大利和荷兰——都是玻璃技术发达的地区。

透明玻璃,给人类打开了三种截然不同的世界,但还不足以概括发明的意义。透明玻璃还充当了现代科学实验的工具,科学家通过光学仪器以及各种玻璃工具,看到物质变化和反应的过程,还能通过玻璃温度计测温,极大提升了现代科学的速度。

牛津大学科学史学者罗姆·哈瑞总结了改变人类世界的20个实验,其中16个实验都要靠透明玻璃,比如牛顿用棱镜发现了光谱。

透明玻璃还有一种应用,往往不被注意到,那就是光纤。光纤即玻璃丝,隔热、导电、透光,而且硬度足够强,全球互联网就是依托大洋底下几十条光纤搭建的,也可以说,现代人类是靠玻璃连接成网的。

最近的"玻璃改变世界"的故事,发生在2007年。iPhone发布前6个月,乔布斯依然坚持他的决定:iPhone屏幕不能用塑料,必须用玻璃,而且是很难有划痕的玻璃。他和同事威廉姆斯有了这段对话:

> 威廉姆斯:我们一直在研究这个问题。我认为在三四年内,技术可能会发展……
>
> 乔布斯:不,不,不。你不明白,6月发货时,它必须是玻

璃的。

威廉姆斯：但我们已经测试了当前所有的玻璃，当你摔下它时，它会100%破裂。

乔布斯：我不知道我们要怎么做。但是6月份发货时，它会是玻璃的。

苹果的工程师和供应商排着队告诉他，玻璃不是现实的方案，乔布斯拒绝相信，他找到康宁玻璃公司CEO温德尔·威克斯（Wendell Weeks）。威克斯告诉他，公司在20世纪60年代开发过一种金刚玻璃（Gorilla Glass），但市场反馈不好，公司只能转型制造液晶。乔布斯要求对方，必须在6个月内生产出这种玻璃，能做多少做多少。威克斯认为，工程挑战太大，公司不可能恢复生产。

乔布斯说了那句著名的话："别害怕。你可以做到这一点。"6个月后，做到了。这块小小的玻璃屏幕，以及苹果手机开启的移动革命，又让我们看到了怎样的世界？

穆拉诺岛垄断的秘密持续了大约300年，人才流失最终削弱了它的地位。1797年，拿破仑占领了威尼斯，废除了当地的艺术和玻璃行业工会，穆拉诺玻璃业走向衰败。再次复兴是在100多年后。

1866年，威尼斯回归意大利王国，并在1895年举办了第一届威尼斯双年展。欧洲各地新思想与艺术形式涌入，穆拉诺的玻璃制造业开始复苏。20世纪初，威尼斯玻璃进入百家争鸣的时代，有的重新诠释古老的技艺，有的在传统基础上融入新技法，今天的穆拉诺岛依然是玻璃的圣地。那里有最传统的匠人，以及充分的博物馆记录，还可以看到古埃及时代的玻璃样品。

→ **冷知识**

"透明玻璃"还可以让我们看到时间尽头

在太阳—地球的第二拉格朗日点（150万公里外），有个价值100亿美元的望远镜，叫詹姆斯·韦伯空间望远镜。韦伯望远镜可以帮助人们看到时间的尽头，确切说是宇宙的起源。

简单来说，宇宙在大爆炸之后不断膨胀，最早期的物质离我们非常远，所以，如果我们能观测到遥远的物质，越遥远越接近宇宙大爆炸的原点，相当于用空间换时间。

为什么其他望远镜不可以？由于"红移"现象，离我们越远的物质会跑得越快，发出的光的光波会变长，往更红的方向偏移，距离足够远、跑得足够快还会变成红外线，普通望远镜无法观测。韦伯望远镜不仅能观测近红外、中红外，还可以"看到"远红外，科学家就有机会看见宇宙中更遥远、更古老的物质。

韦伯望远镜的核心是被分割为18面镜片的主镜，理论上，可以追溯到玻璃岛和透明玻璃。

第四节

意大利博洛尼亚
大学奠定现代社会的基石

意大利有一座小城,往往被旅行者忽略,它是人口不超过 50 万的博洛尼亚。博洛尼亚人贡献了一个发明:大学。如今,我们评价一座城市、一个国家的核心指标之一就是大学,所谓,城市之大不在大厦,而在大学。我们几乎无法想象,没有大学的世界会怎样。今天我们一起走进博洛尼亚大学,看一看"大学之母"如何奠定现代社会的基石。

中世纪的奇葩

哈佛费正清中国研究中心曾自嘲说,"哈佛大学,大明崇祯九年建校",那一年是1636年。但比起建校于1088年的博洛尼亚大学,哈佛还是个"年轻人"。元祐年间,王安石变法失败,地球另一端的博洛尼亚人掀起教育革命,开启了人类的大学时代。

去博洛尼亚旅行其实很方便,米兰、威尼斯及欧洲各国旅客去罗马,必须经过博洛尼亚,半岛南北交通动脉穿越城市。在古代,它扼守着罗马大道之一的艾米莉亚大道的咽喉。条条大路通罗马,蛮族入侵罗马,一定要经过这里。

如果对地理无感,我再提供一点现代元素。博洛尼亚位于艾米利亚-罗马涅大区,知名汽车品牌如法拉利、玛莎拉蒂、兰博基尼就出自该大区。博洛尼亚是大区的首府,从这些品牌推测,博洛尼亚足够现代化。

而进入老城，你会感觉像是穿越到古代。从高处看，古城就像一段红色绸缎，这是典型的中世纪色调。古城没有随着新城崛起而衰败和空心，地面的建筑、街区依然是完整的，马焦雷广场、波德斯塔宫、雷恩佐王宫、圣彼得罗尼奥教堂、市政厅等建筑及其所在街区都原汁原味地趴在那里。当地政府专门出台政策，必须保留博洛尼亚原有的阶层分布，这意味着城市依然属于原住民——这和威尼斯不同，后者几乎失去了所有原住民。一些习惯也被保留，中世纪的博洛尼亚政府规定，临街的业主有为市民遮阳避雨的责任，他们的建筑要留有拱廊，博洛尼亚至今还保留着将近40公里长的古老拱廊。

人们常说"黑暗的中世纪"，但博洛尼亚的中世纪处处是明亮，其中最大的光点是阿尔基金纳西奥宫。

19世纪前，这里是博洛尼亚大学所在地，如今充当了市政图书馆，依然属于读书人。最能体现它大学身份的地方，是二楼有一个人体解剖博物馆，当年是大学的解剖实验室。不过，参观要有心理准备，有些雕塑会引起生理不适。

实验室类似圆形剧场。当年解剖课上，学生们围坐周围，中间是解剖台。上课时，同学们往往会站起来观察解剖细部。17世纪时，这里的学生已经通过课堂了解了人体构造。上课非常辛苦，为避免尸体腐烂，解剖课通常安排在冬天；为节约成本，老师要把一具尸体解剖完才下课，一堂课往往要上一整天。

当年的学生和老师已经成为历史，中庭周围和二楼走廊墙壁上密密麻麻陈列着他们的文章，加上"剧场"里的希波克拉底和盖伦等医圣塑像，共同构成医学名人堂。

博洛尼亚大学更知名的校友来自人文、科学领域。文艺复兴文坛三杰中的但丁、彼得拉克，北方画派代表丢勒，科学家哥白尼，无线电领域奠基人马可尼……知名校友名单可以列得很长，共同构成了"大学之母"厚重的校史。

法学的大学

为什么最早的大学不在罗马、巴黎、伦敦，而在名不见经传的博洛尼亚？这就要回到大学的时间原点。

经历了5—10世纪的黑暗岁月，欧洲开始了复苏，标志是城市的崛起，市民、商人迅速向城市聚集，博洛尼亚就是这样的城市。

商业社会需要交易与合同，多元阶层相处会产生矛盾和纠纷，这些都需要法律提供解决方案；各国王室、贵族和教会，本来就需要法律服务，而教会垄断了知识资源，同时规定本笃会修士取得研修资格后，不能研究法学。

由此，法律服务市场迅速扩张，法律人才供给却严重不足，这为法学院校提供了市场。

一旦成为法律人才，既能当律师又能进教会，还有机会为王室、贵族服务，法律职业成为为数不多能实现阶层跃迁的职业，这让法学成为显学。可同时代的罗马、比萨、锡耶纳等城市都有法学院，为什么博洛尼亚异军突起？

第一个原因，自然是博洛尼亚地处交通枢纽，是去罗马朝圣的必经之路。人的聚集让城市成为工商、贸易中心，而博洛尼亚成为法律中心，又涉及另一个时代背景。

罗马帝国崩溃后，经典著作被穆斯林翻译成阿拉伯语，让柏拉图、亚里士多德、欧几里得、希波克拉底、阿基米德等古代先贤的思想得以保存。到10世纪，欧洲人重新发现了经典的价值，决定将其翻译回拉丁语。

这个过程中发生了一件大事。1080年，人们发现了查士丁尼法典（罗马法典）。千万别小看一部法典，这对欧洲人非常重要。当年的民事法律粗糙，而罗马法文字优美，对婚姻、家庭、继承、商业、贸易等民事行为有事无巨细的规范，罗马法于是成为显学中的显学，意大利半岛的法学院校纷纷开设罗马法课程。

博洛尼亚法学院异军突起，得益于罗马法大师的加持。一位是伊尔内留斯，他是当年最著名的罗马法专家，对罗马法做了系统的注释，还发明了一种更容易被学生接受的教学方法。另一位是格拉提安，独立完成了教会法的编撰。

伊尔内留斯和格拉提安印证了后世的一个道理：大学之大，不在大楼，而在大师。他们联袂登场，让博洛尼亚成为法学教育中心，半岛甚至欧洲各国学子纷纷来博洛尼亚留学，回国后就能"秒杀"家乡的同行。

但学生们面临一个难题：学院没有固定教室，上课如同打游击，老师家里、城市广场、公共空间随时授课，不可避免地和本地人发生冲突。可打起官司来，法庭又搞地方保护，留学生很难获胜。

面对不公的司法，唯一的抗衡手段是搬家。而市政当局坚决反对，因为法学院学生非富即贵，往往带着仆人一起留学，他们能吸引更多商人和手工业者。学院一旦离开，城市就少了一大块财富。因此，当局禁止学院搬家。

1154年，神圣罗马帝国皇帝腓特烈一世路过博洛尼亚，学生们要求皇帝给予保护。腓特烈一世爽快地答应了，立即颁发特许状，赋予他们四项权利：

一是法学院学生和神职人员一样，享有自由和豁免权。二是为了学习和教学的目的，学院可以自由迁徙。三是有不因学术观点而被报复的权利。四是当学生和其他人发生冲突，有权选择他

> 博洛尼亚大学被认为是"学生大学"，拉丁语是 universitas，是英文 university 的词源。而教会支持的大学往往以教师为主导，统称为学院，college 就是这么来的。

> 1988年，430个欧洲大学校长签署了《欧洲大学宪章》，在宪章中正式确认博洛尼亚大学为现代大学的源头，这才有了"大学之母"的桂冠。

们相信的法庭。

中世纪的欧洲，教会是社会的核心，神职人员属于最高等级。特许状的颁发，让属于平民的法学院师生可以和神职人员平起平坐，这是巨大的转折。而特许状更重要的意义还在于，给予师生们学术自由，这意味着法学院不再只是单纯的学院，而是有灵魂的大学。是自由的灵魂，而非成立的时间，让它成为欧洲的"大学之母"。

强者斗争的效果

腓特烈一世喜欢学术自由吗？当然不是。皇帝在下一盘大棋，大学充其量是他的棋子。这里要交代的背景是，当时欧洲在名义上是统一的，教会统治着精神世界，神圣罗马帝国皇帝统治着世俗社会。

表面上，不掌握军队的教皇似乎处于弱势，事实上却相反。教会垄断知识和信仰，负责解释人间的一切，和皇权冲突的时候，教皇只要祭出"决罚"武器——开除皇帝教籍，皇帝就会被所有人抛弃。发生在1077年的卡诺莎之辱就是案例：相传亨利四世皇帝被"决罚"，在冰天雪地中给教皇跪了三天三夜，只为求得原谅，恢复教籍。

皇帝没有反制手段吗？很艰难。神圣罗马帝国境内邦国林立，诸侯们也不希望皇帝坐大，从而威胁自己的地位，这给教皇创造了机会。团结谁、分化谁、孤立谁、打击谁，教皇比政治家还政治家。

吵不过、打不赢的腓特烈一世皇帝突然收到博洛尼亚学生递出的橄榄枝，他非常清楚，没有知识人的帮助，他不可能打败教权。而大学人才密集，跟教会和诸侯都有矛盾，自然是拉拢的对象。

得到特许状的博洛尼亚大学自然站在皇权一边，罗马法又是新生事物，怎么解释就由学者们说了算。作为知识体系，罗马法里根本没有教会，在公法部分，查士丁尼法典明确表示，皇帝不受法律的约束。

有了大学的帮助，皇权拥有了知识武器，跟教会辩论时只要拿出罗马法，学识渊博的大主教也无话可说。

通过给大学颁发特许状，皇帝硬是在欧洲知识版图上挤出一块领地。尝到甜头后，皇帝开始向更多大学颁发特许状，权力的天平渐渐向皇权倾斜。文艺复兴时期，博洛尼亚大学已经发展成知识殿堂。如前所述，但丁、彼得拉克、哥白尼，校友名单可以列出很长，1237年，博洛尼亚大学还开创了为女性授予学位的先河，这在古代世界也是石破天惊。

从这个角度看，博洛尼亚大学实际上非常世俗。那么"象牙塔"一说又从何而来？

教会也开始办大学

既然皇帝拉拢知识人，教会自然要反抗。他们也给大学颁发特许状，避免大学选边站。巴黎大学就是案例。

和博洛尼亚大学不同，巴黎大学有明确的《大学大宪章》，机构设立和教学方式也更加系统；尤为不同的是更强调理念，通俗的说法是"使命、愿景、价值观"，要求学生要和世俗社会保持距离，为信仰而学习。教会的本意只是更方便控制，却一不小心续上了古希腊的知识传统。

古希腊先贤做学问目的很单纯，热爱几何的人只是觉得几何很美，热衷研究的人只是出于对未知世界好奇。教会支持的大学里，师生们目的同样单纯，只是为了荣耀上帝。这个传统慢慢演化为所谓的"象牙塔"——和世俗社会保持距离。

出于竞争需要，教会还发明了一个制度。某所大学一旦获得特许状，毕业生就拥有了教师资格，这是大学文凭的出处。学校还给毕业生办宣誓会，宣誓仪式上，学生们穿着特定服装，这是毕业典礼的由来。

拿到文凭，办完典礼，学生就可以到其他学校当老师。本来，欧洲各个大学在教学内容和机构设置上各不相同，很难跨校执教；可新制度开了口子，增加了师资流动性。无论是皇权支持的大学还是教权支持的大学，由此可以互相学习，教学内容和方法趋向统一，这又为更高效的知识生产机制提供了可能。

皇权和教权两大强者斗争的张力中，大学获得了难得的生存空间。而大学一旦开始探索知识，就会被知识逻辑左右。古希腊的实证主义传统，尤其是实证和数据思维，在有限的空间里，在学术自由的掩护下，萌芽、成长、壮大，大学逐渐发展成为抗衡教权和皇权的势力。

这是一个重要的权力范式：强者的争夺和制约看起来丑陋，但它为弱者提供了空间，借助这个空间，弱者也能发展为强者。

大学产生之前，人们通过教会或当学徒获取的知识不系统、很碎片，大学则不同，可以标准化、批量化地制造知识和人才，他们又像种子一样散播，现代科学革命的发生就是基于这个前提。

举个简单的例子，巴黎大学诞生后，大批英国人跨海到巴黎学习。英法百年战争后，来自英国的老师同学被迫回国，将大学的种子带到牛津小镇。1209年，牛津大学部分师生与当地居民爆发冲突，部分师生出走到剑桥小镇，支持他们的就是英国国王。

到15世纪末，欧洲已经出现了29所大学，到1625年又增加了18所。18世纪末，欧洲大约有143所大学，还不包括已消失或被合并的大学。几乎所有古老大学都受益于特许状。

在皇权和教权的对抗张力中，中世纪的奇葩——大学——就这样诞生了。正是这朵奇葩，最终关闭了中世纪的门，牛津和剑桥正是现代科学革命的摇篮。

→ 换个角度

弱者战胜强者的机会

无论是国王还是教皇，都有"杀死"大学的能力，但为什么几百年之后，无论是力量还是寿命，大学都会超过他们？我们可以看出，两大强权的对抗挤出了一条缝隙，在缝隙中，大学成长为参天大树。

其实，这可能是弱者战胜强者的方程式。启蒙思想家约翰·洛克在《政府论》中提出了权力分立理论，法国思想家孟德斯鸠进一步提出三权分立学说，即行政、立法和司法谁也吃不掉谁，互相制约，谁也无法滥用权力，于是弱势者就得到了保护。当然，这套制度更适合西方，其他文明则需要根据自身历史，找到适合的方案，机械照搬会发生悲剧。

第

8

章

现代世界

→ 大学松动了传统的欧洲社会，但如果找一个时间起点——传统开始崩塌，现代世界诞生，我会选宗教改革。从这个起点开始，不再循环、持续向前发展的线性时间观念成为共识，现代民族国家的政治观念逐渐形成，现代商业、金融体系成型，全球化进程得以加速，当然，文明也面临前所未有的挑战。但多数时间，现代世界的我们依然充满希望，而且坚信绝望总会成为过去。"希望"成为新的信仰。

接下来的旅程，我们一起走访的文明地标将勾勒出现代世界的成型过程。

第一节

德国维滕堡大教堂
宗教改革拉开现代世界帷幕

维滕堡是德国中东部的一座小城,距离柏林不远。德国维滕堡的城堡教堂,可以作为现代世界诞生的"原点",而更狭义的原点在教堂的大门上。

史上最牛的公开信

欧洲旅行最方便的交通工具是火车。从维滕堡火车站出来,一眼就能看到一个写满观光路标的指示牌,上面一半的地标和马丁·路德有关。马丁·路德是我们熟悉的名字,他出现在中学历史课本上,和"宗教改革"连在一起。在本次旅行中,他是一个独特的存在。

更具体的存在是小城中心的城堡教堂,也有人称它为"诸圣堂"。这座建筑经历过数次重建,和500年前相比,最大的变化是一扇侧门从木质变成青铜质,并被一道黑色铁栅栏围起来,门上刻着密密麻麻的文字。1517年10月31日,这段文字从马丁·路德的大脑中跳出来。

时光倒回那一天,马丁·路德在羊皮纸上写下这段文字,然后用锤子钉在木门上,后世称其为《九十五条论纲》。它更像一封公开信,引发了基督教世界大分裂,是拉开现代世界帷幕的宣言。当然,路德可能预想不到后面的结局,毕竟,他只是贴了一张纸。

信的原名叫《关于赎罪券效能的辩论》。"赎罪券"基于基督教核心教义,即人从降生时就带有原罪,需要用一生去赎罪,赎罪决定了

《马丁·路德将〈九十五条论纲〉钉在木门上》
1872年，[比利时]费迪南德·保韦尔斯（Ferdinand Pauwels） 绘

死后的归宿，谜底会在世界末日来临时揭开，上帝根据人们的生前表现，做出"最后的审判"，审判结果决定一个人下地狱还是上天堂。当年欧洲的基督徒终其一生都在这个想象中奔波或躺平。

但上帝在哪里？按照基督教"三位一体"的说法，圣父、圣子、圣灵各自代表了上帝的某个面向，合在一起是上帝。三个面向中，基督徒最熟悉的是"圣子"耶稣，他用肉身的死去为人类赎罪。耶稣死后，门徒继续传播教义，耶稣的"大徒弟"彼得创立了罗马教会，顺理成章的是，基督徒的生前表现就由教会代表上帝做评判了。11世纪时，判断的标准跟苦行有关，赎罪券诞生了，如果一个人达到教会的苦行标准，就可以获得赎罪券。

先例一旦开启就会进化。到了13世纪，罗马教廷做出理论创新，他们宣称，耶稣为世人赎罪已经拥有无限多的功德，圣母和圣徒长期传播上帝的恩泽，也积累了足够多的功德，这些功德早已超出他们个人的需要，多余的功德就放在天国的宝库里，由教会负责看管，教会有权按照自己的标准发给信徒。

从教皇本笃十二世开始，赎罪券制度不断迭代，发展到给人间的罪行明码标价，不同罪行对应不同的价格，不小心掉进炼狱也没关系，可以通过购买赎罪券解决问题，如果再花点钱还能直升天堂。

简单说，就是"花钱赎罪买功德"。赎罪券制度后来还发展到，既可以通过花钱让自己上天堂，还可以给死去的家人、朋友花钱赎罪，金币"当"的一声落到教会的钱箱里，人的灵魂"嗖"的一下从地狱上到天堂。

这个制度创新让教会异化。罗马教会是个金字塔形组织，教皇居于塔的顶层，欧洲各国都有地方教会。结合赎罪券制度，教会更像一个巨型跨国公司，地方教会类似分公司，遍布欧洲大街小巷的神父、修士成为推销员。于是信仰演变成金融工具，赎罪券发展成简单的交易。终于，教会内有人无法忍受。

比如马丁·路德。

路德不只是一个神父,还是神学博士兼大学教授。于是他在城堡教堂的门上贴出了这封"公开信",反对过分夸大赎罪券的功效。值得注意的是,他只是反对过分夸大,所以《九十五条论纲》并不是制造分裂的战斗檄文。今天阅读原文我们会发现,路德的措辞既学术又温和,打个不恰当的比喻,类似"反贪官,不反皇帝",他只是希望教会能取消赎罪券,并没有公开反对教皇的言论。

此外,作为大学教授,路德严格遵守当时的学术规范——用拉丁文写作。拉丁文是当时学术界、神学界的通用语言,普通人根本看不懂,因此我认为这封信类似基层员工给总部谏言。但《九十五条论纲》贴出后,神奇的事情发生了,它引发了巨大变革,马丁·路德后来创立了基督教的路德宗。

基督教世界的大分裂

追根到底,路德只是压断骆驼脊梁骨的最后一根稻草,欧洲社会苦教会久矣,是一堆只欠一个火星就可以燃烧的干柴。

在教会的统治下,受苦最深重的是普通老百姓。中世纪初期生产落后,普通人生老病死都离不开教会,结婚得请神父主持,神父喜欢"红包",生孩子要洗礼也得意思意思;教会修教堂,人民免费提供劳力,每年还要拿出收入的1/10来赡养教会,赡养逐渐变成了义务。经过1000年的"赡养",教会积累了大量财富,变得越来越腐败。

古老的油画里,主教们戴着大红宝石戒指,穿着丝绒长袍,死后还有顶级的墓地。人们的不满在逐渐累积,再加上赎罪券的负担,怒火可谓"一点就着"。

知识分子也非常苦。因为教会拥有《圣经》的独家解释权,一个人的主张如果与教义不同就可能被视为异端。13世纪的"反对异端运动",带来极大的社会恐怖,宗教裁判所烧死布鲁诺这种事,曾经大规模地发生。被迫害的人里有女巫、犹太人和魔法师,更多的是独立思考的人。

如果说老百姓和知识分子的"苦",尚不构成决定性的力量,国王们的不满就是大麻烦了。中世纪的欧洲国王绝对会羡慕东方的皇帝,后者既垄断世俗上的权力,又垄断精神上的权力,而欧洲国王完全没有这样的待遇,他们统治的合法性来自教会加冕,这样的王位就不正当。如果国王反抗教会,结局将会非常悲惨。

我们在博洛尼亚大学已经了解到,教会有个撒手锏,叫"决罚",意思是开除一个人的教籍,一旦国王被教会"决罚",就意味着他不再是基督徒;如果不是基督徒,王位合法性就会消失,这意味着,国王身边的人都会跟国王划清界限,百姓也会拒绝交税,国王就是光杆司令。弱肉强食的世界里,这样的国王将死无葬身之地。

虽然不满情绪不断积累,但大家敢怒不敢言。突然,马丁·路德贴出《九十五条论纲》,尽管是一篇充满学术味道的辩论帖,意义却是巨大的,相当于说出了"皇帝不穿衣服",立即受到各个阶层的赞同。

幸运的是,路德赶上一个好时代——印刷机发明了。马丁·路德贴出《九十五条论纲》是在1517年,距离古登堡发明现代印刷机已经过去半个多世纪,德意志地区的印刷业尤其发达。"公开信"贴出不到两个星期便传遍整个德意志,又过了不到两个星期,散布到整个西欧,还被翻译成多国语言。

于是,星火燎原般的场面出现了。由于《九十五条论纲》在西欧的疯狂传播,赎罪券销量骤减,从罗马教廷到各地主教的财路被掐断。他们把路德告到罗马教廷,导致路德被迫"参战",在公开审判的辩论中,路德雄辩地阐述了自己的观点,这又进一步加深了人们对教会的不满,顺便形成了新教里的路德宗。路德宗的核心思想是"因信称义",强调《圣经》是最高权威,是信仰的唯一源泉和准则。此外,上帝面前人人平等,每个基督徒都有平等的地位和权利。

路德也不是一个人在战斗,背后还站着一群国王。当时的德意志地区还没有统一,表面上有神圣罗马帝国,但实际上由众多小诸侯国组成。诸侯国境内的财富是有限的，如果教会拿走的多，国王拿到的就少。为了拉拢国王，路德顺势提出王权高于教权的理念，路德和诸侯之间形成了事实上的联盟。

路德还做了一件更刺激的事。在他之前，欧洲人读的《圣经》都是拉丁语版本，普通老百姓看不懂。路德把《圣经》翻译成德文，借助印刷机的力量，普通老百姓也有机会看到原版《圣经》，这对教会来说是真正致命的。教会能合法地存在和敛财，是因为充当上帝和信徒的中介，垄断《圣经》的解释权是成为中介的前提。如果人们每天晚上睡觉前，能拿《圣经》念一段，闭上眼睛就能跟上帝说说心里话，教皇、主教、神父就会失去作用。欧洲由此走向分裂——要教会和不要教会，成为必然的矛盾。

受到路德的激发，新教教派如雨后春笋般纷纷成立。路德在维滕堡创立了路德宗，主要活跃在德意志地区；受路德的影响，加尔文在瑞士开创了加尔文宗，在瑞士、荷兰、英国影响最大。英国又比较特殊，当时的英王想要离婚，遭到教皇的坚决反对，双方爆发了激烈冲突，英王被迫推行新教改革，成立了"国教会"。"国教会"属于新教中的一支，清教徒是英国新教徒中最虔诚的那批人。因为被其他教徒排斥，一批清教徒跑到美洲，建立了美利坚合众国。

为什么这里是现代世界的起点

充满书生气的《九十五条论纲》引发的波澜，不仅仅让教会分裂。麻省理工的媒体实验室主任伊藤穰一有本书叫《爆裂》，书中提出一个观点，"涌现大于权威"。用这个分析方法看宗教改革，会梳理出另一条线索。宗教改革之前，欧洲社会以教会为中心，建构了自上而下的权威体系。宗教改革之后，教会的权威不再，新教地区每个人都有权自下而上地和上帝建立联系。这意味着"涌现"开始了。

一方面，十一税¹和赎罪券被取消，教会垄断的大量财富回到世俗社会，为资本主义大发展提供了可能，而新教教义则为资本主义时代的到来打开了阀门。

原始教义歧视富人，认为富人进天堂比骆驼穿过针眼还难。加尔文宗为代表的新教则认为，人间的财富都是上帝的，所以，人们赚到的钱并不属于自己，只是在帮上帝保管财富。当然，上帝选定的人会保管更多的财富。这不就意味着赚钱越多，越能证明自己是上帝选定的吗？

这个解释具有划时代的意义，因为对财富的渴望是人的天性，而新教又赋予了信仰的力量，人自然会拼命赚钱。但需要注意的是，真正的资本主义精神强调只赚钱不享受，比如葛朗台这样的人，有很多钱但舍不得花，是新教意义上的新兴资产阶级。

人们自然可以讨厌葛朗台，而资本主义大发展恰恰需要努力赚钱的人，财富和资本的快速积累反过来又形成巨大的力量，帮助人们摆脱教义的控制，世俗化的生活与消费时代的来临成为可能。马克斯·韦伯在《新教伦理与资本主义精神》里集中阐释了这个道理。

除了经济和商业变革，宗教改革还带来另一个更深刻的变化。改革前，只有神职人员的工作是神圣的，因为他们离上帝最近。新教改革之后，"上帝面前人人平等"，意味着每个人、每种工作都和上帝有同样的距离，都可以荣耀上帝。这让各行业的人都冲破枷锁，文化、艺术、科学、音乐，各个领域的精神垄断都被打破，思想自然得到解放。

而如果放在更长的时空尺度里，宗教改革为信仰自由提供了前提和可能。欧洲人既可以选择信仰天主教，也可以选择信仰新教，还可以选择都不信。这意味着宗教间实现了平等，想要获得生存，必须建立有

---

1 又名"十一捐"，是古代以色列民族一种古老的捐献方法。据《旧约·创世记》第14章的记载，以色列人的祖先亚伯拉罕参加了五王对四王的战斗。当他胜利归来时，他将战争胜利所得的1/10献给了当时的撒冷王麦基洗德，因为麦基洗德不但是王，还是专管宗教活动的祭司。后来，亚伯拉罕的孙子雅各效法他的祖父，也将自己收入的1/10献给上帝以表虔诚。这项做法沿袭下来，逐渐成为犹太律法，规定每年将地上长的、树上结的和牛羊牲畜等交付1/10，主要用于供养专门从事宗教活动的祭司和利未人，其次用于节日期间的欢宴，也用于救济孤儿寡妇和穷人。

竞争的论述，吸引追随者，信仰成为有限的信仰。启蒙运动后，政府逐渐演变为有限政府，并和宗教剥离，单一宗教更无法通过控制政府来打压竞争者。正是这种彼此制衡给思想自由提供了可能。之前，欧洲历史上对人最大的威胁之一，就是单一而绝对的信仰。

> 天主教和新教都强调信仰的纯粹，导致法国1562—1598年间发生八次宗教战争。天主教教徒以巴黎圣母院的钟声为信号，开始屠杀身边的新教徒。卢浮宫的墙根层堆满尸体。1618—1648年，欧洲三十年战争爆发，德意志地区25%~40%的人战死，平民死亡数百万人，部分地区失去50%的男人，改革发源地维滕堡失去了75%的人。

所以，现代世界的起点，我没有放在佛罗伦萨，从文艺复兴开始。这不代表文艺复兴不重要，只是它依然是旧世界的延续，因为文艺复兴也是由教会推动的。宗教改革则不同，具有开创世纪的价值，人文主义、现代科学、个人自由，只能在新世纪长成参天大树。

→ 换个角度

坚定的反犹主义者马丁·路德

路德有现代性先驱的一面，还有糟糕的另一面。他是坚定的反犹主义者，他的反犹思想甚至成为纳粹大屠杀的思想资源。

新教改革初期，他对犹太人还是友好的，甚至认为，如果向犹太人展示真实的基督教，对方肯定会皈依。但犹太人没有皈依，愤怒的路德在1543年出版了《犹太人和他们的谎言》。路德说，犹太人是"卑鄙的，不是上帝的子民，他们吹嘘的血统、割礼和法律必须被视为污秽"。他呼吁用恐怖事件打击犹太人，摧毁他们的会堂、学校和家庭，禁止拉比传教，没收他们的财产。

路德的反犹思想后来被纳粹继承、执行并放大，一定程度上促成了大屠杀。1938年水晶之夜（Kristallnacht）期间，图林根的福音派教会主教直接将恐怖行动与路德本人联系起来，向公众分发了一本名为马丁·路德关于犹太人的小册子。他说，这些暴力反犹行为，正是路德想要的。

只能说，人是复杂的动物，我们难以用道德标准肯定或否定一个人。现代世界的诞生并不平和，相反，是撕裂的、仇恨的、血腥的、暴力的，甚至不堪回首。二战后各国路德宗相继反省了路德的错误，试图将路德思想做切分。

第二节

英国皇家学会驻地
人类掌握科学新魔法

这一次，我要带你去英国伦敦，寻找英国皇家学会驻地。如果说维滕堡因宗教改革而成为一个时代的起点，那这里就是人类进入现代世界而找到的方法原点，这个原点就是科学。说起科学，我们最朴素的反应是在后面加上"实验"两个字，科学不就是拿望远镜、显微镜观察世界，用瓶瓶罐罐甚至更先进的设备做实验吗？但这不是科学，所谓"科学"是一套获取新知的方法，它要求知识的获得要建立在收集可观察、可度量、可验证的证据之上，尤其是可以证伪。英国皇家学会是最早使用这套方法的学术共同体。

世界上第一个科学共同体

从英国首相官邸唐宁街10号出发，向西北步行大约10分钟，我们会看到一栋乳白色的新古典主义建筑，只有简洁的罗马柱和窗户上的三角浮雕装饰，建筑透露出一种平衡、理性的气质。这栋大楼的6—9号门，是英国皇家学会驻地。

虽然拥有"皇家"的名号，但这栋大楼实在过于普通。大楼始建于1827年，比英国皇家学会的成立晚100多年，直到1967年皇家学会才搬到这里。在此之前，学会是没有固定办公场所的，通俗的说法是"打一枪换一个地方"。

英国皇家学会

但我们知道,决定一群人或一个组织影响力的不是大楼,而是大师。比如牛顿,就是这个组织的成员——当然,他是明星会员,大楼里还收藏有牛顿的人脸面具。据说是在牛顿刚刚去世几个小时内,趁着他的遗体还没有僵硬,人们用他的脸直接压制的石膏面具。

英国皇家学会长长的会员名单上,除了牛顿,还有用显微镜发现了细胞的罗伯特·胡克(Robert Hooke),用自己名字命名了彗星的哈雷,提出进化论的达尔文,发现了相对论的爱因斯坦,中国数学家陈省身,当代物理学家霍金,万维网的发明人伯纳斯-李等等。皇家学会会员里有80多位诺贝尔奖得主。

从文物角度看,这栋大楼里更珍贵的收藏是包括牛顿《自然哲学的数学原理》手稿在内的珍贵科学文献;是从17世纪至今300多年的科学文献,科学家们的手稿、藏书,还有皇家学会历年学术期刊,通通收录在册。很多资料已经电子化,我们可以直接在图书馆的电脑上检索、查阅。

现代科学研究范式的确立

为什么我会说科学文献更重要呢？因为其背后有一整套全新的认识世界的方法论。有趣的是，这套方法论起初竟然是为了荣耀上帝出现的，而后来文献却"叛变"了。

17世纪，欧洲兴起一股思潮，叫作自然哲学。简单来说，人们相信，既然上帝创造了自然万物，那么自然万物乃至宇宙的运行规律，一定是上帝意志的体现，而《圣经》代表了上帝意志，那么大自然应该和《圣经》一样，也是一本书，如果读懂这本书，就能领会上帝的真谛。阅读纸质《圣经》需要用眼睛，想阅读大自然这本书，自然哲学倡导的方法中最重要的是做实验。

皇家学会建立之初像一个大沙龙，这是一群对自然现象有强烈好奇心的人，成员包括英国贵族、律师、博物学家、医生、艺术家甚至技师，人们每周都会聚在一起，做各种今天看来奇奇怪怪的实验。当年有一个明星会员叫波义耳，他是化学学科的鼻祖，为了研究结冰的膨胀过程，就把水倒进玻璃试管里，观看结冰后的水会对试管壁做什么。但当时没有冰箱，只能依靠冬天自然的寒冷，几十个人围成里三圈外三圈，目不转睛地盯着试管怎么破裂。

还有更夸张的实验。当年的古书记载，独角兽的"角"磨成粉能困住蜘蛛，于是这群科学家真的找到蜘蛛，认认真真地测试蜘蛛能不能跑出去。至于独角兽的"角"从哪儿来，蜘蛛是什么品种，文献记录语焉不详，只记录了他们做了三次实验，三批蜘蛛成功地实现逃跑。

还有人说羊的性情温和，如果把羊血输入精神障碍病人的身体，就能治疗其疯病。人们就找来一只羊，给一个精神障碍病人输血，最后的结果是，被实验对象的精神状况没有任何改变，当然，这个人也没有死。

听上去，这些实验更像胡闹和搞怪。但如果我们知道，皇家学会会徽上那句拉丁文"Nullius in verba"的意思——不盲信他人的说法，就可以理解为什么有这些实验了。皇家学会不是哈利·波特的魔法学校，他们只相信实验和数据，通过实证的方法认知世界。"不盲信他人的说法"这句话，是理解皇家学会和现代科学的重要线索。

秉承这套理念的人聚集在一起，就有了世界上早期的科学共同体。这个共同体遵守一些共同的准则和理念，比如实验要公开进行，实验成果要供别人检验。为此，他们专门创办了一份杂志叫《哲学会刊》，牛顿的光学理论（通过微粒说解释光沿直线传播以及反射、折射现象）就是以论文的形式在这本杂志上发表，并允许同行评价和检验的。皇家学会也创造了一种惯例，一个人，只有使用科学方法做研究，并写成论文发表，经过同行的检验，才能被人们接受；如果一个人想要推翻已有的结论，也必须使用科学的方法，同样要被其他同行检验。在共同体内部，权威不是绝对的，科学方法才是绝对的。

科学方法，帮助人类将先前获得的经验和知识，一点点重新检验，正确的留下来，错误的被剔除。同时，新的知识也被不断发现。日积月累后，全新的知识体系被构建起来。这个过程就是历史学家常说的科学革命。英国皇家学会成立后不久，不仅在英国，法兰西学院、柏林科学院、俄国科学院相继建立。1928年民国政府组建的"中央研究院"，1949年后的中国科学院，这些组织或多或少参照了英国皇家学会的工作方法。

法国人拉瓦锡有个贡献，他确认了"氧"是一种化学元素，而且创造了oxygen这个词。氧气助燃在今天是个科学常识，但在拉瓦锡之前，学术界认为物质具有某种"燃素"，物质在空气中燃烧，是物质失去燃素，空气得到燃素的过程。怎么解释给油灯盖盖子就会熄灭？大家只知道需要空气，但没有继续深究。

拉瓦锡通过实验发现，物质燃烧成灰烬后，质量没有减少反而增加了，这意味着"燃素"说在逻辑上不成立，因为如果燃烧是燃素释放的过程，灰烬质量应该减少才对。实验表明，一定有新物质加入进来。拉瓦锡的实验方法很普通，就是用天平做精确测量，然后对比燃烧前

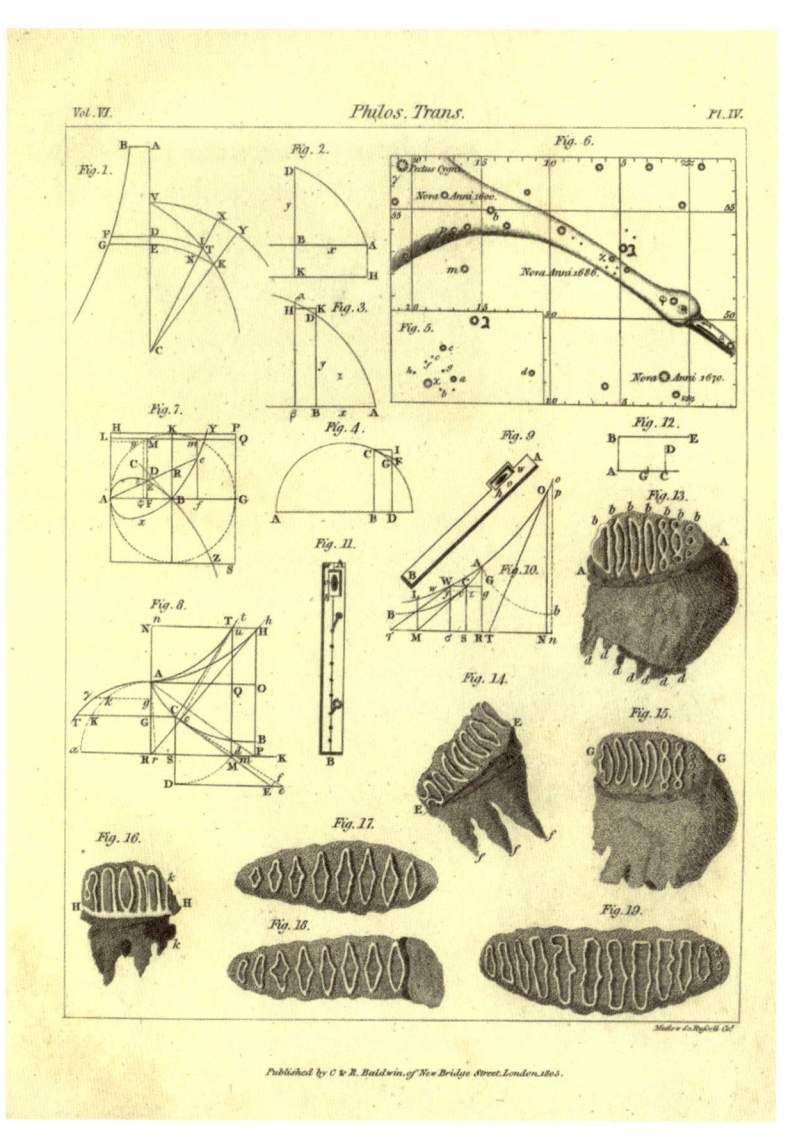

某期《哲学会刊》内页

后的数据。实验过程中，拉瓦锡还发现并印证了化学反应中的质量守恒定律。

这位化学家，终身没有忘记做实验。法国大革命期间，拉瓦锡被判处死刑，据说行刑前他跟刽子手说，砍下头后他会尽量多眨几次眼，以此验证头被砍下来后人是否还有知觉。拉瓦锡被砍头后一共眨了十一次眼才失去意识。这个故事后来被证实有杜撰成分，但拉瓦锡临死之前和法官讨论有关实验的事情，应当是真实的。包括拉瓦锡在内的科学家，做科学研究不存在更多功利目的，只是单纯地感兴趣。

宗教的权威被动摇了

需要补充说明的是，最初的皇家学会会员大多是虔诚的新教徒，在信仰上异常坚定。这是当时普遍的氛围，人们相信，世间所有疑问都能从《圣经》里获得解释，如果《圣经》没有做出解释，就说明问题不重要，否则《圣经》怎么会不做出解释呢？人们的工作，只是去发现自然界的规律和定理，而大自然是上帝创造的，所以，发现的规律和定理越多，就越说明上帝的伟大，就是在荣耀上帝。对这个循环逻辑，科学家们一度深信不疑。

而随着科学研究的深入，人们慢慢进入对世界本质的探寻——我们从哪里来。

具体到万物的起源，《圣经》已经给出答案，神在六天之内创造了世间万物；之后有了伊甸园，有了人类始祖"亚当"和"夏娃"，他们偷吃禁果有了原罪；耶稣以自己的死帮助世人赎罪，每个人死后都要接受最后审判。《圣经》清清楚楚地解释了世界演变的过程，而且人类一登场就"高大上"，被赋予统治其他物种的权力。人们对此深信不疑。科学家们的工作，只是给《圣经》提供不同方面的证据。

以牛顿为例，他在《自然哲学的数学原理》里清楚地表明，这是献给上帝的礼物——从天上的星星到地上的石头，如此庞大复杂的世界，遵循的运行规律居然可以用几条简洁的公式来描述，这样的上帝还不伟大吗？牛顿到死都坚信他在荣耀上帝。

不过，"牛顿们"没有想到的是，他们从事科学研究使用的方法，恰恰动摇了欧洲人的信仰，既然世间万物都有自己的运行规律，那上帝在干什么？他又在哪里？这些追问让更多人质疑宗教本身。针对这些质疑，牛顿给出了解释，他说上帝不仅创造了"自然"这台精密的仪器，还给这台机器上了发条，让它自动地运行，叫"自然第一推动力"。

其他科学家也和牛顿一样，都从自己的角度证明上帝的伟大，即使发现新事物，也会从《圣经》中寻找答案，比如考古学家发现了化石，会认为是《圣经》记录的大洪水留下来的。

但有一群人的工作，则对宗教信仰给予了决定性打击，他们是研究动植物的专家。他们工作的动力，本来也是证明上帝的智慧："突然之间能够繁殖数以百万计的动物，当然是一个奇迹，毋庸置疑证明了造物主万能智慧的力量。"牛津大学自然史博物馆里的化石和标本就是专家们收集来的。

然而，其中有一个人提出不同意见，他是皇家学会的另一位会员——达尔文。

1831年，达尔文搭乘"小猎犬号"进行为期四年的环球考察。旅行中，达尔文不断被现实震撼，比如在南美洲科隆群岛，他发现岛上的动植物分布是有规律的，每个岛上的乌龟和雀鸟都不同，当地土著居民能迅速分辨出海龟来自哪个岛，不同岛屿的雀鸟的嘴也不同。

达尔文说："在这些有利的环境下，变异的个体有可能被保存下来，在不利的环境下，变异的个体则可能被摧毁。其结果就是新物种的出现。我终于找到了一种可以解释的理论。"途中，他收集了大量动植物资料，并将所见所想记录在《航海日记》中。

> 新文化运动的旗手胡适原名胡嗣穈，后来看到"物竞天择，适者生存"一说，于是改名"胡适"。

回到英国沉寂一段时间后,达尔文出版了《物种起源》,时间为1859年11月24日。《物种起源》认为,生命经过演化而来,人类是从一种和类人猿近似的物种进化而来的。这个判断对宗教信仰是灾难性的,如果达尔文的说法是正确的,《圣经》就成为神话故事,等于从根本上取消了宗教解释世界的资格,尤其是对"人从哪里来又到哪里去"这些终极问题的解释权。

达尔文受到猛烈攻击,不仅来自天主教徒,也来自新教徒,甚至包括他的同行。他的理论还引起社会恐慌,很多欧洲人的信仰崩塌了。

> 《达尔文传》记录了达尔文弥留之际给夫人的遗言:我其实一点儿都不怕死;我很爱你,谢谢你照顾了我一生;孩子们都很孝顺。达尔文去世后,夫人想尽快为他举行葬礼并安葬在家乡,但英国政府认为,达尔文应该享受在威斯敏斯特大教堂下葬的礼遇。夫人拗不过,赌气不参加老公的葬礼。

在达尔文之前,尽管已经有人挑战过《圣经》的权威,比如哥白尼的日心说,但日心说违背生活常识,并没有被普遍接受,对宗教伤害力有限。而物种演化的理论则不同,它从根本上否定了信仰,人们厌恶达尔文的理论,却无法用逻辑反驳,因为进化论自洽到几乎无懈可击。

随着越来越多的证据被揭示,物种起源理论成为科学家群体的共识,他们率先摆脱了宗教桎梏。随着科学在各个领域攻城略地,宗教以及各种神秘主义学说失去了解释世界的权力,即使它们试图做出反击,也总要穿上科学的外衣。虽然还有很多人认为自己信仰宗教,但更多是接受一种生活方式和观念,而不是迷信它对现实世界的解释。

在现代科学的推动下,工业革命、电气革命、信息革命,每一次技术突破都在反复上演着科学神话。但从理论到改变现实生活,还需要其他领域的进步。接下来我要带你去一个地方,在那里,我们将会看到一个"转换器"。

→ 冷知识

牛顿和苹果的一波三折

1665 年，伦敦暴发大瘟疫，牛顿在家乡林肯郡待了两年。1666 年夏天的一天，他在院子里的苹果树下休息，被一颗苹果砸中，苹果启发了他：为什么苹果不往天上飞，却往地下落呢？由此，牛顿提出万有引力定律。

这个故事被写入很多国家的课本，而故事的传播则来自伏尔泰。伏尔泰是牛顿的粉丝，参加完牛顿的葬礼，伏尔泰拜访了牛顿的外甥女凯瑟琳，凯瑟琳给他讲述了苹果落地的故事，伏尔泰便把故事写进文章，经由他传遍全世界。

总有人认为故事不合逻辑。我翻看一些记录，觉得苹果和万有引力间确实有关系。最早的书面记录来自关于牛顿生平的笔记，记录里明确说明，牛顿通过观察苹果从树上掉下发现了万有引力。其他书面记录显示，牛顿当时坐在林肯郡格兰瑟姆附近的伍尔索普庄园里。

1750 年之后，这棵树一直由佃农伍勒顿（Woolerton）家族照顾。遗憾的是，苹果树在 1816 年被风暴吹倒；幸运的是，残存的树干重新扎根，并且一直生长，每到夏天还能收获苹果。

第三节

阿姆斯特丹水坝广场
现代金融体系从股票交易开始

很少炒股的人往往也了解股票对经济和生活意味着什么。"有限责任公司"是英国人的发明,在这之后,开公司不用承担无限责任,"公司"史掀开新的一页,而荷兰人在有限责任公司的基础上,进一步迭代升级,为我们提供了股票定期交易制度。世界上第一个股票交易所就诞生在阿姆斯特丹的水坝广场,在这里,现代世界的金融体系得以起步,并逐渐搭建起来。这一次,我们的目的地是荷兰阿姆斯特丹。

水坝广场

从中央火车站出发,沿达姆拉克大街步行5分钟就到了水坝广场,通过名字就能猜到,这个广场与海水有关。这就要说到荷兰的两个标志,低地和风车。它们是孪生兄弟,大约13世纪时,捕鱼的荷兰先民在这里定居,为了获得土地,采取了和中国太湖流域先民类似的方法——中国人溇港圩田,荷兰人围海造田。造田就需要把海水排出,这才有了大风车,借助风力抽干海水。荷兰人的围海造田工程一直坚持到现代社会,高潮是20世纪的三角洲工程,他们在海边建起2400公里的大堤,把整个国家围了起来,荷兰人常说:"上帝创造了荷兰人。荷兰人创造了荷兰。"

水坝广场是大叙事中的小故事,可以追溯到1270年。荷兰人在阿姆斯特尔河上修了一座大坝，随着周围的人聚集起来，这里发展出一个广场；围绕着水坝广场，有了阿姆斯特丹这座城市；又以城市为中心，发展出了荷兰这个国家。"阿姆斯特丹"的意思是"阿姆斯特尔河上的大坝"。

水坝广场并不算大，西侧是荷兰的王宫，紧邻王宫的北侧是新教堂，南侧是杜莎夫人蜡像馆。广场上常有吹泡泡的小女孩、搞怪的街头艺人、被游客喂得发胖的鸽子，一切都是那么轻松愉快。而在文明地标意义上，这里曾经是庄重的存在。当年，水坝广场南面有一座建筑，是人类的第一个股票交易所，建立于1609年。200多年后，因为破旧，在广场不远处的达姆拉克街上建了一座红砖建筑，作为股票交易所的替代。现在这里已不承担交易功能，改做展览和会议。

欧洲历史上先后出现过两个著名的东印度公司，一个在英国，一个在荷兰，后者比前者晚出生两年。我们在"组织"主题的旅行中，探索了英国东印度公司，英国人发明的"有限责任"制度不但能吸引大量投资，而且降低了投资风险，解除了投资人的后顾之忧，至少股东不用因为公司赔钱而坐牢。荷兰人在英国人"有限责任"的基础上，进行了三大制度创新——公开募资、股票交易和现代银行。这三个制度创新，是这个小小的国家对现代世界的最大贡献。三个制度合在一起，就是我们的现代金融体系。

荷兰人的三个金融创新

第一个创新是公开发行股票。荷兰人开启了人类历史上第一次IPO（公开募资）。和英国人不同，英国东印度公司的股东由上流阶层构成，早期只有两百多个股东，主要是伯爵、骑士、议员；而荷兰东印度公司的股票是公开发行，不分阶级贵贱，只要手里有点钱，任何人都可以购买公司的原始股票。根据文献记载，连市长的女仆也成为小股东。

这与我们今天的生活常识不同。今天，我们随便开个账户就可以炒股,但"从零到一"是最为关键也最为艰难的,没有先例,人们就不会这样设计。因此,有限责任公司是伟大的发明,公开募资制度同样是伟大的发明。英国东印度公司最初筹集了72000英镑,而荷兰人一次筹集的资金差不多是英国人的十倍,募资效率要高得多。

筹到这么多钱,看上去财大气粗,可以大展宏图了。

荷兰东印度公司成立后的短短五年里,每年都向海外派出50支商船队,一下就超过了老霸主西班牙和葡萄牙。但公司在刚开始的十年没给股东们派发任何利息,因为要造更多的船、更多的房子,赚到的钱都要用于扩大再生产。今天的我们很容易理解,我们投资一家公司,是看好它的未来,有谁炒股是为了那点股息呢?

但当时约定俗成的是,股东投资看重的是股息,而且荷兰东印度公司有众多小股东,都不是不等钱用的富人。这么多年不分红不付利息,股东们能答应吗?解决方案就藏在我们要探访的地标里,也就是我

阿姆斯特丹交易所,世界上最早的股票交易所

说的第二个创新——荷兰人不仅公开募到资，而且创造了一种新的资本流转体制。1609年，世界第一个股票交易所在水坝广场建立，有了交易所，股东手里的股票就可以自由买卖，随时换取现金。

这是一个具有决定意义的脑洞，任何人、任何时候都可以成为股东，也可以随时放弃股东身份，公司的"经营权"和"所有权"得以分离。更重要的意义在于，资本实现了自由流动。水坝广场当年的交易所已经荡然无存，但当时这个交易所已经有模有样，不但有固定交易席位，还有超过1000个股票经纪人。荷兰成了欧洲最活跃的交易市场，参与交易的不仅是荷兰人，还有许多外国人。

交易所每天只开放几个小时，但跟我们今天熟悉的股票买卖不一样。当年的交易所关闭之后，并不意味着收盘，人们依然希望能够即时买卖，于是人们挪到广场上继续交易，交易经常持续到晚上，只是又换了地点，比如到达姆拉克大街的旅馆里。

这个过程中，荷兰人发明了一系列"玩法"。证券交易所开业第一年，有一名商人认为公司股价被高估，于是借其他人的股票卖出去。果然，一年后股票价格下跌12%，商人再低价买回股票还给了债权人，因此收获颇丰。这就是资本市场"做空"的由来。

有人还故意散布类似船队遇到风暴的消息，于是投资者竞相抛售股票，导致股价下跌，散布消息的人便低价买进。事后人们发现风暴其实不存在，股价迅速回升，散布消息的人借机卖出，赚取巨额差价，用今天的话叫"洗盘"。

> 1636—1637年冬季，荷兰金融市场出现严重泡沫，即"郁金香"危机，人们把郁金香炒到极高价格。有个水手误把郁金香球茎当作洋葱，商家描述说："他正在吃一顿早餐，费用能让整艘船的船员吃上12个月。"

现代资本市场的做空、做多、洗盘、对敲、坐庄……就是400多年前水坝广场上的荷兰人开发的"游戏"。

"游戏"让人上瘾。一方面,这些游戏威胁了资本市场的健康,当局开始监管,为上市公司制定规则,现代证券市场的强制披露、禁止内幕交易等,就是从水坝广场演变而来的。监管制度建立起来后,投资者只要信任交易所,就可以依据有限的信息判断是否值得投资,客观上保护了投资者的利益。

另一方面,随着欧洲各地投资人涌向阿姆斯特丹,仅仅荷兰东印度公司不能满足需求,需要更多的投资产品,后来又有了荷兰西印度公司。但数量还是不够,不得不开发新的投资产品,各国政府便开始在荷兰发行国债,有政府信用做背书,尤其受到投资人喜爱。英国、法国、俄国政府,都有在这里发国债的融资案例。

投资产品和投资数额是水涨船高的关系,当大批投资客带着钱涌进荷兰时,又产生新的问题——这些钱来自不同国家,而且主要是金属货币,股票交易额往往较大,随身携带既不安全也不方便。还有一个麻烦是,不同币种之间应该怎么交易?荷兰人做了第三个创新——现代银行诞生了。

精明的荷兰人在1609年成立了阿姆斯特丹银行。当商人把金属货币存进银行时,银行会进行称重和检测,再依照货币的重量和成色,给商人发银行券,这意味着建立银行券和不同金属货币之间的兑换价格。标准一旦出现,不同货币之间就能自由兑换。

投资人为什么会相信荷兰的银行?荷兰人有强大的信用传统。举个例子,荷兰商业冒险历史上有一位叫巴伦支的船长,为了找到穿越北冰洋通往中国的航线,1596年5月10日,他带领船队出发,被困在北极圈9个月,其中有3个月没看到太阳,达到-40℃,但荷兰人始终没有动船上客户的衣物和药品,巴伦支船长再也没有回来。

为了纪念他,那片海被命名为巴伦支海。荷兰人对这个故事耳熟能详,他们常常告诉孩子们:"荷兰之所以还是荷兰,是因为祖先照顾好了自己的生意。"支持荷兰人取得商业奇迹的,除了冒险精神,还包括坚守信用。

各国投资者来到阿姆斯特丹，他们最看重的也是荷兰人讲信用。为了保证投资安全，阿姆斯特丹市政府出台法律，任何人不能以任何借口限制银行的交易自由。甚至荷兰人和西班牙人作战的时候，西班牙客户依然可以在荷兰银行存款，从荷兰银行贷款，交易行为严格受到法律保护，荷兰政府也无权干涉。

高水平的服务和信誉帮助阿姆斯特丹成为全欧洲的货币存储和兑换中心、清算中心、贵金属贸易中心。这些中心组合到一起，成就了阿姆斯特丹世界金融中心的地位。

海上第一强国的诞生

公开募资、股票交易、现代银行，三大制度创新搭建的现代金融体系给荷兰带来了爆炸式的财富增长和国力的强盛。荷兰东印度公司拥有上万艘商船，挂着三色旗的荷兰帆船跨越几万里海疆，到亚洲、非洲、美洲做生意，被誉为"海上马车夫"。公司分支机构有15000个，控制的贸易额占全球贸易额的一半。

> 荷兰商人在世界各地做贸易，免不了和陌生人吃饭，而双方很可能不会再见，谁请客都不合适，于是发明了各自付费的模式，英文是 go Dutch，即"做一回荷兰人"。

所以，这套体系成就的不光是一家公司，也让只有150万人口的荷兰，把商业触角伸到几乎全世界每个角落。荷兰东印度公司在200年里，平均每年派发的股息高达18%，这在当年是一个了不起的数字，当时欧洲绝大多数地区还处于农业时代，经济增长率不到1%。

更重要的是，荷兰成为海上马车夫之前，海上霸主西班牙、葡萄牙主要依靠暴力掠夺累积财富。而荷兰人把证券交易所、银行、信用和有限责任公司，组装成一个有机的现代金融体系，这个系统支撑着庞大的船队、军队和贸易，助荷兰成为新的海上第一强国。进而，荷兰人的

> 17世纪，荷兰人意图打开明朝的国门。明朝政府启用商人郑芝龙。郑芝龙同样熟悉海洋，他用从荷兰购买的军舰击败了荷兰人，成功跻身东亚海上霸主。他的儿子就是民族英雄郑成功。

系统被各国复制，最终被全世界接受，构成世界现代经济的基础设施。

现代金融体系的能量甚至影响到清朝版图。太平天国起义刚刚结束时，清政府派左宗棠收复新疆。但清政府没有钱，最后以海关关税作抵押，向英国汇丰银行贷款；汇丰银行并没有动用储户存款，而是变成在伦敦金融市场发行的债券。几万里之外，中国西部边疆的一场战争，背后也有现代金融体系的力量。

现代金融体系也是一把双刃剑，对人类最大的反作用是经济危机、金融危机，一个国家甚至整个世界都可能进入动荡。周期性的危机被认为是一个顽症，最典型的是20世纪二三十年代的"大萧条"，欧美各国经济崩塌，为希特勒上台提供了条件和土壤。但我们却无法摆脱这个体系，一个国家一旦被系统抛弃，意味着成为国际弃儿，随之而来的是经济崩溃、社会动荡甚至政权更替，国运变为噩运。

→ 冷知识

荷兰东印度公司还是海盗

除了从事贸易,荷兰东印度公司还有一个角色是"海盗",尤其是在公司发展初期。当年的海上霸主是西班牙和葡萄牙,他们船上的香料、瓷器、白银、奴隶代表着巨额的利润,荷兰人依靠武力摧毁了他们的海上霸权。

神奇的是,海洋法居然在这个过程中诞生。因为抢劫的货物要卖出去,这就要寻找法律依据。我们前面提到,荷兰人格劳秀斯为论证一次抢劫的合法性,提出公海自由航行,被誉为海洋法的鼻祖。后来的霸主发现,如果大家都不抢劫,有安全的公海航行,自己反而是最大受益者,于是英国人组织海军,肃清贸易路线上的海盗,维护海洋航行安全。

由此我们发现,海洋贸易规则建立之初和正义与非正义无关,和道德判断也无关。规则和创新经常是中性的,甚至能找出非正义的影子,更需要关注的是对现实世界的真实改变。

第四节

格林尼治天文台
时间观念是现代协作的必需

思想和方法论的一系列转型,帮助人类进入现代社会。从古代到近代,从近代到现代,我们用时间来划分,而"时间"本身就是一个体系。现代时间体系,也是现代性的重要组成部分,它像空气一样在我们身边,把我们编织进"牢笼",拆不掉、逃不脱。这次去的格林尼治天文台,可以帮助我们读懂现代时间体系。如果时间是牢笼,我们可以认识它,不被它束缚,甚至更好地驾驭它。

时间颗粒精确到分秒

格林尼治天文台在伦敦东南近郊,如果用无人机从高空航拍,会看到泰晤士河蜿蜒地穿过城市,其中有一段河道呈明显的U字形,U字的底部就是格林尼治公园。天文台位于公园的小山坡上,地势比较高,站在这里,低头会看到泰晤士河的河水,抬头隐约看得到远处的摩天大楼群,那里是伦敦的金融中心。

天文台建筑体量不算大,有点像乡间小别墅,这里有三个藏品值得重点关注:哈里森的航海钟、时间球和本初子午线。它们分别象征现代时间体系的三个维度:精确计时、精准守时和标准时间。

精确计时,最早是大航海提出的刚性需求。今天我们拿着一部手机,就能给自己做精准定位,但在没有全球卫星定位系统的年代,一条

乡间别墅般的格林尼治天文台

船如果不知道所在位置，可能导致灾难性后果。

1707年，英国海军的一支舰队击败法国海军，回程进入英吉利海峡时，因算错经度，加上一场大雾，误入一片充满暗礁的群岛，四艘战舰触礁沉没，1600多名水手遇难。家门口出现的惨剧让英国政府意识到，必须找到确定经度的有效方法。国会甚至通过一个《经度法案》，成立了"经度委员会"，连牛顿都被请入委员会。政府还悬赏2万英镑，征集精准计时的时钟。

> 海难发生之前，曾有人提醒上级说船只迷路了，结果因为"越级"反映问题被当场处死。后来船长被海浪冲到岸边，一位女士发现他衣着光鲜，手指上有个绿宝石戒指，于是将他杀死。女士临终前跟牧师忏悔，这件事才真相大白。

用时钟确定地理位置的原理，可以理解为用时间证明空间。逻辑并不复杂，航船出发前带上一个航海钟，并把航海钟的时间调整为出发

> 纬度怎么判断？早期，船长会根据季节，结合当天太阳的高度来判断。长期看太阳，很多船长视力受损成为独眼龙。海盗题材电影里的独眼龙船长，并不是打架导致的。

地伦敦的时间，伦敦的时间就被带到船上。航船出海后想知道自己的位置，可以通过观察太阳的位置，确定所在地的时间。比如，太阳在天空正中，表示当地时间是中午12点，地球表面按经度划分为24个时区，如果知道当地的时间，再和航海钟时间对比，通过计算两者之差，就能知道自己所在的时区，也就是地理位置了。

原理是清晰的，难的是，计时精准的航海钟在哪里？当时欧洲流行的是摆钟，摆钟的问题是不够精准，即使在平稳的陆地上，每天也会产生几分钟的误差，带到海上误差可能更大。而海上航行以月为单位，哪怕每天产生5分钟误差，半个月后误差就超过1小时，对应的地理位置会偏出一个时区，相当于把北京当作东京，这样的钟表将导致灾难，根本无法在海上使用。

当年西班牙人就想攻克这个难题，伽利略也参与过"竞标"，最终都失败了，不得不把目光投向星空，通过观察星星位置变化来确定时间。

这一次，英国政府愿意拿出两万英镑征集解决方案，按购买力来计算，两万英镑相当于今天的几百万美金。重赏之下，许多科学家和工程师投入相关研究中，而最终获得这笔奖金的是一位钟表匠约翰·哈里森（John Harrison）。

格林尼治天文台收藏着各种类型的钟表。随着年代不同，我们会发现表盘上的时间刻度越来越精细。早期的钟表只有时针，到1550年前后增加了分针，1760年之后则出现了秒针。

在所有钟表里，最应该关注的就是英国钟表匠约翰·哈里森制作的航海钟。1760年，哈里森造出第四代航海钟（H4），表上有时针、分针、秒针，做到了当年最极致的精准，解决了航海的时间难题。哈里

约翰·哈里森制作的航海钟

森能完成任务,在于他不只是普通钟表匠。

哈里森曾经获得剑桥大学一位教授的"自然哲学"讲义,他不但给讲义做了注释,还能提出自己的意见。这份讲义涉及受力分析、牛顿定律、杠杆原理等力学基础知识。也就是说,哈里森制作钟表不是基于经验,而是基于对力学原理的理解。

他不再使用钟摆,而是引入弹簧摆轮,精确度迅速得到提升。他还发现,传统钟摆之所以不够准确,是因为热胀冷缩会导致钟摆的长度发生变化,如果变长,时钟会越走越慢,反之会越走远快。所以,他要解决热胀冷缩对精准度的影响。

基于对物理定律以及材料知识的理解,加上反复试验,作为一个机械钟,第四代航海钟在跨越大西洋前往牙买加的81天航程中,总共慢了5秒钟。

这个成就在今天看来平常不过,放到历史进程中却有特别的意义。他不是一个人在战斗,他的工作已经镶嵌入现代科学的知识网络。

有趣的是，哈里森的成功在于理解了牛顿力学，而创造牛顿力学的牛顿，其实并不看好"通过改善钟表质量达到目标"的想法。

中世纪的欧洲城市，普遍由教堂钟声担任公共报时器。起初，大钟每小时报时一次，后来渐渐精确到一刻钟，即15分钟报时一次。那时，不但是时间的切分颗粒比较大，而且误差也很大。哈里森的工作大大提高了人类计时的精确度。

我们也不要忽略天文台那栋八角形建筑的屋顶，上面有个红色圆球，圆球的直径在1.5米左右。这个圆球从1833年开始悬挂在这里，每天12：55准时升起，13点又准时落下，上升下落的时间非常精确。

19世纪英国航海家出发前，都要来天文台跟这个红球对表。他们对表的目的，就是为了计算自己航行中的经度，避免迷航。

人们是怎么被装进"时间牢笼"的

人类获得精确计时能力后，精准守时的时代来临了。在农业时代，多数时候人们日出而作，日落而息，不需要精确计时，也不需精准守时。日常生活中的时间表达，往往是"鸡叫了该起床了""晌午下地干活""晚上来我家吃饭"。这是相当模糊的时间表达，时间误差可能不止1个小时。

随着工业时代到来，守时标准大大提高。不光是扬帆远航的航海家，城市人的日常生活、工作也被裹挟进来。其中现代工厂的分工协作是重要的影响因素。

1769年，世界上第一条流水线诞生在英国人韦奇伍德开办的陶瓷工厂里。他把原来由一个人从头到尾完成的工艺，分解成几十道工序，所有人必须按照固定节奏配合工作。哪个环节慢了都会影响下一个环节，甚至整条生产线都可能停下。所以，工业流水线必须严格遵守更为精准的时间表，才能实现高效率协作。

除了工厂制度的影响，公共交通也不容忽视。1825年英国铺设了全球第一条铁路，1863年伦敦有了世界上第一条地铁，有了列车就要有列车时刻表。渐渐地，人们普遍接受了日常生活也要遵守精准时间的习惯。

现代时间观念的推广也跟制表业的崛起有关。亚当·斯密在1776年首版的《国富论》里写道："上世纪中叶，一只手表要价20镑，放到现在约值20先令。"

20先令约合一英镑，是先前价格的1/20。到了1831年，达尔文环球考察的小猎犬号就带了20多个航海钟，说明价格已经不是问题。大幅度降价带来了钟表的普及。计时和守时都有了更方便廉价的工具。

制表工艺的提高和社会分工协作让人们的时间观念发生转变，从传统社会模糊的自然时间，变成由时针、分针甚至是秒针规定的现代工业时间。今天，我们还会用有没有"时间观念"来评价一个人，如果他遵守现代时间体系，意味着他是自律、职业甚至受人尊重的人。

格林尼治时间通行全球的理由

最后，我们的目光可以落在本初子午线，它决定了全球各地的标准时。人类为什么要有统一的标准？为什么格林尼治的这条经线，能成为标准？

我们可以展开想象，如果有人送我们一块手表，在没有机会跟标准时间对表的情况下，怎么使用这块表？和航海家一样，看太阳，找出一天中的正午时刻，把刻度拨到12点，然后上弦。19世纪中期，美国各地都是根据当地太阳正午的位置，确定当地时间。但随之而来的问题是，地球自转导致东西方向各地的正午时间有先有后，这就意味着各地时间不统一，时间不统一就会出大事故。

1853年，美国发生一起严重的列车相撞事故，死了14人。原因是两列火车的工程师，都按自己家乡的时间工作，而两地有两分钟时差，这两分钟闹出了人命。钟表再精准，如果没有标准时间，大范围协作就会出问题。英国人早就注意到这个问题，美国铁路事故之前的1848年，英国铁路已经尝试把格林尼治时间作为标准时间。1880年，通过立法把格林尼治时间作为全英国的标准时间。

但随着全球协作的加深，时差问题变得越来越突出，迫切需要全球范围内统一标准时间，于是有了"世界时"的概念。而问题是，谁是世界的标准？最终，格林尼治时间胜出，天文台的子午线成为公认的本初子午线。

为什么是英国？19世纪下半叶，全球超过一半的航船使用格林尼治时间，其他国家做贸易、搞航海，都要跟英国或其殖民地协作，接受英国标准变得很自然。

1884年的一次国际会议上，格林尼治天文台的子午线被正式确定为"本初子午线"，向东、向西分别划分12个时区，北京属于东八区，东京是东九区，悉尼是东十区，纽约是西五区。大家都以格林尼治时间为标准，确定当地的时间。

现代世界的标准时体系由此建立了。当我们和悉尼朋友打电话时，要知道我们比他们晚两个小时；和纽约人通电话，则是相差13个小时。

→ **回到中国**

中国古人怎么计算时间

古人对时间的理解首推历法,今人可以通过古书记载推算出阳历时间。比如,燕王朱棣取"天子津渡"之意命名"天津",经推测,这一天是 1404 年 12 月 23 日。天津有了明确的生日。

古人把一天分为 12 个时辰,是从天干地支概念得来。圆明园曾有十二生肖铜质兽首,每到一个时辰,对应动物会喷水,所有动物喷完水是一天一夜。本质上是一台水力计时器。

古人具体计时方法有沙漏、日晷、刻漏等。今天一些饭店为显示上菜快,会给客人发个沙漏,沙粒漏完,菜还没上,就不收钱。日晷是利用太阳阴影均匀移动的特质来计算时间。刻漏,利用水可以均衡滴漏的原理,根据壶中水位下降刻度计算时间。

怎么把时间同步给更多人?北京钟楼和鼓楼会定时鸣响,在没有噪声污染的年代,钟鼓声可以传遍古城。夜间还有会打更人,为市民报时。

第 9 章

挑战未来

→ 沿着时间轴，我们在文明长河里走了一程又一程。我们看到了不断增加的智慧，不断积累的能量，似乎是一趟永远充满希望的旅程。其实，地球上出现人类文明并非理所当然，更像是机缘巧合的结果，而摧毁人类文明的，甚至可能是人类自身。所以，现代世界并不意味着平安乐土。接下来的旅程，我们要探索这种力量，以及它们对文明的挑战。

第一节

日本广岛和平纪念公园
笼罩地球上空的末日恐惧

20世纪留给人类最大的震撼莫过于那朵蘑菇云。在广岛,人类清晰地看到,核爆炸意味着巨大的能量,爆炸瞬间展现了真实版的世界末日,或者说世界末日可能的样子。

和平纪念公园,纪念非和平

地图上的广岛市区被河流分割成五个并排的小岛,和平纪念公园位于中间小岛的最北部。当年执行轰炸任务的美国人把原子弹精准地扔到下面,下一刻,城市被夷为平地、废墟,更准确的描述是地狱。

时间:1945年8月6日8点15分17秒。高度:9600米。位置:广岛和平纪念公园上空。代号为"小男孩"的原子弹脱离了轰炸机,在地心引力的牵引下完成了9000多米的自由落体运动,在距离地表大约600米的空中变身为巨型火球,继而膨胀为蘑菇云。

数据告诉我们,爆炸产生的能量相当于1.5万吨TNT炸药,中心地带的风速是12级台风的10倍,中心温度在3000℃~4000℃,接近太阳表面。冲击波、高温气浪、放射线以爆炸点为圆心向外围扩散,进而席卷整座城市。

今天,站在和平纪念公园向北看,河对面是一栋四层建筑,楼上的铜制圆顶是它最独特的标志。这栋楼是市中心唯一幸存的建筑。它是

广岛和平纪念公园

幸运的，没有被摧毁不是因为自身强大，而是因为刚好位于炸弹引爆点正下方不远处，只承受了垂直方向的冲击力，而其他建筑则要承受横向冲击。但即便是这样，核爆发生时，楼内的所有设施，包括玻璃都瞬间汽化。现在只能看到圆顶铜制的骨架，和几面光秃秃的混凝土墙面。

建筑尚且如此，人呢？距离核爆中心500米内的人当场死亡。我们想象这样一个场景，在高温里，有些人前一秒钟还在讲话，下一秒人突然变成气体，消失了。500米到1000米范围内的人，身体的表面轻则溃烂重则碳化，有的人眼睛变成了窟窿，失去了胳膊或者腿。爆炸当天7万人死亡。和平纪念公园的纪念馆里，可以看到经过还原的现场。

> "核冬天"指的是核战争的烟尘进入平流层，遮蔽了阳光，地球迅速降温，农作物死亡。核冬天持续时间很长，人类因失去食物而灭绝。但有科学家认为，核大战爆发后，降温的程度和持续时间没有那么可怕，准确地说应该是"核秋天"。

而灾难不只发生在核爆瞬间，核爆后的烟尘飘到空中，和水气结合，遇冷后变成水滴继而形成降雨。这样的雨被称为"黑雨"，流进广岛的河道，造成二次核污染，人们不知危险而饮用，死了更多的人。

广岛和长崎两颗原子弹加起来，导致几十万人死亡。死亡规模与日军杀害的其他国家人民相比，并不显著，即使和东京大轰炸相比，也是后者的损伤更大。当年美军轰炸机轰炸东京，东京几乎被炸成废墟，仅仅第一个晚上，被烧死的人就有10万。而广岛核爆被深度记忆，因为那一幕太过特别，死亡具有非常规性。

首先，常规战争中的杀戮往往是一个过程。原子弹爆炸则不同，具有低延时的特点，几万人几乎瞬间同时死亡，不管是日本人还是盟军

"小男孩"在广岛上空爆炸

战俘，不管是人还是动植物、黄金还是钢铁，瞬间被无差别毁灭，对人类物种来说是亘古未见的毁灭。

其次，人类以往的战争往往会逐渐淡出人们的记忆，而广岛核爆现场的影片把世界末日的景象定格在人类大脑中，可能是人们在未来的岁月里回顾最多的战争现场。

最后，以往对"世界末日"的想象主要来自宗教，受神或者"上帝"支配，而广岛核爆直接将人类自己制造的世界末日场景展现在人类面前。

技术叩开末日闸门

如果说文明能有今天，受益于科学革命，那么广岛核爆和对"世界末日"的想象，也是科学革命的结果。核爆炸发生在1945年8月，而支持核爆炸的关键技术，就是科学革命的主要成果。

一是核裂变。1905年，爱因斯坦提出了著名的质能转换方程$E=mc^2$。严格来说，这个公式对原子弹的制造没有任何直接或间接作用，只是从理论上说出了宇宙中最庞大的能量可能在哪里。同时，爱因斯坦在欧洲物理学家西拉德给罗斯福总统的密信上签名，让原子弹的快速诞生成为可能。真实的核爆原理是，作为重原子核的铀235，被中子轰击后，会裂变成两个中等质量的核，同时再放出2~3个中子和200兆电子伏的能量。裂变中放出的中子部分损耗了，剩下的再次进行重核裂变反应。也就是说，只要每次核裂变出的中子数平均超过1，核裂变就可以持续进行。一次次裂变之后，中子总数便以指数级增长，产生的能量也随之以指数级增加。如果不对这个过程做控制，就会变为剧烈的链式反应，极短时间内释放巨大的能量。"极短"是多短？以微秒计。能量有多大？1公斤的铀1微秒内产生的能量相当于2万吨TNT。为了原子弹的研制，美国人汇集了最聪明的大脑，前后参与研发的诺奖得主达两位数，背后是一连串的名字，爱因斯坦、费米、奥本海默、玻尔、冯·诺依曼，还有我们熟悉的钱学森先生。

二是飞行技术。1903年，莱特兄弟发明了第一架固定翼飞机，飞了不到100米，高度3米。执行轰炸任务的B29轰炸机，能飞到12000米高空，连续飞行16个小时，背后是人对飞行的理解，结合了空气动力学的研究成果。飞机使用的发动机，是瓦特改良蒸汽机后一步步进化而来的。

除了技术的支持，还有赖于美国的国力。曼哈顿计划开始时，丹麦物理学家玻尔给出了绝望的判断：计划不可能实现，除非把整个美国变成工厂。但玻尔忽略了一点，当时的美国就是一个兵工厂，IBM（国际商业机器公司）都在生产机枪，胡佛大坝则为计划提供电力。

举个例子，美国历史学家理查德·罗兹在《原子弹秘史》中披露，浓缩铀（和钚）建造回旋加速器，需要实现电磁分离，用铜线制作电磁线圈。政府问团队需要多少铜，对方说一万吨，但当时美国的铜都放到了武器上。最后，政府拿出了12000多吨纯银取代铜做导线——折合成熟悉的数据，相当于《辛丑条约》的赔款。更夸张的是，这笔钱仅仅是交的学费，因为实验失败。与美国的财大气粗相比，日本人也想研制原子弹，海军拨款大约4700美元进行调研。结论是，开发原子弹需要耗费全国10%的电，50%的铜，以及耗费10年以上时间。于是得到结论，原子弹太遥远。德国人比日本人走得远，也比日本人大手笔，但国库只给了200万马克。贫穷限制了轴心国的想象力，他们认为，盟国也没有这个国力。

所以，广岛的"小男孩"是人类科学革命成果的集成，也是科学革命推动下，美国工业革命财富堆积的结果。

在原子弹爆炸之前，人们多会正面评价科学技术。美国人凯利在《第五次开始》中，把第一次开始定位为"技术的开始"，从使用木棍和打磨石器起，人类有了技术能力，得以从动物中胜出。但谁能想到，技术会让人类拥有自我毁灭的能力，毁灭的高峰就是广岛上空的蘑菇云。日本艺术家平山郁夫有幅作品叫《广岛生变图》，他在天空上画了一尊不动的冥王。丘吉尔形容小男孩是"发怒的基督"。

不幸中的万幸是，率先拥有原子弹的不是希特勒，而是反法西斯联盟。但原子弹一旦被制造出来，就会成为独立的技术，接下来会怎么样？人，开始恐惧自己的能力。这种能力可以开启末日之门，而门的钥匙，不在上帝手中，就在人的口袋里。

险些导致末日的一次冲突

广岛末日镜像为影视作品提供了想象来源。所有末日想象中，核战争都是重要题材，比如《终结者》系列，人类自己制造了天网系统，结果天网有了智能，向人类发动核战争。当然，现实世界中的核武器往往被认为只起到威慑作用，反而制造了长期的和平。其背后的逻辑是，核大国都有毁灭对方的能力，所以，彼此都不敢动用核武器攻击对方。真实逻辑是这样吗？

> 军事战略专家认为，最可能导致核战爆发的是有核国家的分裂，一旦核武器落入无底线的军阀手里，后果不堪设想。幸运的是，苏联解体后，俄罗斯回收了苏联国家的核弹，避免了核武器的扩散。

二战后人类有两次与核战争擦肩而过的经历，其中最严重的是古巴导弹危机。美国作者迈克尔·多布斯在《午夜将至》里描述了决定地球命运的13天，书里有个戏剧化的故事：当肯尼迪得知苏联人在古巴部署导弹时，不是愤怒，而是感到不可思议。肯尼迪问他的助手："为什么把导弹放那里（古巴）？对他有什么好处？这跟我们在土耳其部署中程弹道导弹有什么区别？"国家安全顾问邦迪马上接过话来："总统先生，我们的确已经（在土耳其）部署了。"美国早已把匕首对准苏联人的腹部，肯尼迪不知道或者忘记了，但赫鲁晓夫没有忘记。

书中记载，有一年夏天，赫鲁晓夫在黑海沿岸城市索契的别墅度假，对面是土耳其。他递给身边人一副望远镜，问他能看到什么，对方说只看到茫茫的海面。赫鲁晓夫抓起望远镜,愤怒地说:"我看到美国导弹瞄准我的别墅。"于是,他也选择在美国人旁边部署导弹。古巴距离美国不到200公里,中情局判断,射程将近2000公里,能打击美国东部大部分城市。挂上核弹头,13分钟就可以让华盛顿变成焦土。

事实上,赫鲁晓夫和肯尼迪都不希望甚至恐惧核战争。当时白宫内部有两个方案,其中一个方案是先发制人,摧毁苏联导弹设施,理由是,和苏联擦枪走火是迟早的事,趁美国还强大,现在是出手最好的时机。但肯尼迪拒绝了,他认为,虽然苏联的基地正在建设中,没有还手能力,但接下来苏联会在欧洲攻打柏林,或者摧毁土耳其的美国导弹。根据北约条约,美国必须参战,而无论是土耳其还是柏林,离美国过于遥远,常规战不可能取胜,除非使用核武器,那苏联就会用核武器还击。尽管美国核武器数量远超过对手,苏联会被炸成废墟,但美国也将死亡7000万人。

肯尼迪后来回忆说:"要是我们对他们(军方)言听计从、百依百顺,那么没人会活着告诉他们当时的决定是错误的。"赫鲁晓夫也曾告诉苏联同事,自己的主要目标是防止美国入侵古巴,缓解美国人从土耳其方面带来的威胁:"我们不想挑起战争,只想吓唬他们。"当他知道苏联的基地被美国人发现后,他说:"可怕的是,他们可以发动攻击,而我们也可以反击。""这将导致大战爆发。"

尽管双方领导人都知道大战意味着什么,但表面上还是要做出强硬表示。当年10月22日,肯尼迪发表了电视讲话,宣布两天后封锁古巴,苏联必须把导弹撤出古巴,同时美国进入三级警戒状态,意味着美国人只要想,15分钟之内就可以发射核弹。美国人把弓弦拉满。苏联人看到美国人的声明,做出了强硬的表态,称苏联人在古巴部署导弹不是为了"发动战争",是对美国人"以其人之道还治其人之身",并谴责封锁行为是"海盗作风",将世界推入"热核战争"的边缘。

与表面的强硬相对应的是,真实手段却看似非常柔软。比如,美国虽然封锁了古巴海面,但发现苏联潜艇的时候却假装看不见。为了避免社会恐慌，白宫极其谨慎地应对，尽最大可能避免媒体报道。举个例子，国家安全委员会执行委员会开会时，9名委员挤进一部车里，连国防部长麦克纳马拉也坐在其他人的膝盖上，因为媒体一旦发现有大量豪华轿车开往白宫，就知道出事了。

赫鲁晓夫这边呢？据说肯尼迪的声明导致他大便失禁。行动上，苏联人迅速降温，为了避免擦枪走火，赫鲁晓夫命令，除了运输非军用物资的货船，其他舰艇全部返回，携带核弹头的"亚历山德罗夫斯克号"，虽然马上到达古巴，却被命令开往最近的港口。

最终，赫鲁晓夫决定撤出导弹基地，美国私下承诺不再入侵古巴，同时撤回部署在土耳其的导弹。表面看，双方对核战争的恐惧结束了古巴导弹危机，理智决定了危机的走向。而真实的古巴导弹危机，要比外界看到的凶险万分。《午夜将至》举了一个例子，苏联在古巴的部队有4万多人，而美国估计只有四五千人。苏联部署的核弹头，也比白宫预计的最坏情况还要严重，不仅有瞄准美国的大型弹道导弹，还有短程巡航导弹的核弹头，伊尔-28轰炸机的核弹头，以及被称为"月神"的战术导弹。最早一批货物就运过去90枚核弹头。但美国侦察机却没有发现。因为古巴设施过于简陋，连能控制温度的储藏空间都没有，不得已放在水泥涵洞里，也没有围栏和全副武装的守卫，美国人根本无法发现。

还有更危险的事情，有一艘苏联潜艇被美国人发现，美国人施放了演戏时用的深水炸弹，逼迫苏联潜艇浮出水面。炸弹不具有破坏性，而声音和架势却非常恐怖。而对战略核潜艇来说，国家赋予它的使命是对敌人进行二次打击，但前提是必须隐身，一旦浮出水面，任务就失败了。眼下，它被美军包围，与外界失去联系，它该

> 1983年还发生一次核危机。苏联核攻击预警基地军官彼得罗夫发现雷达显示有5枚洲际导弹从美国飞来，按操作规程，核战争一触即发，但他直觉判断是假情报。后来发现，是卫星处理信息时发生了误判。

怎么办？浮出水面既是奇耻大辱，也意味着使命失败。于是舰长命令全船进入战备状态，核武器进入发射状态，但最后终究没有这么做，而是选择了上浮。而美军那边已经让60架B52战略轰炸机起飞，随时向苏联发动攻击，如果其中一个飞行失控，人类文明将换一种写法。当然，最大可能是没有活着的人书写。

　　世界末日的启动按钮，就在人的口袋里，但谁能控制口袋？控制口袋的人又会被谁控制？敌意和误判是否会让控制口袋的人失控？按人性假设，趋利避害是我们的天性。假如拥有按动核按钮权力的人面临三个选项：不使用核武器威胁敌方，自己将毁灭；使用核武器威胁敌方，威胁成功，对方退缩，自身将安全；使用核武器威胁敌方，威胁失败，同归于尽，自己也毁灭。那他会怎么选择？

　　整个星球遍布蘑菇云的场景我们在灾难电影里看到过，它会出现吗？终极的追问是，人类能战胜人性的弱点吗？乐观的地方在于，所有人都已经认识到灾难的绝对后果，理性的力量和版图正在扩大中。

→ 换个角度

广岛核爆的两大遗产

广岛核爆有两个重要遗产，一是既然"核"的力量如此巨大，是否可以利用起来？由此产生了核电站。二是"核"的力量既然如此巨大，是否会毁灭人类？由此产生了反核运动，从反对核武器到反对一切"核"，尤其是核电站。

其实核电站的反应堆与核武器完全不同。前者使用的铀235浓度仅为3%左右，后者的浓度是90%以上；前者有多重安全措施，后者在瞬间会爆发出巨大能量。

比如恐怖的切尔诺贝利核电站事故，最初几秒产生的全部热能相当于几百公斤TNT，而一颗战术原子弹是几万吨TNT当量。排除掉夸张性数据，事故可明确归因的死亡人数不超过100人，哪怕在乌克兰，也没有证据表明先天性畸形发生率有明确改变。而1987年的《核医学杂志》披露，在非苏联国家中，15万女性选择了堕胎，这个数字相当于广岛、长崎核爆当天死亡人数。

人们反核的原因是复杂因素的叠加作用，科学问题、社会问题、观念问题、政治问题、文化问题混到了一起，尤其是在欧美发达国家。但人类能拒绝核吗？如果碳中和是决定人类命运的选择，那就势必要减少甚至拒绝化石燃料。想做到这一点，除了核电还有多少方法呢？

第二节

纽伦堡审判纪念法庭
现代人类法律理性能否杜绝反人类

德国纽伦堡审判纪念法庭,在这间屋子里,人类文明迈出前所未有的一步:用审判,而不是复仇的方式惩罚战败者。在这里,"反人类"罪诞生。但它能否成为判例,杜绝之后所有的反人类行为呢?答案是未知的,但回到思考的原点,或许我们可以尝试给出答案。

小法庭里的大审判

纽伦堡是一个位于德国中南部的小城,有两家著名公司在这里出生,一个是西门子,另一个是阿迪达斯。今天,这里依然是德国经济重镇,而让它真正知名的是二战结束后对纳粹头目进行的世纪大审判。

选择在纽伦堡审判纳粹,原因之一即纽伦堡是纳粹起家的地方。希特勒曾经想在这里建设一些地标建筑,类似古罗马斗兽场,借此和古罗马帝国联系起来,毕竟纳粹的举手礼就是罗马帝国时代的礼节。

> 纽伦堡建于 12 世纪,最值得看的是古城,也是德国为数不多保存完好的古城,其他大多被炸毁。纽伦堡能躲过浩劫是因为当年驻守的德军放弃了抵抗。

所以,纽伦堡是纳粹的精神大本营,二战前,纳粹党每年都会在这里举行盛大的宣传集会。德国那部剥夺德国犹太人公民权的《纽伦堡法案》,也是在纽伦堡宣布的。当年的审判法庭就在今天纽伦堡市中心的一栋四层小楼里，有典型的德国红色屋顶，没有太多装饰。这样的建筑在纽伦堡比比皆是。

来这里，重点要看的是600号审判室，不但因为这里完成了对二战24名重量级战犯（包括希特勒指定的接班人戈林、纳粹德国外交部长里宾特洛甫）等人的审判，而且因为坚持程序正义，成为人类现代文明的重要里程碑。

纽伦堡审判如此重要，但审判法庭并不是我曾经想象的大礼堂那样庄严恢宏。甚至今天看，法官、警察、被告、证人、各语种的同声传译、各国媒体记者，如此众多的人挤在一起，这间屋子简直有点小。

房间基本保留了当年的装饰，但格局已经和审判的时候不一样了。我们能看到一面墙的正中央挂着一个黑色的十字架，骨瘦如柴的基督象征了欧洲人眼里人类遭受的苦难。不过，当年审判纳粹时没有十字架，这个位置挂着一块白色的幕布，法庭通过幻灯展示指控纳粹的证据。

我们在网上很容易看到纽伦堡审判的历史照片，从这些黑白照片以及当时留下的纪录片看，法庭气氛严肃。被告看上去大多很消沉，但待遇其实不错，都配有辩护律师，律师坐在战犯前面，他们对面是审判席。审判持续了10个月，1946年9月30日，法官宣读了长达250页的判决书，有12名战犯被判处绞刑。不过，就在行刑前一夜，戈林吞下秘藏的氰化物胶囊自杀了，实际执行绞刑的只有11个人。

审判面临的挑战

我对中学历史课堂上的一句话记忆非常深刻，叫"以牙还牙，以眼还眼"，这句话出自古巴比伦的《汉谟拉比法典》。黑黢黢的石碑上，巴比伦人用楔形文字记录了人类古代社会经典的复仇模式，敌人用什么手段攻击我们，我们就用什么手段进行回击。但我对纽伦堡审判的关注重点，不是审判结果，也不在于对多少名战争罪犯处以极刑，而是整整10个月的艰难审判过程。

纽伦堡审判历史照片

　　二战之后，在欧洲，民间已经开始了原始复仇。大量德国女性被盟军士兵当着亲属的面轮奸、羞辱。部分东欧国家，战争期间和纳粹配合的人，上到领导人下到普通百姓，有时不经审判就被处死。在法国，被占领期间和德国军人发生关系的女人甚至被游街、剃光头，接受各种羞辱。复仇是某种主题，欧洲很多地方几乎陷入丛林时代。

　　盟军的领导人会怎么想呢？翻阅当年的记录会发现，战争结束前，苏、美、英三国领导人就讨论过将来怎么惩罚战犯的问题。斯大林主张，要枪毙5万名德国军官；丘吉尔提议，纳粹头子应该直接处决，没有什么好审判的。两个意识形态完全不同的国家，领导人在这件事上的想法却出奇地一致。他们的策略也跟原始的血亲复仇没有太大的区别。

　　相对中立的美国提出了另一种解决思路，即用法律手段，通过审判的方式处理战犯。在当年，这是个新鲜事。因为之前的人类历史上，战争之后，战胜国处罚战败国的方式，主要是割地赔款。对战败国来说，经常连讨价还价的余地都没有，有的是人为刀俎我为鱼肉。

以德国和法国为例。1871年，普法战争中法国战败，德国逼着法国人赔款50亿法郎，并割让阿尔萨斯和洛林，由此有了都德的《最后一课》。一战结束后，轮到德国战败，依然是割地赔款，不但阿尔萨斯和洛林要还回去，还要承担1320亿金马克的赔款，相当于今天的4000多亿美元。但是，造成几千万人伤亡的战争要由谁负责呢？同盟国理所当然地把战争的罪责归在战败国德国头上。

一战后签署的《凡尔赛条约》虽然规定德皇威廉二世是战犯，说他侵犯了国际道德和条约的圣洁性，但这也只是政治性的规定，并没有经过法律性的审判。至于被宣布为战犯的威廉二世，他后来逃到荷兰。荷兰人拒绝把他交给同盟国，最后不了了之。

1941年6月4日，82岁高龄的威廉二世寿终正寝，希特勒当时甚至想把他的遗体运回柏林举行国葬，借此显示第三帝国是第二帝国的正统继承人。至于在学术界，不但威廉二世是否有罪存在争议，连德国要不要为一战负全责，也存在巨大争议，毕竟当时流行的国际法理念是，主权国家有发动战争的权力。

当然，还有一种观点认为，《凡尔赛条约》本身就埋下了战争的种子，因为条约有太多不合理之处。

二战卷入的国家更多，平民伤亡更加惨烈，这促使人类共同体重新思考战争本身。同盟国最终达成基本共识，那就是人类必须想办法，避免世界大战再次爆发，谋求永久和平。而法律被当作保卫和平的必要手段，于是人类历史上第一次，对战争罪犯进行司法审判。但因为没有先例，所以审判的法律基础、起诉的法律依据、罪行的法定适用，都要从头构建。

回到当时的历史背景，最大的挑战有三点：一是审判战犯没有先例可依循，法庭怎么组织，谁当检察官，谁当法官，都不确定。二是依据什么程序。各国法律传统不一样，即使是四个战胜国，英国、美国是判例法传统，法国、苏联却依成文法传统，以谁的法律原则为准是个问题。三是纳粹的很多行为在德国能找到法律依据，比如对犹太人的打击根据的就是1935年制定的《纽伦堡法案》；再比如，一个国家对另一个国家开战，不管有没有理由，一直被认为是国家主权的一部分。所有这些问题应该怎么处理？

纽伦堡审判留下的遗产

没有法庭，可以临时组建法庭；至于法庭本身的合法性，则需要立法来解决。1945年，四个战胜国签署了控诉和惩罚战犯的协议，然后通过了《国际军事法庭宪章》。根据国际法惯例，条约和宪章可以成为法律依据。至于选择在纽伦堡审判则带有警示味道：德国纳粹在这里崛起，屠杀犹太人的法律依据《排犹法案》也在这里通过，选择纽伦堡有强烈的象征意义。

审判过程漫长而复杂，审判持续时间超过10个月，审判文件有70卷，总共126897页；战犯主要是纳粹德国的领导人。审判的结果是：12人判绞刑，3人终身监禁，4人有期徒刑。令人称奇的是，有3人被无罪释放。

审判结果，尤其是审判本身的历史评价极高，甚至被法学家评为"历史上最伟大的审判"。它的伟大首先在于，审判是法律理性的胜利。二战胜利后，战胜国处于绝对的强势地位，各国民众对纳粹充满仇恨。而法庭没有被仇恨左右，公开审判，让证据说话，甚至允许律师给罪大恶极的纳粹战犯辩护。在复仇和理性面前选择理性，放弃了血亲复仇，这是文明的进步。

更重要的是，审判留下了丰富的遗产。比如"战争罪"和"反人类罪"，都是纽伦堡法庭创制的新罪名。1950年12月12日，联合国大会公布的《纽伦堡原则》一共有7条，其中两点特别重要，一是主权国家发动侵略战争是违法的；二是个人也可以作为国际法的主体，这意味着制裁会具体到个人。如果一个人随意侵略他国、屠杀平民，即使他的行为不被自己国家所禁止，依然要受到国际法庭的制裁。

虽然后来人们对纽伦堡审判不乏批评和质疑，比如法官和检察官都来自美苏英法四个战胜国，缺少平衡和中立的声音，但我们依然要向这些法官表达敬意。力主对战犯进行审判的美国首席检察官罗伯特·H.杰克逊（Robert Houghwout Jackson）在写给杜鲁门总统的信里说了这样一段话："举行纽伦堡审判，是为了把纳粹的所作所为公之于众，否则，他们的罪行总有一天会被遗忘。"文明地标旅行选择纽伦堡，就是因为我们大脑中有鲜明的记忆。

凝聚记忆的关键判断是：强大，并不等于枪炮的硬实力，而在于观念的软实力。法律就是这种软实力，它可以变成无限扩张的网，秩序就可能在网络中产生。

纽伦堡留下的法律原则也奠定了现代国际法的基础。二战后，全世界见证了几次大审判，冷战后成立的国际刑事法庭，比如卢旺达国际刑事法庭，以及国际刑事法院等，都是对纽伦堡遗产的继承。

但并不是所有犯罪行为都能被绳之以法，一旦卷入大国博弈，或者大国本身成为当事人，制裁往往变得不可能，弱肉强食的丛林法则依然周期性地发生。而且很多独裁者在迫害、屠杀本国人民之后依然逍遥法外，甚至能寿终正寝。此外，还有大量弱势人群在绝望中背井离乡、客死他乡，在历史轮回中流浪。我们但依然要肯定纽伦堡的先例——文明进程中的"从零到一"是最艰难的，而一旦有了一，就将有无限可能。好的一面是，纽伦堡审判确定的保护少数族裔、弱势人群、尊重人权的观念已经或正在成为越来越多国家和人民的共识。

→ 回到中国

东京大审判与南京大屠杀

二战中最恶劣的事件,在欧洲是犹太大屠杀,在亚洲是南京大屠杀。关于南京大屠杀有很多历史资料,其中远东军事法庭的东京大审判,有最具权威性的结论,也是无法抹去的人类伤痛。

判决书中说:"在日本军队占领的最初6个星期里,南京及其周围被杀害的平民及俘虏就有20万人以上……数字还不包括抛尸长江、挖坑掩埋和以其他方式处置的人。"考虑到当时没有严格的户籍制度,考虑到大批无法统计的难民,人们普遍认为,超过30万中国人在南京被屠杀。屠杀过程中,日军毫无约束,甚至以杀人为乐,是人类罪恶的极致。

和纽伦堡类似,盟军在东京组建了远东国际法庭。审判从1946年5月3日开始,到1948年11月12日结束,这期间共开庭818次,英文审判记录48412页,最终形成了1231页的判决书,用8天时间读完判决书。

法庭使用大量人证、物证,呈现军国主义者暴行。审判结论既是历史事实也为国际所公认。法庭同时给予战犯辩护权,法官的不同意见也被记录,也是理性选择的体现。东京大审判和纽伦堡审判一起,给二战画上了一个休止符。

第三节

麦当劳博物馆
工业化口味占领全球

一个喜欢带孩子旅行的朋友告诉我,无论在自家楼下,还是异国他乡,当不知道吃什么或者食物不合口味时,跟孩子说"要不,咱们吃麦当劳吧?",往往会得到欢呼和肯定。从个性化的乡土口味,到标准化的麦当劳口味,这种转变是怎么发生的?而汉堡配薯条,外加一杯可乐,怎么会构成现代社会的挑战?这不是玩笑,我要带你去美国66号公路上的麦当劳博物馆,看看这一包薯条、一个汉堡怎么从这里出发,一步步"征服世界",以及世界又怎么被改变,改变又意味着什么。

流水线烹饪以快制胜

传统社会中大多数人会在家吃饭,几乎所有古代文明都是这样的习惯,家庭中的女性主要承担为一家老小烹饪食物的职责,所以,我们最难以忘记的是"妈妈的味道"。当妈妈们的味道走出家门,被更多人享受的时候,便孕育出世界各地的乡土风味。但是,进入现代社会之后,"妈妈的味道""家乡那口儿"成为一种奢侈记忆,人们的进食场所、口味偏好也发生巨大转变,全世界拥有了某种"同质"口味。

66号公路,全美最有名的公路之一。它像一条对角线,斜穿大半个美国,被誉为自驾游的天堂。当我们沿着公路由东向西进入加州境内,在到达洛杉矶之前,会路过一个很不起眼的小镇,叫圣贝纳迪诺。公路沿线上有一家麦当劳博物馆，博物馆门口有一个巨大的红色招牌，配着醒目的黄色M，招牌上印有大大的"15美分"。"15美分"是麦当劳汉堡最初的价格。下面还有一句话"We have sold over 1 million hamburgers"，意思是，我们已经卖出了100万个汉堡。这个销售业绩诞生在1956年。

"我们已经卖出了100万个汉堡"

招牌下面有座白色纪念碑，碑上镶嵌着一块铜牌，铜牌上写着一句话：1940年，理查德·麦当劳和莫里斯·麦当劳兄弟在这里，开了他们的第一家"公路餐厅"。

公路餐厅的崛起，可以追溯到大萧条时期。为了缓解经济危机，一系列大工程在美国西部同时修建，比如我们之前走过的胡佛大坝。当时的美国人如果去西部开拓，就要走66号公路。大规模的人口流动刺激了公路沿途乡镇的发展，各种小商店、加油站和餐饮服务陆续跟上，麦当劳兄弟的餐厅就是在这样的背景下诞生的。

不过，1940年，如果我们路过这里，当时麦当劳的菜单上不只有汉堡薯条，还有热狗、墨西哥卷、烤肉等等，种类多，为的是满足不同口味的客人。当时开在66号公路边上的餐厅大部分都是这种类型，竞争非常激烈。餐厅里食物品种多，人也多。客人如果不等上半小时，可能吃不上饭。半小时不算漫长，但对赶路的人来说，他们不指望坐下来吃个漫长的烛光晚餐，他们需要赶紧吃完上路。

麦当劳兄弟敏锐地捕捉到这个需求。作为犹太人，麦当劳兄弟开动了商业头脑，决定改革餐厅的服务。首先是改菜单。他们发现，虽然菜单的食品种类琳琅满目，但85%的客人只选择汉堡加薯条，既然如此，干脆放弃其他品种，只卖汉堡、薯条、苹果派再加饮料。前端修改后，后端也要与时俱进，麦当劳兄弟决定将后厨改造成流水线，员工各司其职，有负责烤肉的，有负责准备面包的，有负责放配菜和酱料的，再有一个人把它们组合到一起，裹上一张纸。

更重要的改革还在后面：他们引入了数字化管理。比如炸薯条，从土豆的种类到薯条的粗细，从油炸的时间到添加的配料，从食盐的数量到油温的控制，都要反复试验，每次都有实验记录和数据，直到找到他们认为最合适的口味。这是现代科学的方法，从牛顿到爱因斯坦，从拉瓦锡到杨振宁，所有科学家都依赖的方法。通过这种方法，麦当劳的产品质量有了稳定的标准。任何人，不需要经过复杂的培训，只要按照数据记录操作，都可以制作味道统一的汉堡和薯条，大厨的角色没有了。客人增多后，他们不但没有加人手，反而淘汰了一个工种——送餐服务员。顾客自己取餐，不需要等服务员送到桌子上。

在麦当劳改革之前，无论妈妈做的家常菜，还是到外面下馆子，同一道菜换人做味道会非常不同，我们把它叫"风味"。风味也意味着风险，也许哪天厨师心情不好，味道可能天壤之别。标准化作业则不同，提供的是一种稳定预期，不管我们在哪儿吃，什么时候吃，麦当劳都不会让你诧异和失望，这就是现代社会的"物美"。当然，这也意味着没有太多惊喜。同时，减少食物品种，还有利于控制食材成本，而且吃汉堡、薯条不需要刀叉，再加上标准化流水线，省去大厨和服务员的成本，又让"价廉"成为可能。更重要的是，流水线备餐提高了效率，就餐时间从30分钟的等待，缩短到30秒。

这套工业化的手段注入食品生产中，让热乎乎的食物也"工业化"了。物美、价廉、速度快，这让麦当劳兄弟的餐厅在66号公路的餐厅族中脱颖而出。麦当劳兄弟一口气又开了5家分店，并注册了自己的商标，一个戴着厨师帽的汉堡小人。我们在博物馆里还能看到这个形象，穿着白色的厨师服，打着红领结，憨态可掬的样子。麦当劳的改革统治了66号公路。

公路餐厅走向全球

接下来，麦当劳餐厅开始从66号公路，迈向属于它的星辰大海。

> 为了让奶昔变得可口，麦当劳聘请很多人调研。最后发现，客人买奶昔不是因为味道，只是因为能在开车时当早餐，同时能打发时间，于是麦当劳开发了浓稠、带果粒的奶昔。这个故事成为商业案例"奶昔错误"的由来。

这就要说到另一个商业奇才克罗克。克罗克本来是为麦当劳供应奶昔搅拌机的商家。1954年，克罗兑第一次来到圣贝纳迪诺，就对麦当劳佩服得五体投地。震惊之余，克罗克的第一反应是：加盟。从此往后，麦当劳进入克罗克的传奇之路，也是麦当劳品牌化、全球化的光荣与梦想。

1961年，克罗克用270万美元买下了麦当劳品牌，这位新老板决定把麦当劳打造成"新一代的美国教堂"。言外之意是，要像教堂一样把麦当劳开遍全国。他通过加盟，即采用"特许经营权"的方法迅速扩大规模。

克罗克的"特许经营"也许跟我们通常的理解不同。首先，麦当劳发明了一个新的商业模型：买或租下城市最好地段的物业，再高价转租给加盟商，再转手用土地去银行贷款。这个财富模型帮助麦当劳拥有几乎无限流动的现金流，也一不小心成了地产商。克罗克曾经让一群管理学的学生回答自己从事的是什么行业，大家的回答是卖汉堡包。他说："我的业务是房地产。"2015年，包括厂房和设备在内，麦当劳的总资产达377亿美元，其中，36000家门店所在的建筑空间就占了99%以上。

其次，麦当劳要求，所有加盟店使用的机器、设备都要从总部购买，这样既能保证稳定的质量，又能带来巨额利润，还使其成为设备销售商。这两条，帮助麦当劳成为美国的快餐和地产帝国，帝国的标志就是金色拱门和麦当劳小丑。

克罗克成功的同时，麦当劳兄弟继续开着自己的快餐店，只是不能叫麦当劳了。兄弟俩在没有麦当劳的日子里过完一生，去世后，66号公路的这家店铺被改造成买不到汉堡和薯条的麦当劳博物馆。

细究麦当劳全球扩张的逻辑，既和麦当劳兄弟以及克罗克的商业天才有关，也跟现代社会生活形态的变化相关，后者是前者发挥天才的必要条件。

在现代生活形态里，女性就业率空前提高，原本给一家人做饭的妈妈，变成了忙碌的职业女性，家里没有人做饭了。而工作人群午休时间短，又需要迅速补充能量。同时，城市化进程使得城市地理面积扩大，通勤距离遥远，难以维持那种中午回家吃饭的习惯，需要有替代服务。再加上工业流水

> 麦当劳最甩不掉的"尾巴"是肯德基，麦当劳走到哪里，肯德基就跟到哪里，这是博弈论里的"霍特林法则"。麦当劳全球门店超过36000家，肯德基超过15000家，看起来麦当劳更强一些。真实情况是，双方差距比数字要更大。2022年，麦当劳市值超过1700亿美金，肯德基只是百胜餐饮集团旗下品牌，整个集团市值才300多亿美金。不过，中国有2000多家麦当劳，肯德基却超过5000家，这是因为2000年肯德基开放了特许经营权，比麦当劳早了8年，这8年是三、四线城市崛起的黄金期。

线的普及、汽车的大众化、现代时间观念的深入人心、全社会对效率的追逐，在所有因素共同作用下，人类被带入一个快车道，而麦当劳模式是这种生活方式的绝配。

当然，很多人会说自己不吃麦当劳，但我们却离不开麦当劳改造的世界，麦当劳开启的食品工业化进程早已渗透到整个行业。

比如必胜客的比萨、吉野家的牛肉饭、海底捞的火锅、永和大王的豆浆、星巴克的咖啡，用的都是流水线方式，都追求标准口味。麦当劳还以口味作为"流量入口"，进入其他领域，比如它还是玩具经销商，通过和热门或经典IP合作等方式，每年在3.5万家门店输出15亿只玩具，远超玩具反斗城以及沃尔玛。而玩具对儿童充满黏性，玩具生意越做越火。

"麦当劳化"

工业流水线解决吃喝问题，这是人类在饮食方式上的现代化进程，但高效率和标准化口味都是好事吗？自然有人开始反思。美国社会学家乔治·里茨尔1993年写了本书叫《社会的麦当劳化》，这本书轰动一时，让"麦当劳化"成了一个流行学术用语，而且这个词的适用范围也超越食品行业，向更多的行业蔓延。人们会说教育的麦当劳化、教师的麦当劳化、传统村落的麦当劳化、音乐的麦当劳化，甚至还有爱情的麦当劳化。

> 1986年，英国《经济学人》推出一个经济学指标，通过观察全球不同国家和地区的巨无霸汉堡价格，衡量当地真实汇率价格，被称为"巨无霸指数"。

在全球现代化浪潮中，各行各业，甚至人们的观念，都出现了类似麦当劳式的标准化、同质化现象，那么与之相伴的，是不是多样化、个性化、本土化的衰退？乔治·里茨尔批评的，其实是工业化和全球化给人们心理带来的危机。麦当劳是离人们最近、最容易理解的产品，于是成了批评的靶子。毫无疑问，工业化带来的"消费者身份"确实是现代人共同拥有的。

后来作者又写了一本书，叫《虚无的全球化》，延续的是同一种担忧。作者认为，因为工业化和全球化，现代人都成为消费者，而消费者购买到的不是"实在"，而是"虚无"，这个说法既新奇，又有点吓人。我们下一个要去的地标，要谈的话题，可能更"吓人"。

> 换个角度

"熊猫快餐"能麦当劳化吗?

如果你看过《生活大爆炸》,可能会记得"Panda Express"(熊猫快餐)。主人公谢耳朵对"橙子鸡"很感兴趣,决定自学中文,和 Panda Express 辩论"橘子皮"和"橙子皮"的区别。

很多中国人在国外旅行最头疼的不是语言,而是没有可口的中餐,背后是中餐标准化欠缺、品牌力弱小。1983 年,程正昌夫妇在加州的格伦代尔市创办熊猫快餐,主打橙子鸡、西兰花牛肉等家常菜,再配以炒饭或炒面,主要为外国人服务。这种没有"家乡味"中餐大获成功,从加州起飞,几乎复制了麦当劳的道路,40 年内走向全美,开了 2000 多家餐厅,跻身全球最大中式快餐连锁。

程正昌说:"你们说中餐里不可能出现麦当劳,我就把它变成可能。"事实上,熊猫快餐也引入麦当劳机制,从菜量到调料,从质量到品质,都通过实验,让产品高度数据化和标准化,人们走进餐厅能感受到同样的氛围和味道。

不过,中餐可以出现类似麦当劳的品牌,但多样化是很难削弱的。我们的"胃"早被我们的美食驯化了。

第四节

日本丰岛美术馆
在艺术之岛感受垃圾挑战

垃圾影响的真实场景会变成什么样？人类会被迫移民吗？什么时候会毁灭？活着的我、看书的你，包括我们的下一代，大概率无法看到，但能感受到这种真实挑战。我接下来带你去的地方，是风景如画、充满艺术氛围的日本丰岛。在这里，我们一起探寻和思考这个挑战——垃圾问题。在艺术殿堂谈垃圾似乎有些荒诞，但我相信，你渐渐地不会觉得太意外。

一边是艺术，一边是垃圾

假如21世纪人类爆发核战争，几亿年后产生了新的高智能生命，拥有发达的科技，当他们做地质考古时可能会感到疑惑，因为"人类"地层无法解释。其他的生物地层，持续时间以百万年计，比如恐龙时代；而且地层物质是渐变的，即使经历小行星撞击地球，恐龙的灭绝也是百万年之后的事。但人类地层，却在几万年内突然出现，突然消失。按地质和生物规律，几万年的尺度根本没有痕迹，人类层却异常巨大。

甚至有学者认为，变化是在20世纪发生的，这意味着人类层跨度要以百年计。这些高智能生命，可能无法想象几亿年前的我们。人类在短短几十年里，以每年30亿吨的速度留下塑料，其中高密度塑料会形成化石。我们还制造了5000亿吨混凝土，还有高密度的放射物质，而人类层却又是薄薄的一层。未来的高智能生命可能难解这般谜题。

几亿年后无法设想,但可以设想一下几百年后。

2008年,皮克斯动画工作室推出了《机器人总动员》,故事背景设定在2805年,之前700年,人类让地球成为垃圾星球,之后移民太空,留下大量机器人"瓦力"(Wall-E)执行清扫作业。

几百年后只剩一台瓦力,它学会了拆除"死去"同伴的零件做自我维修,"活"了下来。后来遇到外太空回来的机器人伊芙(Eve),两"人"相爱,还上演了解救人类的故事。在所有垃圾围城题材的作品里,《机器人总动员》是最美好的讲述之一。

目光回到日本丰岛。丰岛在濑户内海,濑户内海是日本本州岛和四国岛夹中间的那片海,面积不大。站在山坡上眺望,丰岛美术馆就像两颗白色的水滴,一大一小,安静地躺在草地上。水滴、草地、森林,还有旁边的海岸线,很自然地融合在一起。

走近看,这座美术馆既无梁也无骨,只是一个水泥壳。这样的建筑施工很有难度,需要先堆土,再在土上覆盖混凝土,等完成塑形,把里面的泥土清走,才形成浑然一体的混凝土空间。从售票厅到展览馆,要经过一段曲曲折折的小路,沿路有树木花草,还能望见山坡下碧蓝的海。进展厅之前,按日本人的习惯,要脱鞋,再换上这里的软底鞋,工作人员会郑重地告诉你,展厅不能拍照和喧哗。

美术馆的主展厅,就是那个大的水泥壳穹顶,屋顶有一大一小两个椭圆形天窗,除此之外,空无一物。如果一定要找点东西,就是两个天窗上垂落下来的两根丝带。第一次来丰岛美术馆的人可能会感到奇怪,它叫美术馆,但墙上一张画也没有,地上一件雕塑也没有。没有"展品"的美术馆,想要人看什么?

在我看来,建筑空间本身就是作品,阳光、水滴、风声、落叶是组成它的细节。

阳光,是从顶部天窗照进来的。如果我们坐或者蹲下,会发现清水混凝土地面上有大大小小的水洼和滚动的水滴。再仔细看还能发现地面上有些小孔,水滴就是从这些小孔里渗出来的。混凝土地面有微微起伏的变化,水珠无时无刻不在滚动、游走、变形,充满禅意。

坐在美术馆里,风声、虫鸣、落叶、雨水,四季的变化与建筑融为一体。如果要用展馆的语言描述,可以说,水滴是"常设展",鸟、虫、风,还有光和影,是"特别展"。美术馆和大自然,形成了美妙的交融和混响。听起来,一切都很美好,是专属于日本文化的意境美。

但我想提醒的是,40年前的这里恶臭弥漫、寸草不生。小岛西面有一座巨大的垃圾场,在周围7公顷范围内,堆积了至少90万吨垃圾,平均厚度大约10米。在丰岛住民资料馆,可以看到"岛史"——丰岛住民资料馆是当年的垃圾倾倒点,屋内保留了当年的"垃圾墙",看上去黑压压的,但能清楚地看到,轮胎、工业废料、生活垃圾,一层一层堆积成十几米高的墙壁,让人触目惊心。

水泥壳穹顶上的椭圆形天窗

垃圾是现代生活的另一面

丰岛经历过什么?每天生活在城市当中,尤其是城市管理比较好的地方,人们不会在意垃圾的存在——每天打开快递包裹,打扫完卫生,把垃圾袋往垃圾箱扔下去,除此之外,我们很少想到垃圾去哪里了。意大利小说家卡尔维诺在1972年出版的小说《看不见的城市》中,虚构了一座叫李奥尼亚的城市。城里的居民每天如饥似渴地消费着各种新奇事物,最终"一座由无法毁灭的废弃物堆砌的堡垒"围绕在城市四周,"从各个方向俯瞰着李奥尼亚,就如同环绕的群山"。李奥尼亚当然是虚构的,《机器人总动员》也是虚构的,但虚构预示着现实。在"现代化"盛宴里,人们一方面享受着前所未有的幸福生活,另一方面,幸福生活也制造了恐怖的副产品,那就是海量的垃圾。丰岛就曾经是日本人的垃圾岛。

20世纪60年代,日本正在经历经济腾飞。从60年代开始,日本GDP(国民生产总值)以每年两位数的增速飙升了10年。不过,这是建立在"大量生产、大量消费、大量废弃"的模式上的,日本的工业废弃物和生活垃圾也呈爆炸式增长。50年前的日本也不是后来引以为豪的垃圾分类先锋,那时候的人到处扔垃圾,连东京的神田川都漂着瓶瓶罐罐。各种垃圾堆在一起,其中超过60%要靠填埋处理。这带来一个问题,有限的国土面积,到哪儿找那么多土地当填埋场?

于是,包括丰岛在内的很多小岛,被企业用来倾倒垃圾。在这里,既不需要高额的垃圾处理费,又远离大城市,做到了"眼不见为净"。但是,岛上居民却开始了噩梦。1965年,丰岛西部被规划为工业废物处理场,所谓处理,其实是可以公开倾倒的露天垃圾场。从1975年开始,工业废弃物源源不断地运到这里,等待焚烧。焚烧释放的有毒物质污染了空气、水和土壤,鱼米之乡变成了寸草不生的死亡之岛。历史记录里的当地村民回忆,原本岛上很少有人得癌症,但垃圾场建成之后,很多在垃圾场工作的人率先得癌症死掉了。岛民开始抗争,一级一级上告,一直告到中央政府。终于,在2000年,日本中央政府同意解决丰岛的垃圾污染问题。

接下来,小岛的命运发生了神奇的转变。污染被清理,再被艺术加持,丰岛摇身一变,从地狱变天堂,成为今天的"艺术之岛"。

其实,这样的事不只发生在丰岛。工业革命以来,海量的廉价工业产品拉开了人类消费时代的大幕,前所未有的大众消费制造了前所未有的垃圾。面对垃圾围城,人们不得不接受一种挑战,享受丰富物质生活的同时,必须直面它肮脏和危险的一面,人类必须向垃圾宣战。进入

21世纪，以德国为首的西方国家率先建立起现代垃圾回收系统，包括严格的垃圾分类、焚烧、填埋、堆肥等一整套处理方式。我们今天看到的日本那套复杂的垃圾分类方法就是从欧洲学来的，只是日本人把它做到极致。

如果去过日本，尤其是走进过日本家庭，对此应该深有体会。哪怕是一个塑料瓶，也得分成三部分——瓶盖、瓶身和最外面的包装纸，要放在不同的垃圾桶里，分别回收。废旧的衣服更麻烦，除了扣子、标签，还要看服装的材料，纯棉还是化纤都得分开装。日本横滨给市民的垃圾分类手册多达27页，518项条款，规定之细致让人匪夷所思。这是否意味着，如果全人类都像日本人一样，高标准、高要求分类垃圾，我们就能摆脱垃圾的威胁？

> 回收垃圾竟然还能通过"社交"进行？加拿大某城市发起"碎草回收"活动，鼓励居民把碎草留在原地分解，而不要送到垃圾场，但很少人响应。于是政府给每家贴小纸条"邻居都在做碎草回收，你也可以"，参与人数增加了一倍。

严格的垃圾分类标准

美术馆也会变成垃圾？

和源源不断产生的垃圾相比，我们处理垃圾的能力非常有限，即便是发达国家，每年也要把大量垃圾出口给发展中国家，更不用说还有那些一直未能处理，直接抛入大自然的垃圾。这些都在威胁整个地球生物圈。

以塑料为例，自1907年被发明以来，人类制造的塑料总量已经接近一百亿吨，只有9%被回收利用，12%被焚烧，绝大部分被废弃。这些塑料垃圾从各种渠道涌入大自然，最终在海洋汇合，在南太平洋形成了一个足足有160万平方公里的垃圾带，大约相当于新疆的面积，号称世界第八大陆。这些塑料还会不断移动、不断分裂、不断变小，直至成为毫米级塑料颗粒进入海洋生物身体时，也不会被分解，甚至进入他们的脏器乃至血管。

> 荷兰有位年轻人提出，可以借助海洋的力量回收垃圾。简单说，洋流都有交汇点，这个点会形成"垃圾带"，如果设计成 V 形收集器，借助洋流让垃圾进入 V 字底部，就可以对垃圾进行回收。

更可怕的是，塑料微粒被鱼类吃掉，经由食物链又回到人体。最近研究发现，甚至连海盐里也有塑料微粒。针对垃圾问题，日本神户大学的经济学教授石川雅纪认为，只有加强再利用市场的开发，研制新型技术，才有可能处理这些垃圾。

而未来的挑战，也许是人类自己也不能预知还会制造什么新垃圾。

在濑户内海的小岛、丰岛、直岛，遍布美术馆和艺术作品，隐喻日本摆脱污染、可持续发展的标志。但换一个角度，这些象征着告别垃圾世界的艺术品最终还会变成垃圾，这就要说到混凝土的故事。

2000多年前，罗马人发明了混凝土，人们可以让它变成任意形状，制造宏伟的建筑。比如罗马万神殿，殿内没有立柱，一圈围墙支撑着43米直径的穹顶，2000年屹立不倒。

但混凝土是种矛盾的物质，它受到欢迎是因为可塑性，一旦成型则失去任何可塑性，2000年甚至20000年后依然坚硬如初。当混凝土遇到钢筋，又诞生了钢筋混凝土时代。担心的事情出现了，当建筑老去后，会不会留下一堆堆坚硬的垃圾？穿过云霄的大楼，跨越海洋的桥梁，通往地下的隧道，都有预期寿命，它们寿终正寝时，是不是最可怕的敌人？

> 有一种反常规观点是这样的：垃圾回收的前提是得有足够多劳动力，垃圾清洗还会造成水污染。同样的道理，一次性餐具与玻璃、陶瓷餐具相比，哪个更环保？至少前者不需要清洗，可以直接填埋。

也有专家说，人类一定会找到解决办法，是否构成挑战也有争议。而争议本身就说明，至少这个问题已经困扰了很多人。

→ 冷知识

虫子也来处理垃圾

　　位于深圳大梅沙万科中心的碳中和实验室园区（别名"生物圈三号"）正在实验一种生物学垃圾处理方法，即在园区厨余垃圾工作站里，每天会有 200 公斤厨余垃圾被一种名叫黑水虻的虫子吃掉。

　　在特定温度和湿度下，黑水虻的幼虫可持续进食 8 天，吃掉比自己重 20 万倍的厨余垃圾，体重增加到之前的 4000 倍。幼虫粪便如果和枯枝、落叶等绿化垃圾按比例混合，发酵后会成为有机肥，重新进入园区生态循环中。当黑水虻完成使命后，经过烘干处理后变成干粉，蛋白质含量高达 45%，变成优质的饲料。

　　目前无法判断"生物圈三号"的实验是否可以探索出人和垃圾的相处模式，但有效的方法一定会在一次次实验后产生。

第五节

北极
预示越来越热的星球

大部分时间我们不会触达北极，只是默默承受它"输出"的寒冷，接受它对人类命运的影响、改变以及挑战。我理想中的环球旅行，第一站就是北极。这一次，我们一起去北极，那里足够远，足够神秘，足够预见和遇见未来。

地球太热

2006年1月，导演古根海姆拍摄了一部纪录片《难以忽视的真相》，主人公是美国前副总统戈尔，纪录片展示了卡特里娜飓风、地球洋流的流动、两极冰川的崩塌、乍得湖的消失、洪水干旱的恐怖、超级城市的覆灭，大量难以反驳的证据表明地球升温是事实，人类正面临生存的考验。但多年来人们印象最深的反而是43分钟时的一组北极熊镜头：在浮冰上挣扎的北极熊需要漂游60英里才能找到冰面，等待它的将是活活饿死。

> 北极熊迁徙到南极会怎样？北极熊在北极捕猎海象的成功率大约是5%，要是改到南极捕猎企鹅，估计成功率会达到100%。如果要迁徙，双方都要改变，北极熊可能要丧失游泳的本领，企鹅则要在灭绝前完成进化：要么重新飞起来，要么快速跑起来，要么变成水生动物。

多年过去了，很多人提到地球变暖、冰川融化，首先关联起的画面是北极熊，而不是同类的命运。

但随着热浪的强度和持续时间逐年增加，现在，不需要借助一只熊来提醒，人们已经明确感受到，这些年的夏天过于难熬，烧烤模式已经成为夏天的常态。

2022年7月19日，英国气象学家西蒙·金（Simon King）告诉媒体："今天刚到上午11点，气温就已经超过30℃。"到了中午，伦敦希斯罗机场历史性突破40℃，达到40.2℃。作为海洋性气候地区，伦敦7月平均气温大约24℃，早晚还要穿一层厚衣服，有空调的家庭不超过5%。40.2℃，对当地人来说是无法忍受的。

布里斯托大学气候科学家尤尼斯·罗（Eunice Lo）博士的研究则表明，1884年以来，英国年度最热的前10名都发生在2002年之后。全球热浪越来越普遍，持续时间越来越长。此前，高温纪录增加幅度通常是几分之一摄氏度，而2022年伦敦一次性上升1.5℃，之前的纪录是2019年7月创造的38.7℃。

> 世界气象组织对热浪的定义是，连续五天或更长时间里，日最高气温超过平均最高气温5℃。但这不是通用标准，美国人的定义是"异常且令人不适的高温和异常潮湿的天气"，持续两天或更长时间。

疫情期间，英国政府希望民众能留在家里，管制努力几乎失去效力，而热浪做到了。

伦敦收获高温纪录的同时，欧洲大陆的高温也面临"失控"。西班牙和葡萄牙出现了47℃高温纪录，法国打破了40℃高温出现最早日期的纪录，德国、意大利、巴尔干半岛同时创造高温纪录，被酷热引发的山火将希腊雅典卫城的帕特农神庙映得通红。美洲、亚洲，同样经历高温烧烤。

联合国政府间气候变化专门委员会（IPCC）认为，与1850—1900年的平均水平相比，地球表面温度升高了约1.1℃——这是125000年前最近一次冰河时代之后从未出现过的水平。

伦敦帝国学院的气候科学家弗雷德里克·奥托（Friederike Otto）教授悲观地认为，今后几十年再回首，2022的夏天可能还算是比较凉快的。与夏天高温尾随而至的，通常是冬季的极寒。极寒、极热并存，被科学家归结为地球温度调节系统发生紊乱，而关键的调节力量就包括北极。

恐怖的洋流

北极对地球的能量调节，从属于一个宏大的故事。

地球获取的能量主要来自太阳，两极得到的辐射量只有赤道地区的40%。这个数值，本应导致两极比现在更冷，赤道比现在更热。事实

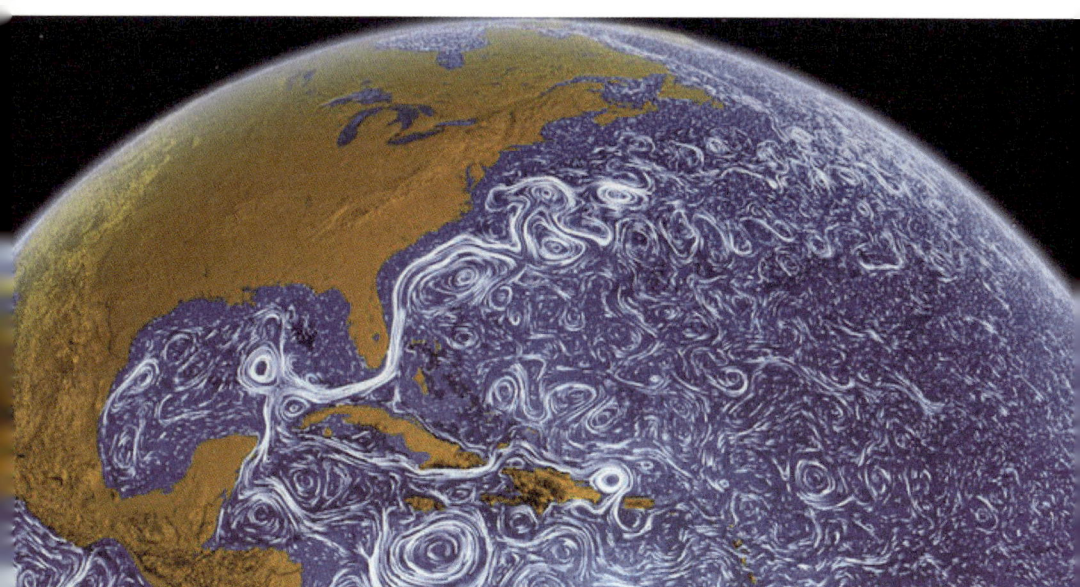

洋流将太阳能量做强制性分配

上却没有如此,因为地球的温度调节系统通过洋流的流动,将太阳能量做强制性分配。

以北大西洋暖流为例,赤道附近的海水被加热后,在风的吹动下向西流动,形成北赤道暖流。北赤道暖流在墨西哥湾附近右转,成为墨西哥湾暖流。暖流没有沿着美国东海岸行进,而是在佛罗里达拐了个弯,向东北流去,变成北大西洋暖流。暖流带着热带地区的热量,以2米/秒的速度穿过大西洋,靠近北极海域时,温度降低、密度增大,表层海水下沉形成南下深海寒流,又将北极冷水输送回热带,加入新的循环,如此周而复始。

科学家计算,北大西洋暖流每秒向欧洲输送大约一亿吨温水,让流经地区气温至少增加5℃。这是关乎生存的5℃,西班牙、法国、英国、爱尔兰、冰岛,斯堪的纳维亚半岛的挪威、瑞典、丹麦,甚至是中欧,都是受益者。这些地区的冬天,气温会比同纬度地区高很多,经典的对比是伦敦与漠河,它们处于同一维度,但伦敦一月的平均气温是7℃~8℃,漠河要到-28℃。暖流还让格陵兰岛变得可以居住,俄罗斯因此拥有了唯一不冻港摩尔曼斯克。圣彼得堡和沈阳的纬度相差18℃,而冬天的温度近乎一致。

> 借助洋流的循环,大航海时代罪恶的"三角贸易"产生了:欧洲人拉着货物到非洲沿海地区,用货物换取奴隶;再将奴隶运到加勒比地区,卸下奴隶后满载糖、棉花回到欧洲。洋流的帮助让"三角贸易"节约了很多力气。

洋流稳定调节着地球温度,北极通常只是静静地趴在那里,不经意地影响着星球命运。但如果"北极"做出改变,情况将大不一样。

洋流循环的动力之一是海水密度差,决定海水密度的除了温度还有盐度。如果地球温度稳定,北极只需要输出寒冷,就能影响洋流,但如果地球升温,北极的冰将大面积融化,天量淡水注入海洋,直接导致海水密度降低，下沉速度也随之降低，洋流循环将放慢甚至停止。

洋流循环放慢或停止，意味着什么？首先，冬季将没有足够多的热量输送到北方。

2004年的电影《后天》描述过灾难性的结果。我印象最深的是，直升机油路管道被冻死，发动机停止工作进而坠毁，飞行员几秒钟后冻成僵尸，曼哈顿地区降到-100℃。电影有艺术的夸张，但类似逻辑衍生的故事确有发生过。

《后天》电影也提到过。大约11000年前，地质史上出现了"新仙女木事件"，当时地球正处于变暖周期中，13000年升温达6℃，欧亚大陆和美洲大陆北侧的冰川融化，在美国和加拿大中间形成了五大湖区。随着湖区蓄水不断增加，终于，冰川围成的冰坝发生决堤，湖水冲入大西洋，导致海水盐度降低、密度降低、下沉停止，大洋循环随之停滞，赤道地区热量无法向北输送。欧洲再次进入持续千年的冰河时代，大批物种灭绝，人类因为进入农业时代才幸运地得以延续。

这样的灾难会被重现吗？科学家们用数据提出警告。

1981年时，北冰洋有310万平方公里浮冰，到2019年，只剩11.6万平方公里，消失的冰面变成注入海洋的淡水。与1950年相比，北大西洋暖流流速已经降低1/8。2021年，德国波茨坦气候问题研究员伯尔斯（Niklas Boers）称，地质史上，过去一千年间，大西洋环流系统（AMOC）"从来没有像现在那么弱过"，"有可能接近崩溃失稳的边缘"。2022年，伦敦创高温纪录时，美国国家冰雪数据中心进一步警告，从过去30—40年的气候平均水平来看，北极冰面融化一直在加剧，现在达到了高峰，大西洋环流系统变得越来越不稳定。

从现有趋势看，北极冰面减少甚至消失，已进入不可逆周期。冰面减少意味着更多热量被海水吸收（海水吸收率90%），而不是被冰面反射到空间（冰面反射80%的日照），海水升温又会增加冰面融化速度，吸收更多热量，融化更多冰面，产生更多淡水，让洋流流速更低。一旦洋流循环中断，欧洲将失去冬天温暖的气候，北美东海岸地区将遭遇更为频繁、更为极端的洪涝灾害。而全球洋流是个循环整体，亚洲、非洲、美洲、大洋洲的气候和地理环境，都将被不可逆地改变。

热热热，恶性循环

影响气候的因素众多、背景复杂，但科学家还是给出了一个结论——冬天的极寒与夏天的极热是一体两面，都被北极这张大手笼罩。

北极升温后，与副热带地区温差将变小，一方面，导致西风带变弱，西风带变弱连带北赤道暖流变缓，加重大洋环流的降速趋势。另一方面，高气压地区热空气会向上升，而上面的阻塞高压会将之推向地面，于是地面温度变得更高。想终结高温就需要强冷空气。冷，主要来自极地地区，而极地地区气温升高，与副热带地区的温差减小，导致季风减弱，使得夏季热浪强度和时间变长，这就是所谓的热盖现象（heat dome）。

科学家指出，20世纪80年代以来，欧洲热浪的频率和强度超过世界任何地方，除了全球变暖外，大气气流和洋流的循环变慢是重要原因。波茨坦气候研究所认为，洋流减弱导致大气循环改变，让欧洲夏天更干燥，热浪又导致水分蒸发、土壤干燥，下一波热浪没有水分可蒸发时，地面将积累更多热量。同时，被蒸发的水无法在本地形成降水，就会转运到其他地方，制造洪水泛滥。

对人类来说，短期应对方法只能是空调，而这必定消耗更多能源。能源缺口又无法通过新能源填补，就需要增加化石能源供给，二氧化碳排放增加变得不可避免。

气候变化故事，听起来像俄罗斯套娃，一个"恶性循环"里套着另一个"恶性循环"。

地缘政治重塑机会

地球升温、冰面融化对大多数国家是灾祸，但也意味着地缘政治和利益格局的重塑正摊在全人类面前。

现有地缘政治格局是大航海之后确立的。大航海之前，欧洲人虽然知道地球是圆的，从北极航道去往亚洲，要比绕道好望角近得多，但真正的北极航线并没有成型，只是留下了一连串可歌可泣的故事。

1500年，葡萄牙人考特雷尔兄弟再也没有回来。1596年5月10日，荷兰人巴伦支船长已经接近北极圈，但被风暴困了9个月，最低气温下探到-40℃，船员们3个月没看到太阳，等天气转暖后往回走，巴伦支船长却留下了，那片海被命名为巴伦支海。1611年，英国人哈德逊率队出发，因为恋家的船员叛变，船长下落不明。1725年，彼得大帝派航海家白令去探险，100多人死在路上，其中包括白令。1845年，英国人富兰克林带领128名船员驾驶着新式蒸汽船出发了，最终没有回来。1897年，瑞典探险家安德鲁和两位同伴乘坐氢气球从瑞典斯瓦尔巴群岛出发，直接跨越北极点，前往俄国或加拿大，起飞后扔下一个浮标，写着"旅行很顺利，我们在海拔约250m的空中飞行……天气很好，精神也不错"。之后还放飞了信鸽说"情况良好"，再之后就没有消息了。1926年，意大利人诺比列决定驾驶飞艇前往北极点，他吸取了前辈教训，最终在阿拉斯加着陆。他是第一个搭乘飞行器飞越北极航线的人，他的冒险证明了穿越北极到北美是可行的。而遗憾的是，因为沿途没有补给线，早期的气球、飞艇和飞机航程又过短，航线被束之高阁。

因为北极航线无法走通，从伦敦到上海，只能沿着大西洋东岸南下，绕过好望角，再往北进入印度洋；第二次穿越赤道后，进入马六甲海峡抵达上海。即使有苏伊士运河，这条路还是很远，大型油轮也依然需要绕到好望角。

1905年日俄战争，俄国战败的原因之一是海军要绕到好望角进入远东，抵达战场时胜负已经决定。如果当年有北极航线，也许战场形势会发生改变。

按照现有趋势，预计到2050年，夏天的北极就没有冰了，新的航道即将出现。变化趋势已经开始。

第一条航线叫作北方海路。2017年，走北方海路的船只为879艘，和5年前相比增加了60%，亚洲和欧美间的运输缩短了十几天。从上海港发出的货轮不用走苏伊士运河，可以走白令海峡，跨越北极到欧洲，时间缩短为不到30天，节约10天左右。从摩尔曼斯克州出发到中国，现在要穿越三大洋，需要47天达中国，而走北方海路，航程也将缩短1/3到1/2。

第二条航线叫西北航道，从美国东部港口出发，沿着加拿大海岸线，穿过加拿大在北极圈的群岛，直接进入太平洋。相比苏伊士运河航线，最长可以缩短9000公里。

如果走第三条航线，北极航道，直接跨过北极，从大西洋进入太平洋会更近，只是目前还需要重型破冰船帮助，但这条航道有望在2030年成为可能。

当大量国际贸易改变航线，大航海时代兴盛起来的新加坡、苏伊士运河、好望角等地区的作用会战略性地降低，俄罗斯、挪威、加拿大、丹麦等靠近北极圈中心的无人区，将从地缘政治边缘跃升为主流，白令海峡可能成为21世纪的巴拿马运河、苏伊士运河、博思普鲁斯海峡，也许会出现一座跨海大桥。

除了航线重塑利益格局，北极蕴藏着丰富的矿产和能源，也是一块巨大的蛋糕。但人类准备好了怎么享用吗？

今天的北极，是没有边界的新疆域，各利益方如何相处？谁负责制定规则？谁负责执行规则？并不是所有人都喜欢按规则行事，北极暴露出的巨大利益，福兮祸兮？北极将怎么影响文明？

围绕北极的博弈早已开始。英国媒体报道，美国重新建立了在北大西洋和北冰洋活动的第二舰队，并在挪威部署了B1-B战略轰炸机，同时动员北约国家加强防务能力。美国《国家利益》杂志称，俄罗斯成立了"新的极地司令部，新的北极作战旅，沿北冰洋海岸线维修了机场和其他基础设施，建深水港，并努力建立防空和海岸导弹系统、早期预警雷达和其他设施"。

就在人类准备"互相攻击"的时候，科学家不止一次地提醒，被封存在冰川下的病毒和细菌是最不可测的威胁，人类还没有准备好针对古老微生物的抗体。除了北极，南极还有更大范围的冰面融化，冰面融化将导致海平面上升，当代最伟大的城市群落面临海平面上升的威胁。

令人欣慰的是，全球科学家的共识是：减少化石能源使用，降低温室气体排放，同时保护森林资源，增加二氧化碳（温室气体的主体）吸收，可以阻止地球的升温。从《京都议定书》到《巴黎协定》，这是努力的一部分。阻止全球升温是人类为数不多的共识，但是否能协调行动，是另外一回事。用气候变化专家、美国前副总统戈尔的话说，政治家的意愿是最大的可再生资源。

悲观地想，如果地球终究无法居住，我们是否还有其他选择？

→ 回到中国

中国人的北极科考

中国不邻近北极，但在地缘上是"近北极国家"。北极对中国的气候和环境影响巨大，进而影响国民经济，包括农业、林业、渔业、海洋等领域。北极的气候和环境变化，关系到中国的重要利益。2004年7月28日，中国在挪威斯匹次卑尔根群岛新奥尔松组建了第一个北极科考站黄河站，也是当地第8个科考站。

之前已有多个国家在北极建站。中国的主要科考项目包括地球生态环境演变考察、近岸海洋环境监测、冰川长期监测的可行性调查和大气化学采样等。其中有一个研究方向很有特色，相关负责人的说法是："中山站（位于南极）和黄河站都在75°（纬度）左右，处在地球同一根磁力线的南北两端。因此，能在南、北两极对极光进行共轭研究。"黄河站将日地相互作用作为主要研究方向。

如果你去当地旅行，遇到危险，比如被北极熊追赶，可以就近跑入黄河站。记住，不要推门，要拉门。所有北极科考站的规矩是：不锁门，朝外开门。据说北极熊只会推门，不会拉门。

第六节

火星乌托邦平原
从闪闪红星上看地球

乌托邦的概念来自英国哲学家托马斯·莫尔（St.Thomas More）500多年前的思想实验，他凭空架构了一个"完美世界"。之后，"乌托邦"通常被用来描述不存在的社会。100多年前，一位土耳其出生、法国居住的希腊天文学家偶然地将"乌托邦"搬到火星，为一座平原命名。由此，坐落在火星卡西乌斯区、阿蒙蒂斯区和刻布壬尼亚区之间的火星盆地，就被称为乌托邦平原（Utopia Planitia）。它是太阳系最大的盆地，直径超过3000公里。这一次，我们把乌托邦平原作为文明之旅最后的目的地。

步步解密

在"想象"一章中，我们曾经探讨过，"想象"不只是"想"，而是需要在现实世界中落实，落实过程就是文明的改造。在现实世界里，人类把火星作为星际移民的目标，人造探测器不止一次登陆"乌托邦平原"。

> 在电影《星际迷航》中，乌托邦平原上空是星际联邦制造星际船舰的基地，企业号、挑战号、航海者号和圣保罗号等星舰都产自这里。

比较乐观地估计，2050年前人类会登陆火星，更乐观地估计，还会发生星际移民。如果成功，人类将分为两大族群：地球人和火星人。这一切会成为现实吗？乌托邦平原会成为真实的文明地标吗？我们需要这个地标吗？

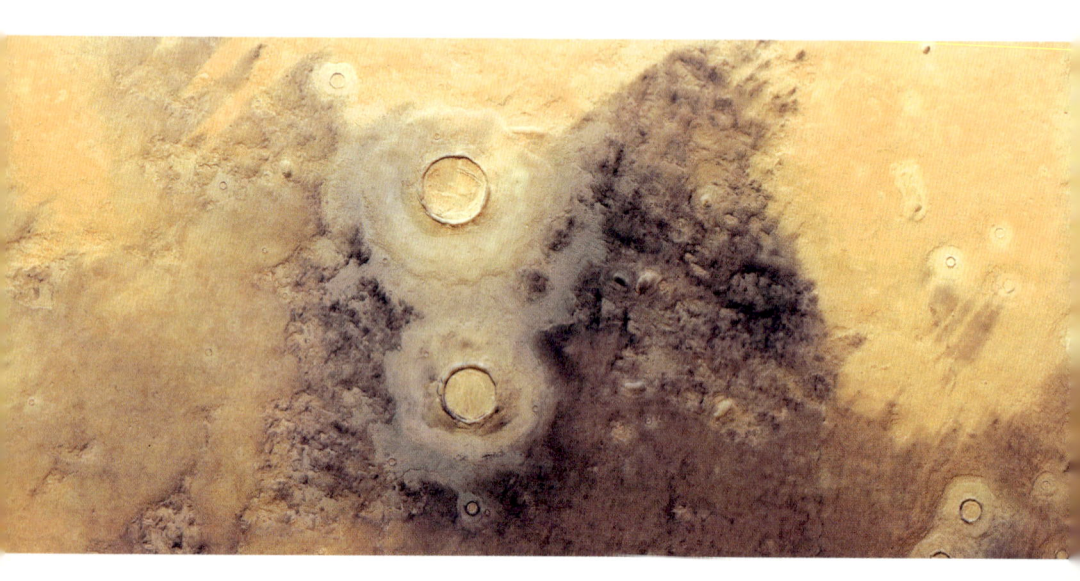

火星乌托邦平原

在火星探索中，美国是领先者，中国是追赶者。2021年5月15日，中国"天问一号"探测器在乌托邦平原成功着陆；19日，祝融号火星车传回首批地表照片；22日，祝融号开始在火星表面"巡视"，到2021年8月中旬已累计行驶1921米。中国人完成了火星探索的"绕、落、巡"。

这是中国火星计划的前三步。第一步，发射轨道探测器；第二步，发射着陆器；第三步，着陆器释放火星车巡视地表并收集数据；第四步，采集火星标本运回地球。目前为止，还没有一个国家走到第四步。

祝融号传回的火星影像与美国人的发现基本一致，看起来并不陌生，会让人想到腾格里沙漠以及罗布泊的死亡之海。天问一号和祝融号静静地趴在那里，平原上没有发现任何生命，也没有发现有过生命的迹象，但"乌托邦平原"依旧独特。

人造探测器选择着陆点，都有着精心的设计。"天问一号"着陆点位于火星原始海洋和陆地的分界线——是的，现有证据推测，火星曾经有海洋。不仅如此，中国"祝融号"和美国"毅力号"各自确认了同样的事实，那就是火星曾经存在大量的水，即使今天，它的地下依然储藏着丰富的水。毅力号的着陆点还发现了河口、沙洲和古老的沉积泥沙，这是水流曾经存在的痕迹。进一步地推测是，36亿年前那里曾经碧波荡漾。

水去了哪里？天文学家朋友给我提供了一个分析模型，借助模型，不仅可以解释地表水的去向，也能理解火星为什么是红色的星球。

基于分析模型，火星表面有规模巨大的死火山遗迹，比如奥林帕斯火山的高度超过珠峰的两倍，是太阳系已知的最高峰。当年火星上的火山爆发频率很高，仅在北部的阿拉伯地（Arabia Terra），就发生过几千次高强度喷发。高频率、规模大的火山爆发对火星是个灾难，其内部热量流失过快导致核心变冷，进而悲剧性地失去了磁场，没有磁场就意味着火星彻底暴露在太阳风里。注意，太阳风不是"风"，而是高能带电粒子流，太阳风不但吹走了地表的大气，水分也被分解成氧气和氢气，氢气密度低逃逸到外太空，而氧气则与火星岩石中的铁元素结合，生成红色氧化铁（想想铁锈）。最终地表水耗光了，氧气消耗殆尽，给我们留下一个红色的星球。

这颗红色的星球如此独特，在中国古人的眼里，"荧荧如火，亮度与位置变化甚大使人迷惑"，逐渐有了"火星"的称谓。也因为红色，古希腊人将其纳入神话体系，叫作Ares（阿瑞斯），还给它安排了一位多情的父亲——宙斯。罗马人则称它为Mars（马尔斯），是战神的代称。

无论是"火星"，还是"阿瑞斯""马尔斯"，都是富有浪漫和动感的名字，而真实的火星则完全不同，没有氧气与磁场保护，常年冰凉、一片死寂，完全不适合人类生存。人类还有必要去吗？去了能生存吗？但想象的翅膀一旦扇动，就不会停下。

登陆火星该怎么做

第一个问题是，人类能在火星上生存吗？

理论上，火星大气主要由二氧化碳组成，而且地表光照充足，这样的条件可以满足植物光合作用；而地下储存的液态水，又提供了生命源泉。至于氧气，有植物就会有氧气，即使植物不够用，也可以通过水的分解制造氧气。所以，主流观点认为，登陆乃至移民火星有理论上的可行性。

我浏览了大量移民火星的"攻略"，具体到操作层面，可以简单类比为"把大象装进冰箱"：第一步，搭建一个"人窝"（概念版的火星基地确实像一个"窝"）；第二步，把人送到"窝"里；第三步，以"人窝"为中心开枝散叶、生息繁衍，发展出火星人类。

进一步的技术分析是，我们不用担心缺少材料，火星的砂石可以转变为玻璃、陶瓷、太阳能电池板等基础材料，就地取材是星际移民的关键。当然，最初使用的采矿设备、太阳能电池板、火星车、核能电机、医疗仪器和必要的生命支持系统还需要空运。不过，大规模人类抵达之前，机器人已经开始工作了。

然后我们就可以想象这样的画面：大批机器人在火星上夜以继日，像搭积木一样"搭窝"，最终建造出一个空气、温度都适宜的封闭空间，达到"拎包入住"的状态。随着资源开发能力的增加，吃、穿、用等资料都可以就地取材。随着移民越来越多，最终发展出教育、医疗、体育、文化等公共事业，火星人类诞生了。

这是梦想吗？谁能帮人类实现这个梦想？

人类对星空的探索，无论是载人航天、兴建空间站还是登陆月球，只有各国政府才有动力和财力完成。登陆月球后，人们也很快就把火星纳入新的目标。而1969年之后，没有任何人能走得比月球远，甚至阿波罗计划后，人类也没有再返回过月球。原因并不复杂，因为耗资太大，缺少动力。也由此，登陆火星的事一度被公众忘记。但埃隆·马斯克进入太空领域后，似乎一切都有可能。

埃隆·马斯克在吹牛吗

在所有火星探索计划中，埃隆·马斯克最引人注目。他认为人类终将变成"多行星物种"，这个"多"首先指的是火星。但如果移民太少就无法构造文明，所以，他提出百万人移民火星计划。这是梦想、狂想还是妄想？不妨看看他的判断。

马斯克认为，最大的难题不是技术，而是财务。如果让NASA（美国国家航空航天局）做这件事，一次性运送五名航天员，大约耗资1200亿美元，单人成本是240亿美元，如此高成本自然无法支持移民。马斯克认为，如果他的SpaceX（美国太空探索技术公司）做这件事，可以将总成本优化到500亿美元。但即使如此，人均100亿美元也不可能实现商业化，还要降低几个数量级，如果降到单程50万美元，移民就可能实现。但100亿如何能缩小2万倍？马斯克给出一个数学公式：$20000=20\times10\times100$。

首先，一次运输要从5人增加到100人，这是公式里的20的来历。其次，所有发射材料由自己生产，不让中间商赚差价，运输成本可以降低到之前的1/10，公式里的10有了出处。第三，让火箭可重复使用，成本再降低100倍，公式里的100也有了来源。

听起来像是变魔术，但人们已经看到曙光。三个数字中，最难实现的是"火箭可重复使用"。但众所周知，SpaceX已将火箭回收常态化，发射火箭如同开汽车、飞机，只需要支付燃料和折旧费就可以了。至于其他两个数据，似乎更容易实现。

NASA高昂的成本其实是垄断导致的。以ULA（美国联合发射联盟）为例，它的大股东是洛克希德·马丁公司和波音公司。ULA一度垄断了NASA的发射服务，按照NASA和ULA的协议，ULA的服务价格是成本基础上加价20%，这意味着ULA稳赚不赔，而且没有任何减少成本的动力。其结果是，ULA每发射一次耗资3.5亿到4亿美元，是SpaceX的三倍。而以猎鹰9号为例，SpaceX从设计到发射打包一共才用了3亿美元，是同类项目的1/10。

马斯克认为，他找到了财务密码。技术派往往缺"泼冷水"——如果一次运送三四百人，火箭要具备1000吨的有效运载能力，比登月用的"土星五号"高出几个数量级，这绝不仅仅是钱的问题。一部分人认为马斯克太轻视技术门槛了，而SpaceX也一直没有决定性的技术突破。另一派观点则认为，科技产品有自身演化路径，比如第一台电子计算机，有半个足球场大，不可能进入私人家庭，而后来电脑的运算速度、体积和价格都下降了几个数量级，为什么火箭不可以？理论上可行的事，一定有技术路径。

2018年11月，马斯克告诉公众："我们最近取得一些突破，很兴奋。"他预测自己"很有可能会死在那里（火星）"。2022年2月，SpaceX称，将在2023年进行例行飞行和在轨加油演示，2023年实现绕月旅游，2024年将第一艘无人飞船被送到火星。至于第一批"活人"上火星，"最好的情况是五年——最坏的情况是十年"。

2022年3月，他将这一时间节点确定为2029年。

马斯克的过往经历

坦率说，探索火星的话题远远超出我的知识容量，只能从可信任的公开资料上找答案。

马斯克值得信任吗？那要看看他的过往经历。十几年前，特斯拉只能为全世界最酷的一帮人做出几辆电动跑车，一度岌岌可危，但马斯克依然坚信：电动汽车一定会取代燃油车。这在老牌汽车厂商看来，趋势判断是对的，只是过于遥远，就好像说地球早晚会毁灭一样，正确，却意义不大。

但他们忽略了人类发明过的一个伟大组织：公司。"公司"出手了，2012年，特斯拉董事会为马斯克制订了一个十年激励计划，包括十对指标，一边是市值，一边是经营数据，每实现一对指标——市值增加40亿并完成经营数据——马斯克将获得0.5%的期权奖励。十年意味着，特斯拉的市值要翻十倍（当时特斯拉市值是32亿美金），并完成十个经营指标，结果则是获得5%的期权奖励。

结果，2017年3月，特斯拉市值达到450亿美元，经营指标基本完成。2018年1月，公司董事会制订了更为激进的激励计划，给马斯克制订了12个级别的奖励，如果市值再翻12倍，达到6500亿美元，同时完成12个级别的经营指标，每完成一对就奖励1%的期权。

之后三年内，特斯拉开始了"魔术"般的增长。2020年1月10日，特斯拉市值达到860亿美元，打破美国汽车公司的估值纪录；6月10日，超过宝马、戴姆勒和大众的总和；7月超过丰田，达到2060亿美元，成为全球市值最高的汽车制造商。2021年1月，特斯拉市值达到8480亿美元，超过另外九家最大制造商的总和；10月，突破一万亿美元，经营指标也同步完成了。

回看他"吹过的牛"，市值增长、经营数据、火箭回收、星链计划都完成了，登陆火星是否也能顺理成章地变成现实？

这一点我们需要离开马斯克去讨论，毕竟单个"人"还是靠不住的，得在文明过往中寻找答案。

对远方的憧憬始终是推动文明的源动力。大航海开启了全球化时代，缔造了英国霸权、美国神话和中国崛起，包括马斯克的成功。阿波罗计划则伴随着连续、关键的技术突破。登陆火星是否可以类比？我们要考虑，几次成功背后的逻辑其实非常不同，哥伦布是被信仰和财富吸引，阿波罗登月则是基于对苏联的恐惧，计算机迭代动力也来自市场，本质上也是对财富的渴望。信仰、财富、恐惧，确实能激发人最原始的力量，那移民火星的动力是什么？

马斯克过往的经历，除了有其个人因素，也在于市场力量的支持。那么，登陆火星有市场力量支持吗？

马斯克分析过，即使单程船票降到50万美元，消费者也只能是百万富翁。全世界大约有5000万百万富翁，他们是马斯克的用户基础。但问题是，大航海船队上的欧洲人主要是流氓、地痞甚至是罪犯，而支付火星船票需要的是百万富翁。他们为什么要移民？有财富、信仰以及免于恐惧等着他们？似乎看不到。相反，这样做的回报还极其有限，除非他对生活彻底失望，碰巧还是百万富翁，那就要统计绝望的百万富翁有多少，能凑几船人。又或者，他是一个充满好奇心的人，但支撑好奇心的一定有更底层的力量。牛顿对星空的好奇来自信仰上帝，登陆火星背后有什么信仰在支撑？

当然，"恐惧"也许是动力，但100万百万富翁同时恐惧，意味着地球发生了决定性、灾难性的改变。《星际穿越》电影里，在数得清天数的末日面前，人们自然会想到星际移民。那地球可能面临什么样的灾难性恐惧？

我首先会想到热核战争。爱因斯坦说，"第三次世界大战将要使用的武器我并不知道，但是第四次世界大战将会用木棍和石头开战"（I know not with what weapons World War III will be fought, but World War IV will be fought with sticks and stones）。人们一度认为，核大国间已经实现恐怖平衡，但21世纪20年代，就在这本书即将成书之时，核战争似乎一度近到无法描述。不得不说，核战争确实是一种终极而现实的恐惧。第二个现实的恐惧则是气候变化导致地球无法居住。

但问题是，如果真的爆发核战争，估计百万富翁们还没来得及跑，肉体便已经消失了。至于气候变化，它的进展又太慢，百万富翁始终能依靠财力找到星球上适合生存的地方，无法感受到真实的恐惧。既然如此，支持百万移民的动力又在哪里？

行文至此，我似乎找到了另一个终极问题的答案，只是这个答案太普通、平常以及没有创造力：珍爱和平、保护地球。唯有如此，我们的文明才能演绎下去，传给千秋万代。至于火星移民，可能是一种自然发生或者自然不发生的结果。至于马斯克以及其他人的计划，有一点我是看好的，那就是太空旅行有望商业化。假如让我花10万块钱到外太空走一趟，我可能真的会动心。

此外，我有兴趣留下一个题目，在你合上书后做一次思想实验：假如真的发生火星移民，那里将实行什么制度？哪一种文明更适合在火星上延续物种？移民会发展出更高级的文明吗？在这里生活的人和地球人会有文明冲突吗？

→ 冷知识

人类最遥远的足迹到过哪里

1977年9月5日,旅行者号离开地球向深空奔跑。1990年2月14日,旅行者1号留下了一张太阳系"全家福"。这是人类第一次用眼睛,而不是依靠理论,看到太阳系的样子。2012年8月,旅行者1号飞离日球层(太阳风和星际物质碰撞的界面)。

这是里程碑意义的旅行。它们站到木星、土星的面前,照片上是美丽的土星光环,它们旁观了木卫一的八座活火山,发现土卫六存在液态海洋。而之前只有模糊的印象,或者理论上的假说。

这本书涉及的,中国发明的瓷器、威尼斯玻璃匠人、牛顿万有引力以及现代科学的所有成就,都被旅行者号使用。它们每秒钟都能创造人造物抵达最遥远距离的纪录,我动笔时,它们距离我们233.5亿公里,连光都要奔跑20多个小时才能到达。它们还要在银河系轨道上奔跑几十亿年。如果有一天被其他智慧文明捕捉,对方将听到人类的音符——巴赫的《勃兰登堡协奏曲》,江苏古琴宗师管平湖的《流水》,还能听到火山、地震、雷电、风声、雨声、海浪声、脚步声、心跳声、笑声,以及几十个语种的问候,其中包括一句闽南话:"太空的朋友们,你们好吗?吃了吗?有空就来看看吧。"

如果哪天,人类文明悲剧性地消失了,在旅行者号的光盘里,还能找到我们曾经存在过的痕迹。